普通高等学校精品教材
基于“课程思政”的高等教育系列教材

大学生心理健康教育项目化教程

DAXUESHENG XINLI JIANKANG JIAOYU XIANGMUHUA JIAOCHENG

（第二版）

主　编　王　楠　李永平　何培宇
副主编　陈怡名　李宇晨　郭奕萌
编　委　郭　侃　梁金玲　张成玉
丁　晨　刘田园　张丽芳
毛富强　李建伟

上海交通大學出版社
SHANGHAI JIAO TONG UNIVERSITY PRESS

内容提要

本书为修订重版，以提高大学生的心理健康综合素质为编写宗旨，以解答大学生常见的心理相关问题为目标，体例上采用模块加项目化设计，每个模块配有“学习导图”“学习目标”“案例导入”“练习题”以及不同专题的“心理测试与训练”，设置了“心理案例”“心理知识链接”等小栏目，编写中融入课程思政的内容，做到通俗易懂，案例故事丰富，强调新颖与实用。本次修订在保留原书核心框架结构的基础上，进一步细化了部分内容，逻辑关系更加紧密，层次更加分明，并升级为新形态、立体化教材，创新嵌入微课二维码和丰富的网络资源，并整合相关的经典心理学图书和电影等多元学习素材。

本书适合作为高等院校本专科“大学生心理健康”课程的授课教材，同时也可作为广大心理学爱好者的学习参考用书。

图书在版编目（CIP）数据

大学生心理健康教育项目化教程 / 王楠，李永平，何培宇主编. — 2版. — 上海：上海交通大学出版社，2025.7 —ISBN 978-7-313-32822-9

Ⅰ. G444

中国国家版本馆 CIP 数据核字第2025YE3897号

大学生心理健康教育项目化教程（第二版）

DAXUESHENG XINLI JIANKANG JIAOYU XIANGMUHUA JIAOCHENG (DI-ER BAN)

主　　编：王　楠　李永平　何培宇

出版发行：上海交通大学出版社　　地　　址：上海市番禺路951号

邮政编码：200030　　电　　话：021-64071208

印　　制：常熟市大宏印刷有限公司　　经　　销：全国新华书店

开　　本：787mm×1092mm 1/16　　印　　张：17

字　　数：381千字

版　　次：2021年8月第1版 2025年7月第2版　　印　　次：2025年7月第5次印刷

书　　号：ISBN 978-7-313-32822-9

定　　价：59.00元

修订重版前言

在当今社会快速发展与变革的浪潮中，大学生尤其是医学院校大学生，作为社会未来的栋梁之才，其心理健康状况愈发受到广泛关注。《大学生心理健康教育项目化教程》自首次出版以来，承蒙广大师生与读者的厚爱与支持，在医学院校心理健康教育领域发挥了积极的作用。如今，为了更好地适应时代发展需求，满足大学生心理健康教育教学实践的新要求，我们对本书进行全面修订与完善，以全新的面貌再次呈现给大家。

背景与起因

本次修订重版工作是基于多方面深入思考与广泛调研展开的。一方面，随着社会环境的日益复杂多变，大学生面临着前所未有的学习压力、就业竞争、人际关系挑战以及多元文化冲击等。另一方面，近年来心理健康教育领域的实践探索取得了丰硕成果，涌现出众多新方法与新技术。因此，原书中的部分内容需要与时俱进，进一步拓展与深化，以更精准地剖析大学生当下的心理状况，为他们提供更具针对性与实效性的心理健康指导。

优化与调整

体例新颖，内容丰富：本书采用模块化、任务型设计，每个模块设置“学习目标”“学习导图”，对章节内容和学习要求一目了然；“案例导入”“心理知识链接”“心理案例”，围绕高等院校心理健康课程教学目标精选案例；“心理测试与训练”设置专门的心理量表和心理活动，供教师作为教学参考。

思政引领，立德树人：本书精心设计，因势利导，每个模块设置“课程思政”，以巧妙的方式融入思政元素，弘扬中华优秀传统文化，体现人类文化积累和创新成果，坚定文化自信，培养学生的心理素养，建立积极的心态，增强幸福感。

配套资源，新型立体：面向新形态、立体化教材，添加嵌入微课二维码、丰富网络资源。增加每个模块的链接资源“心理图书与视频资源推荐”，包括推荐相关的经典心理图书和电影。本书配有丰富的教学资源，书中所涉及的教学素材、实例、课件等均已上传，可联系邮箱 744414891@qq. com 免费下载，以便于教师组织教学、学生自主学习。

更新结构，贴近实际：在保留原书核心框架结构的基础上，进一步细化了部分内容，逻辑关系更加紧密、层次更加分明。例如，“大学生心理健康基础知识”模块新增“大学生身心发展的特点”内容；“医学生学习与职业规划心理”模块进行了重写；在“行为问题与情绪管理”模块，补充

了网络社交对大学生人际关系影响的相关探讨等，使章节内容更加贴合大学生的实际生活情境；“压力适应与挫折应对”模块改为“压力管理与挫折应对”，大部分内容进行了改写；练习题的单选题和多选题全部设置5个选项，单选题8～10题，多选题3～5题，更贴近实际要求。

团队与成员

本次修订中，编写团队除了保留原来的作者队伍，还增加了新的作者，我们适当对编写团队成员分工进行调整，其中西安医学院王楠、长治医学院李永平、甘肃医学院何培宇担任主编，负责全书的整体修订与统稿。

在本书修订重版过程中，我们得到了西安医学院、长治医学院、甘肃医学院、天津医科大学等高校，以及众多专家学者、高校心理健康教育工作者以及广大师生的关心与支持。在此，我们向所有为本书提供宝贵意见与建议的同仁表示衷心的感谢！特别要感谢参与本书编写与修订工作的各位作者，他们凭借扎实的专业知识、丰富的教学与实践经验，为本书的高质量修订付出了辛勤努力。

尽管我们在修订过程中力求尽善尽美，但由于心理健康教育领域的不断发展以及我们自身水平的局限，书中难免仍存在不足之处，恳请广大读者批评指正，以便我们在今后的工作中不断完善。

编者

2024年12月10日

客观题参考答案

前 言

党的二十大报告中提出“推进健康中国建设”重大任务，并强调要“重视心理健康和精神卫生”。青年大学生的心理健康问题，事关高校育人质量。党的十八大以来，以习近平同志为核心的党中央高度重视高校学生心理健康工作，国家先后出台《高等学校学生心理健康教育指导纲要》等一系列文件，为相关工作指明了方向。

心理健康教育是提高大学生心理素质、促进其身心健康和谐发展的教育，是高校人才培养体系的重要组成部分，也是高校思想政治工作的重要内容。高校要坚持育心与育德相统一，加强人文关怀和心理疏导，规范发展心理健康教育与咨询服务，更好地适应和满足学生心理健康教育服务需求，引导学生正确认识义和利、群和己、成和败、得和失，培育学生自尊自信、理性平和、积极向上的健康心态，促进学生心理健康素质与思想道德素质、科学文化素质协调发展。

本教材是为高等医学院校各专业学生编写的心理健康教育教材，以提高大学生的心理健康综合素质为编写宗旨，以解答大学生常见的心理相关问题为目标，突出医学院校特色，体例上采用模块加项目化设计，每个模块都配有“思维导图”“学习目标”“案例导入”“课程思政”“练习题”以及不同专题的“心理测试与训练”，设置了“心理案例”“心理知识链接”等小栏目，编写中融入课程思政的内容，做到通俗易懂，案例故事丰富，强调新颖与实用。

本教材的编写和使用，希望有助于高校心理健康教育覆盖面不断扩大，使大学生心理健康意识显著增强，心理健康素质普遍提升，大学生心理健康问题得到及时关注，常见精神障碍和心理行为问题的预防、识别、干预能力和水平不断提高，精神障碍和危机事件的发生率明显下降。

在讲授本教材内容和对大学生进行心理健康教育的过程中，可以做到以下四个结合：

(1)科学性与实效性相结合。根据大学生身心发展规律和心理健康教育规律，科学开展心理健康教育工作，逐步完善心理健康教育和咨询服务体系，切实提高学生心理健康水平，有效解决学生思想、心理和行为问题。

(2)普遍性与特殊性相结合。坚持心理健康教育工作面向全体学生开展，对每个学生心理健康发展负责，关注学生个体差异，注重方式方法创新，分层分类开展心理健康教育，满足不同学生群体心理健康服务需求。

(3)主导性与主体性相结合。充分发挥心理健康教育教师、心理咨询师、辅导员、班主任等育人主体的主导作用，强化家校育人合力。尊重学生主体地位，充分调动学生主动性、积极性，培养自主自助维护心理健康的意识和能力。

(4)发展性与预防性相结合。加强心理健康知识的普及和传播，充分挖掘学生心理潜能，培养积极心理品质，促进学生身心和谐发展。重视心理问题的及时疏导，加强心理危机预防干预，最大限度预防和减少严重心理危机个案的发生。

本书内容包括大学生心理健康基础知识、心理因素与发现自我、家庭因素与塑造自我、医学学习与职业规划、人际关系与社交心理、恋爱问题与性心理健康、行为问题与情绪管理、压力适应与挫折应对、医学生常见心理障碍、心理咨询与心理治疗共10个模块，41个项目。

本书编写过程中，参考和借鉴了国内相关领域的一些论文、著作和教材，在此表示诚挚的感谢。感谢天津医科大学、西安医学院、长治医学院、广州医科大学、上海健康医学院和石家庄医学高等专科学校各位编者的共同努力，感谢上海交通大学出版社彭俊编辑认真细致的编辑工作。

由于编者能力水平有限，编写中难免有所疏漏，还请高校师生和读者在阅读和使用中多提宝贵意见，我们将在本书再版时不断修改和完善。

编者

2021年1月5日

目 录

模块一 大学生心理健康基础知识

模块学习目标

(1)熟悉健康和心理健康的概念；
(2)掌握大学生身心发展的特点；
(3)了解心理健康教育与幸福人生的关系；
(4)熟悉医学生心理发展的特点与内容；
(5)了解提升大学生心理健康水平的主要途径；
(6)能够运用心理健康自我诊断测试量表进行简单的心理健康训练。

模块学习导图

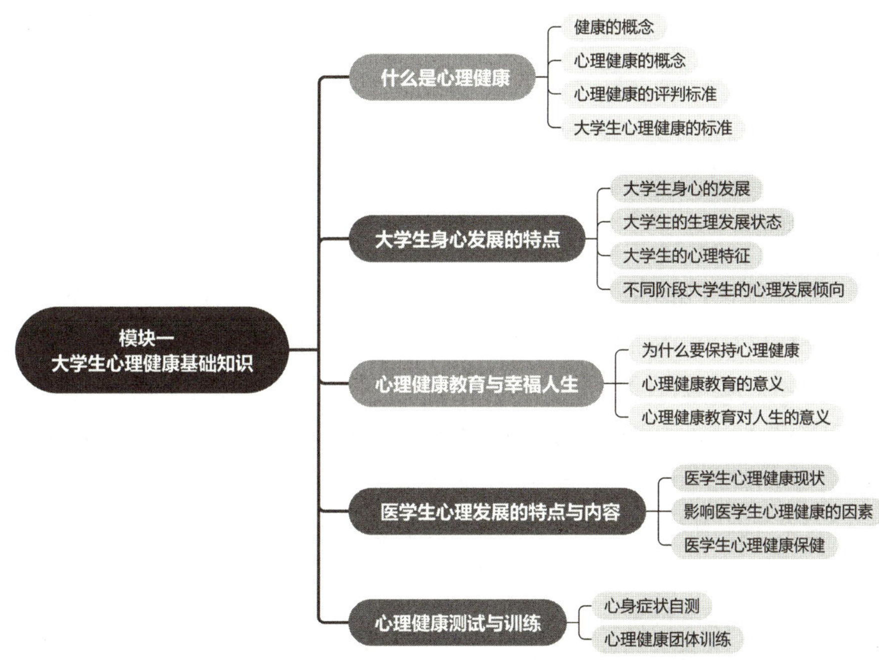

小刘同学，女，大学一年级本科生。自述最近感到学习压力很大，一点都看不下去书，老想着回家。原来在中学时将大学生活想象得挺美好的。可进入大学后，发现情况不是想象中的那样。宿舍里有六个人，其中，舍友A、B同学和自己作息习惯不一样。她们晚上很晚才睡，早晨卡着点起床，喜欢在宿舍上自习，自己喜欢去教室；C同学和自己性格差异很大，在讲话时有很多观点不一致，感觉“话不投机”；D、E同学家庭条件很好，生活优越感强，和家境平平的自己格格不入。本来想在宿舍交一个朋友，现在看来也很困难。中学时，同学之间座位是固定的，交朋友比较容易，现在大家座位都不固定，宿舍以外的同学很难碰到面，大家都忙于学习，交朋友就难了。现在很多时候都独来独往，感到很孤单，心里很想有个知心朋友，有时候都想哭，给以前的同学打电话，感觉共同的话题也变少了。周围的人都是以自我为中心，宿舍里总是很吵闹，舍友不顾别人的想法，不像我们那山区农村，大家都是互相帮助的，同学之间也都很友好。另外在学习上，周围的同学都很刻苦，每天看书，而自己每天完成老师布置的作业后，很容易放松自己，不知道做完作业后该干什么事，该看什么书。有时候就在网络上耽误了很长时间，也很后悔，浪费了学习时间。但看书又总是看不进去，现在也很担心期末考试不及格。完全没有了在家时的活跃、中学生活的充实和快乐的感觉。感觉都待不下去，经常想着乘车回家。

小刘同学目前是否存在心理问题？依据什么标准判断呢？如何分析应对？

项目一　什么是心理健康

一、健康的概念

世界卫生组织指出，健康是一种在身体上、心理上和社会适应方面的完美状态，而不仅仅是没有疾病或者是虚弱的状态，并提出了健康的十项标准：①精力充沛，能从容不迫地应对日常工作和生活的压力而不感到疲劳和过分紧张；②处事乐观，态度积极，勇于承担责任，心胸开阔；③精神饱满，情绪稳定，善于休息，睡眠良好；④自我控制能力强，善于排除干扰；⑤应变能力强，能适应外界环境的各种变化；⑥体重得当，身材匀称；⑦牙齿清洁，无空洞，无痛感，无出血现象；⑧头发有光泽，无头屑；⑨反应敏锐，眼睛明亮，眼睑不发炎；⑩肌肉和皮肤富有弹性，步伐轻松自如。

随着社会的发展和人类的进步，人类的健康观也有了进一步的发展，现代的健康观是整体健康观。个体的健康不仅包括生理健康还包括心理健康。生理健康和心理健康相互联系、密不可分。生理健康使人拥有一个健康的体魄，是从事一切活动的基础，同时生理健康还会直接影响人的精神状态和心理世界。生理健康是心理健康的基础，而心理健康反过来也会影响生理健康，如情绪低落会导致食欲下降，紧张会让人胃肠功能紊乱，心情烦躁会导致失眠心悸等。因此，从某种程度上说，人的心理健康和生理健康一样重要。心理健康是一个人可以依赖的最重要的内在资源。很多情况下，人的内在资源大于外在资源。俗话说："我们不能左右天气，但可以改变心情；我们不能改变容貌，但可以展现笑容；我们不能控制他人，但可以控制自己；我们不能预知明天，但可以利用今天；我们不会样样顺利，但可以事事尽力。"说的就是这个道理。

心理健康是个人内在资源的核心。有心理健康做基石，人的其他内在资源才有可能获得最高效的利用和提升。很多时候，人如果能够善于调节情绪、保持心情愉快，可以起到防患于未然、有病早除的效果。许多科学实验已经证明：心理状态是能够影响疾病的易感性和抵抗力的，心理因素和许多威胁现代人健康的主要疾病的发病有着密切关系。而且，良好的心理状态、卫生习惯、生活方式和行为特征与低死亡率也有一定的关系。为此，健康心理寓于健康的身体，而健康身体有赖于健康的心理。现在，很多人都懂得身体健康的重要性，也都在积极地保养自己的身体。但是，我们对心理健康却知之甚少，甚至往往忽视它，这种情况亟待改变。

诚然，心理和身体是分不开的。但同时，健康与疾病之间并不是绝对的，二者之间并没有清晰的分界线，而是一个动态变化的区间。健康本身也有不同的水平。不论是讨论心理还是身体，绝对的健康只是一种理想状态。一个人的心理跟身体一样，很难说时时刻刻一点儿问题都没有。所以绝对的心理健康也只是人们的理想状态。由于很多人心理的健康状况都不理想，因此有必要积极开展心理健康教育。

二、心理健康的概念

心理健康是现代人健康不可分割的一部分。积极的心态和坚定的意志可以激发一个人内在的潜力和才华。每个人的人生道路并不平坦，但正因为有着健康的心理，即乐观的心态和良好的心理素质等，不但不会因为种种的不幸和困难而失去光彩，反而会不断创造属于自己的生命价值。那究竟什么是心理健康呢？

迄今为止，对于心理健康还没有一个统一的、公认的定义。有人从心理现象的各个方面去界定心理健康，认为心理健康是指心理的各个方面及活动过程处于一种良好或正常的状态，即认知正确、情感适当、意志合理、态度积极、行为恰当、适应良好的状态。其人格结构，包括气质、能力、性格和理想、信念、动机、兴趣、人生观等各方面都能平衡发展；能够完整、协调、和谐地表现出具有自己特色的精神风貌；思考问题的方式是适中、合理的；待人接物能采取恰当态度，对外界的刺激不会有偏激的情绪和行为；能够与社会的步调合拍，能和集体融为一体。也有学者认为，心理健康是指人的一种较稳定持久的心理机能状态。它是指个体在与社会环境相互作用时，在人际交往中能使自己的心态保持平衡，使情绪、需要、认知保持一种稳定状态，并表现出一个真实自我的相对稳定的人格特征。第三届国际心理卫生大会也曾为心理健康下过一个定义："所谓心理健康，是指在身体、智能以及情感上与他人的心理健康不相矛盾的范围内，将个人心境发展成最佳的状态。”

心理健康是内心相对和谐的一种状态，心理健康的人不仅能够正确地认知自我、接纳自我，友善平和地处理和他人的关系，而且有勇气面对生活中的挫折、挑战，从逆境中积极恢复心理的弹性，且能够调节自己来适应环境，与自我幸福感积极相关。

三、心理健康的评判标准

关于心理健康的标准，国内外的学者有着不同的观点，主要包括以下几种：

（一）国外学者观点

1. 马斯洛和密特尔曼的观点

亚伯拉罕·马斯洛（Abraham H. Maslow，1908－1970，见图 1-1）是美国著名社会心理学家，第三代心理学的开创者，提出了融合精神分析心理学和行为主义心理学的人本主义心理学。他的主要成就包括提出了人本主义心理学，提出了马斯洛需求层次理论。

马斯洛和密特尔曼提出心理健康的 10 条标准是：①是否有充分的安全感；②是否对自己有较充分的了解，并能恰当地评价自己的能力；③自己的生活和理想是否切合实际；④能否与周围环境保持良好的接触；⑤能否保持自身人格的完整与和谐；⑥是否具备从经验中学习的能力；⑦能否保持适当和良好的人际关系；⑧能否适度地表达与控制自己的情绪；⑨能否在集体允许的前提下，有限度地发挥自己的个性；⑩能否在社会规范的范围内，适度地满足个人的基本需求，适度地表达与控制情绪；⑪能否在不违背社会规范的条件下，恰当满足个人的基本需要；⑫能否在集体要求的前提下，较好地发挥自己的个性。

2. 奥尔波特的观点

奥尔波特（Gordon Willard Allport，1897－1967，见图 1-2），美国人格心理学家，现代个性心理学创始人之一，美国人本主义心理学家的代表人物之一。

图 1-1　亚伯拉罕·马斯洛像

图 1-2　奥尔波特像

奥尔波特认为心理健康包括 7 个方面：①自我意识广延；②良好的人际关系；③情绪上的安全性；④知觉客观；⑤具有各种技能，并专注于工作；⑥现实的自我形象；⑦内在统一的人生观。

(二)中国学者观点

1. 王效道的观点

王效道(1990)提出,正常的心理应具备下列8项标准:①智力水平在正常范围以内,并能正确反映事物;②心理行为特点与生理年龄基本相符;③情绪稳定,积极与情境适应;④心理与行为协调一致;⑤社会适应,主要是人际关系的心理适应协调;⑥行为反应适度,不过敏,不迟钝,与刺激情景相应;⑦不背离社会规范,在一定程度上能实现个人动机,并结合生理要求得到满足;⑧自我要求与自我实际基本相符。他还认为心理水平可从适应能力、耐受力、控制力、意识水平、社会交往能力、康复力、愉快胜于痛苦的道德感7个方面加以判断。

2. 王登峰、张伯源的观点

北京大学王登峰、张伯源提出心理健康包括:①了解自我、悦纳自我。一个心理健康的人能体验到自己的存在价值,既能了解自己,又能接受自己,具有自知之明,即对自己的能力、性格、情绪和优缺点能作出恰当、客观的评价,对自己不会提出苛刻的过分的期望与要求;对自己的生活目标和理想也能定得切合实际,因而对自己总是满意的,同时,努力发展自身的潜能,即使对自己无法补救的缺陷,也能安然处之。②接受他人,善与人处,心理健康的人乐于与人交往,不仅能接受自我,也能接受他人,悦纳他人。能认可别人存在的重要作用,能为他人所理解,为他人和集体所接受,能与他人相互沟通和交往,人际关系协调和谐;在生活的集体中能融为一体,乐群性强,既能在与挚友相聚之时共欢乐,也能在独处沉思之时无孤独感。在与人相处时,积极的态度(如同情、友善、信任、尊敬等)总是多于消极的态度(如猜疑、嫉妒、敌视等),因而在社会生活中有较强的适应能力和较充足的安全感。而一个心理不健康的人,总是疏离于集体,与周围的人和环境格格不入。③热爱生活,乐于工作和学习。心理健康的人珍惜和热爱生活,积极投身于生活,在生活中尽情享受人生的乐趣。他们在工作中尽可能地发挥自己的个性和聪明才智,并从工作的成果中获得满足和激励,把工作看作是乐趣而不是负担;能把工作中积累的各种有用的信息、知识和技能储存起来,随时提取使用,解决可能遇到的新问题,能够克服各种困难,使自己的行为更有效率,工作更有成效。④正视现实,接受现实。心理健康的人能够面对现实、接受现实,并能够主动地去适应现实,进一步地改造现实,而不是逃避现实。对周围事物和环境能做出客观的认识和评价,并能与现实环境保持良好的接触;既有高于现实的理想,又不会沉湎于不切实际的幻想与奢望;对自己的能力有充分的信心,对生活、学习、工作中的各种困难和挑战都能妥善处理。心理不健康的人往往以幻想代替现实,不敢面对现实,没有足够的勇气去接受现实的挑战,总是抱怨自己"生不逢时",或者责备社会环境对自己不公而怨天尤人,因而无法适应现实环境。⑤能协调与控制情绪,心境良好。心理健康的人愉快、乐观、开朗、满意等积极情绪状态总是占据优势的,虽然也会有悲、忧、愁、怒等消极的情绪体验,但一般不会长久。他们能适当地表达和控制自己的情绪,喜不狂、忧不伤、胜不骄、败不馁、谦而不卑,自尊自重,在社会交往中不畏缩恐惧;对于无法得到的东西不过于贪求,争取在社会规范允许范围内满足自己的各种需求,对于自己能得到的一切都感到满意，心情总是开朗的、乐观的。⑥人格和谐完整。心理健康的人，其人格结构，包括气质、能力、性格和理想、信念、动机、兴趣、人生观等各方面，能平衡发展，人格作为人的整体的精神面貌，能够完整、协调、和谐地表现出来；思考问题的方式是适中和合理的，待人接物能采取恰当灵活的态度，对外界刺激不会有偏颇的情绪和行为反应，能够与社会的步调合拍，也能与集体融为一体。⑦智力正常。智力是人的观察力、记忆力、想象力、思考力、操作能力的总和，智力正常是人正常生活最基本的心理条件，是心理健康的重要标准，一个人智力低下的话，也不能算心理健康。⑧心理行为符合年龄特征。在生命发展的不同年龄阶段，每个人都有相对应的不同的心理行为表现，从而形成不同年龄阶段独特的心理行为模式。心理健康的人应具有与同年龄段大多数人相符合的心理行为特征。如果一个人的心理行为经常严重偏离自己的年龄特征，一般都是心理不健康的表现。

四、大学生心理健康的标准

（一）智力正常

智力是一个人的认识能力与活动能力所达到的水平，是人的观察力、注意力、记忆力、想象力、思维力、创造力和实践活动能力的综合。衡量大学生的智力是否正常，关键在于其是否正常地、充分地发挥了自我效能：即是否有强烈的求知欲，是否乐于学习，能否积极参与学习活动。

（二）情绪稳定

心理健康的人，愉快、乐观、开朗、满意等积极情绪状态总是占优势的，虽然也免不了因挫折和不幸产生悲、忧、愁、怒等消极情绪体验，但不会长期处于消极情绪状态中，善于适度地表达、调节和控制自己的情绪，既能克制又能合理宣泄自己的情绪。情绪反应与环境相适应。心理健康的人通过积极调整情绪和环境的关系，或者根据情绪发展特点来安排合适的情境，使情绪与所处情境相适应。

（三）意志健全

意志是人在完成一种有目的的活动时进行的选择、决定与执行的心理过程。意志健全者在行动的自觉性、果断性、顽强性和自制力等方面都表现出较高的水平。意志健全的大学生在各种活动中都有自觉的目的性，能适时地做出决定并运用切实有准备的方式解决所遇到的问题，在困难和挫折面前，能采取合理的反应方式，不盲目行动、畏惧困难、顽固执拗。

（四）人格完整

人格是个体比较稳定的心理特征的总和。人格完善就是指个人的所想、所说、所做都是协调一致的。人格完善包括人格结构的各要素完整统一；具有正确的自我意识，以积极进取的人生观作为人格的核心，并以此为中心把自己的需要、目标和行动统一起来；对周围的人与事均有独立自主的见解，不盲从；热爱并专注于自己的工作、学习、事业，有强烈的责任心，并能在负责的工作中体验生活的充实和自己存在的价值。

(五)自我评价正确

正确的自我评价是大学生心理健康的重要条件,大学生在进行自我观察、自我认定、自我判断和自我评价时,能做到了解自我、接纳自我,能体验自我存在的价值。能对自己的优缺点作恰当的评价,不苛求自己,自尊、自强、自制、自爱适度,正视现实,积极进取。生活的目标和理想切合实际,对自己基本感到满意,心理相对平衡。

(六)人际关系和谐

良好而深厚的人际关系,是事业成功与生活幸福的前提。其表现为:能与他人建立和谐的人际关系,乐意与人交往,与人为善,对他人充满理解、同情、尊重、关心和帮助,有良好而稳定的人际关系,并能在其中分享快乐,分担痛苦,社会支持系统强而有力。

(七)社会适应正常

有良好的环境适应能力。能正确地认识环境和处理个人与环境的关系,能保持与环境的良好接触,善于将自己融入不同的环境中。个体与客观环境保持良好秩序,既能进行客观观察以取得正确认识,以有效的办法应对环境中的各种困难,不退缩;又能根据环境的特点和自我意识的情况努力进行协调,或改变环境适应个体需要,改造自我适应环境,从而最大限度地满足自己的需要,实现自己的人生理想。

(八)心理行为符合年龄特征

在人的生命发展的不同年龄阶段,都有相对应的心理行为表现,从而形成不同年龄阶段独特的心理行为模式。大学生应具有与年龄和角色相适应的心理行为特征。

项目二　大学生身心发展的特点

一、大学生身心的发展

目前,大学生的平均年龄在 20 岁左右,正处于青年中期。这一时期是青年初期发展到成年人的过渡期,从心理发展的角度来讲,他们的心理发展正在迅速走向成熟而又未真正完全成熟。从心理发展所依赖的两个条件,即生物属性和环境属性来看,大学生在大学时期,除了有些生理方面还继续保持缓慢的成长外,总体来讲已基本成熟。大学生的心理发展因此能达到较高的水平,总体表现出成年人心理的某些特征。然而,由于大学生所处环境的特点,以及心理发展阶段的局限性,环境因素对心理的影响不容小觑。

心理知识链接

始成年期——长大未成年

在向成年人角色转变方面，当今许多青年人的生活追求和主观判断正在变得非常滞后与漫长，这便孕育了一个新的发展时期，即从青少年晚期到二十几岁结束的始成年期（Emerging Adulthood）。美国心理学家阿奈特（Jeffery Jensen Arnett）教授，2000 年在《始成年期——18 岁至 29 岁的一种新的发展理论》一文中，将始成年期作为一个全新的概念提了出来。

始成年期具体指青少年晚期到二十几岁（18 ~ 29 岁）这个时期。这是一个独立存在的时期，在此期间，年轻人已经脱离了青少年阶段，然而多数人却没有担负起作为一个成年人所应承担的持久的责任，即处于“长大未成年”的状态。在这个时期，个人的未来还不确定，他们在恋爱、职业、世界观 3 个方面探索各种各样的人生可能性。与人生的其他时期相比，这个时期独立探索生命可能性的范围最大。始成年期主要有 5 大特征：①自我同一性探索；②不稳定；③自我关注；④处于夹层中；⑤存在各种可能性。

二、大学生的生理发展状态

大学生的生理发展正处于迅速走向成熟的时期。人从出生到成熟，成长发育要经历两次高峰，第一次是 1 岁左右，第二次是 11 ~ 12 岁到 17 ~ 18 岁之间。在生长发育的高峰中身体的形态、肌肉骨骼等迅速变化。大学生正处于生长发育的第二个高峰后期，从生理发展看，已经历了第二次快速生长期，并到了成长稳定期，骨化逐渐完成，身体形态日渐定型，各器官各系统的机能日益完善成熟。大学生的生理发展不仅为自己独立生活和学习提供了必要的生理前提，而且直接影响心理的发展，大学生成人感增强，强烈要求自主独立，他们精力充沛，朝气蓬勃，愿意处处显示自己的能力。

三、大学生的心理特征

在生理发展的基础上，大学生的心理发展处于迅速走向成熟，而又未真正成熟的阶段。因此，这一阶段在心理发展方面表现出以下明显特征：

第一，智力发展达到高峰。人的智力构成是多方面的，认识能力、思维能力和创造能力是智能的支柱；抽象思维的形成、思维独立性的增强，是智能发展成熟的重要标志。大学生的各项智力因素已达到成熟状态，他们不再满足于现象的罗列和现存的状况，而是主动深入地探究事物的本质规律，充分发挥抽象思维能力和创造力。但有时也容易出现主观片面、固执己见、脱离现实、怀疑一切等倾向。

第二，情绪情感日益丰富。大学生的情绪变化主要受到内在需要的变化和价值观的影响。

随着需要日益增多，大学生的情绪日益丰富而强烈；随着教育的深化和环境的熏陶，大学生的情操迅速发展，理智感、道德感、美感升华。虽然大学生已能注意控制自己的情绪，但遇事仍易激动，情绪尚不稳定，带有明显的两极性，有时表现出为真理而奋斗的热情，有时又可能为现实状态而心灰意冷。

第三，自我意识增强。由于脱离了父母的保护，生活空间扩大，独立感、成人感增强，注意力开始从外部世界转向内心世界，自我控制进入了一个新阶段，表现出一系列新的特点。如更注重自己的穿着、打扮，建立独特的审美观，并成为自我观感的一部分。自尊心、好胜心明显加强，要求得到他人的尊重与理解，容易过高估计自己，一旦遇到挫折，容易产生自卑感，不能正确把握自己。

第四，性意识进一步发展。随着性机能的成熟，大学生的性意识逐渐增强。他们关心异性，渴望与异性交往，获得感情满足。由于大学环境自由开放，与异性同学交往机会很多，不少大学生交上异性朋友并开始恋爱，但也有一些学生不能正确选择恋爱的时机，过早陷入爱情的旋涡不能自拔，产生了一些负面影响。

四、不同阶段大学生的心理发展倾向

第一阶段是新生适应阶段。这是大学生进入大学的起步阶段。刚刚进入大学，首先面临着从中学生活到大学生活的急剧转折。由于青年初期独立性不完全，社会阅历浅、过于理想化等特点，整个心理处于动荡之中，表现为对大学生活的多方面不适应。比如，对集体生活不适应，对学习方法不适应，对饮食、气候、语言环境改变不适，从而引起一些心理矛盾和冲突。大学新生的诸多不适应，既是心理发展未成熟的表现，也是进入陌生环境的特殊心理反应。多数大学生经过一两个学期的学习生活实践便能逐步适应，但也有极少数大学生出现适应困难、心理压力过大等问题，影响健康和学习。

第二阶段是心理逐步发展阶段。这是大学生全面成长的阶段，也是学习最紧张、最活跃的时期。经过一年左右的时间，大学生对新环境已逐渐熟悉。加上年龄的增长、知识的扩展、视野的开阔，不再像低年级那样不适应，而是表现出思维逐渐稳定，人生思考更加深入，奋斗目标日趋明晰，求知欲望更加强烈，重视各种能力培养，社会责任感增强，政治上要求进步等特点。同时，这一阶段又是大学生分化的阶段，有的学生思想活跃、学习努力、兴趣广泛，而有的学生缺乏明确的学习目标和学习动机，纪律散漫，学习松懈，或沉溺于玩乐，或沉溺于恋爱，严重的甚至违法违纪。

第三阶段是毕业准备阶段。这是大学生趋于成熟，准备成为社会独立成员的阶段。高年级的大学生经过几年的学习，认识问题、分析问题和解决问题的能力有较大提高，个性已趋于稳定，即将踏上人生新的征程，迎接即将到来的社会挑战。这个时候，一方面是对大学生活的深深留恋，另一方面也充满对未来新生活的向往。这一阶段，紧迫感、责任感、焦虑感并存，临近毕业，不少学生在毕业设计、考研、择业等方面感到时间不够用，产生紧迫感。即将进入社会，许多学生更加关心国家政治、经济的发展，关心自己所学专业动态，社会责任感增强。围绕求职择业，大学生担心学非所用，为未来的工作能否满足自己的愿望、自己能否适应今后的工作等实际问题而忧心忡忡。

项目三　心理健康教育与幸福人生

一、为什么要保持心理健康

卖伞与卖鞋

从前有一位老太太，她有两个女儿。大女儿家是卖伞的，小女儿家是卖鞋的。每当艳阳高照，老太太就为大女儿家发愁——伞卖不掉；而当阴雨连绵，她又担心小女儿家的生意无法开张。所以她就整天生活在郁郁寡欢之中，被人称为“哭婆婆”。一位智者对这位老太太说：“我有办法能让你天天开心，但是你必须按我说的去做。很简单，只要调整一下你意念的焦点就行了。”智者停顿了一下，接着说：“你何不这样想呢？每当艳阳高照，你的小女儿就会卖出很多的鞋子，你应该高兴才对呀！每当阴雨连绵，你大女儿就会卖出很多的伞，你也应当高兴才对呀！”老太太恍然大悟，诚恳而又高兴地接受了智者的建议，从此每天都开开心心生活了。从此，街头便有了一个总是乐呵呵的“笑婆婆”。

英国作家萨克雷有一句名言：“生活是一面镜子，你对它笑它就笑，你对它哭它就哭。”当我们以欢悦的心情面对生活的时候，我们能够感受到生活的温暖，生活也会对你笑。反之，当我们用悲伤消极的情绪面对生活时，我们只能感受到生活回馈给我们的冰冷与痛苦。就像《卖伞与卖鞋》故事带给我们的启示：对于同一件事，由于思维方式不一样，结局大不相同。其实，一件事情是好是坏，关键在于人们自身如何认识，在于思维的方式和看问题的角度。人生说到底就是一次不断体验、不断接纳的旅程，只有心理健康了，我们才能激发所有的感情，用感恩的心态去真切地体验每一个阶段；我们才能历经劫难后宛如新生，以更通达的态度看待万物。因此心理健康对于个人的心态而言至关重要。

保证内心的健康对于每一个人来说都是生活中的一门必修课。那么心理健康为什么对我们这么重要？心理健康可以帮助我们形成一种和善的性格，温暖他人也保护自己；心理健康让我们在面对挫折与苦难时，抛弃绝望，砥砺前行，抵达光明；心理健康有利于提高学习和工作的效率，一个心理健康的人朝气蓬勃，乐观开朗，学习工作都充满干劲。可以说，心理健康是我们人生航行中的船长，身体就是帆船，只有船长冷静指挥，帆船才能避开暗礁大浪，驶向正确的远方。

心理健康状态直接影响和制约着个人全面发展的实现。对于大学生而言，心理健康十分重要，良好的心理品质是全面发展的基本要求。健康的心理可以促进大学生全面健康发展，是保证其将来走向社会、在工作岗位上发挥智力水平、积极从事社会生活、不断向更高层次发展的重要条件。德智体美劳等方面的和谐发展，是以健康的心理品质作为基础的。大学生经过努力拼搏和激烈竞争，迈入了全新的大学生活，上中学时，想象中的大学犹如“天堂”一般，浪漫奇特，美妙无比；上大学后，生活中的大小事从依靠父母转向靠自己，此外紧张的学习、严格的纪律、陌生的环境使得部分大学生难以适应。大学生心理健康教育可以帮助他们克服依赖性，增强独立性，积极主动地适应大学生活，度过充实而有意义的大学生活。

二、心理健康教育的意义

心理知识链接

它是最好的时期，也是最坏的时期；它是智慧的时期，也是愚蠢的时期；它是信仰的时期，也是怀疑的时期；它是光明的时期，也是黑暗的时期；它是希望的春天，也是令人失望的冬天；我们前途有着一切，我们前途什么也没有；我们正在直趋天堂，我们也在直坠地狱。

（〔英〕查尔斯·狄更斯著，石永礼、赵文娟译《双城记》，人民文学出版社 2015 年版）

英国文学家狄更斯的这段话可以用来形容刚刚踏入大学校园的大学生，他们充满好奇心，带着对未来的憧憬、对知识的渴望、对青春的美好幻想，走进了大学的殿堂，开始人生梦想的航程。大学阶段是人生道路的一个里程碑，是成长和发展的关键时期，是成才的重要阶段。当代大学生处在一个竞争激烈、变化多端的世界。经济全球化、信息网络化和我国现代化建设中的中外文化的碰撞、新旧观念的反差、传统与现代的冲突、理想与现实的矛盾、选择与奋斗的困惑等，都给大学生们带来了强烈的冲击和前所未有的压力。大学生身心发展尚未完全成熟，学习任务增多，不仅要储备科学知识，择业求职，还要协调人际关系，社会责任加重，各种应激因素的大量出现和大幅度增加，对大学生的心理健康形成了很大的冲击，由此导致的心理疾病问题也日益突出。因此，大学生必须正确认识自己的心理发展特点，加强心理素质培养训练，持续保持良好心理状况。

大学生保持心理健康，除了需要自身的努力调整与适应，也非常需要外界的正确指导。大学生心理健康教育是根据大学生生理、心理发展的规律，运用心理学的方法，培养大学生良好的心理素质，促进大学生整体素质全面提高的教育活动，其目标是培育大学生良好的性格品质，开发智力潜能，增强心理适应能力，激发内在动力，维护心理健康，养成良好的行为习惯。

高校心理健康教育能够提高大学生心理素质，为其将来步入社会、参加工作以及幸福生活奠定良好的心理基础；能够引导大学生提高自我认知，更加深刻全面地认识自己，并充分发挥身心潜能；能够帮助大学生在文化学习、校园活动、人际交往等各方面事务中寻找平衡点，合理安排时间，充实丰富大学生活。高校心理健康教育能培养学生的基本判断能力和自我评价能力，能帮助学生预防、调节或及时解决出现的心理问题，保持良好的心理状态。

高校心理健康教育对于在校大学生的良好心理有重要的塑造作用，对于形成良好的学校氛围和当下及未来的社会氛围也有不可忽略的作用。近年来触目惊心的青少年自杀、犯罪事件屡屡发生，无不深刻说明了心理问题会带来严重后果，部分青少年没有在正确的时间段内接受良好的心理健康教育，容易迷失自己的内心，出现各种问题。同时这也反映出了心理健康教育的重要性。

我国日益重视心理健康教育，许多中学和高校都设立了心理咨询室，帮助学生解决心理健康问题；在家庭中，越来越多的家长也逐渐重视孩子心理健康培养；社会上，从事心理咨询、开展心理健康工作的心理医生和相关工作人员也不断增多。但在许多地方，心理健康教育工作仍然滞后，此项工作仍然任重道远。综上所述，提高高校学生心理健康教育水平，加强学生心理健康教育，促进当代大学生心理健康发展极为重要。

三、心理健康教育对人生的意义

扫码随时学

英国哲学家斯宾塞说："良好的健康状况和由之而来的愉快的情绪，是幸福的最好资金。"

古希腊学者亚里士多德说："幸福生活就是值得过并且称心如意的、有成就、有满足感的生活。"

沈复在《童趣》中说："夏蚊成雷，私拟作群鹤舞空，心之所向，则或千或百，果然鹤也。"

夏天的蚊虫往往是令人们讨厌的东西，而作者却在心中把它想象成在天空中飞舞的仙鹤。究其原因，便是儿童那一番纯真的心之所向。心之所向实质上就是一个人心理健康状态的体现，良好的心理健康状态会让一个人对美好事物充满向往，感受到幸福。

有人曾这样描述幸福的感觉："幸福就像冬日里的一缕阳光，温暖人的心里；幸福就像沙漠中的一股甘泉，沁人心脾；幸福就像一杯香醇四溢的美酒，耐人寻味。"幸福就是人们的渴求得到满足或部分得到满足时的感觉，是一种精神上的愉悦。幸福并不是一种客观的存在，而是一种主观感觉，就像叔本华所说："事物本身并不影响人，人们只受对事物看法的影响。幸福是一种感觉，它不取决于人们的生活状态，而取决于人的心态。幸福的特征就是心灵的平静，所谓知足者常乐就是这个道理，周围发生的事情并不重要，重要的是你如何看待它。"因此，幸福感源于我们心理的认知，每个人衡量幸福的标准各不相同，而这种积极的认知恰恰需要健康的心理作为前提。当人们拥有健康的心理时，往往容易产生积极的情绪体验和幸福感。反之，当人们感受到疲劳、焦虑和压力时，就不容易感受到幸福。

很多时候，我们无法改变外界的存在，但可以通过调整心态、释放压力、放松心情来体验幸福的感觉。健康的心理可以让大学生正确、从容、坦然地面对一切，对幸福有一个正确的理解，而恰当、及时的心理健康教育，有助于引导大学生以乐观的心态看待事物，正确处理不良情绪，收获积极的力量，从容对待压力与挫折，进而更容易获得幸福感，拥有幸福人生。

乐观的人具备的品质

1. 内源性品质

乐观不是别人给予的，而是自己感受的。两位家庭主妇在晚饭前，打开冰箱发现还有三颗鸡蛋。乐观的主妇非常惊喜，又可以做一顿美味的西红柿炒蛋了；悲观的主妇内心失落，只剩下3颗鸡蛋，今晚吃完明天的早饭都没有了。其实我们也是乐观和悲观的主妇化身，换季收拾旧衣服，从兜里掏出零钱的反应；参加社群活动意外中奖获得小礼物，乐观的人笑容满面地庆祝小幸运，悲观的人却不能开心起来。乐观的人笑起来，世界都亮了；悲观的人却无法展开笑容。

2. 认知变通力

一个人面对挫折与困难时，不能一蹶不振，消沉下去。想要具备人生翻盘的能力，就要培养自己“转败为胜”的能力——认知变通力。“穷则变，变则通，通则久”出自《周易·系辞下》：“神农氏没，黄帝、尧、舜氏作，通其变，使民不倦，神而化之，使民宜之。易穷则变，变则通，通则久。是以自天祐之，吉无不利。”大意是说，历代圣王先后继起，会通改变前代的典章制度，使百姓进取不懈，神妙地化用变通之理，使百姓各得其宜。

3. 传播积极情绪

乐观的人用积极的情绪感染别人，悲观的人会用消极的情绪传染给别人。一个人的积极情绪和消极情绪的比是3:1时，这一天就会是开心的。当然，每个人也不会一直处于积极的状态，容易让人疲惫，也会出现乐极生悲的情况。消极情绪也不一定都是负面的，具有提醒的作用。

4. 正确归因

乐观者与悲观者对于事情发展的原因，认识也存在偏差。乐观者在苦难中看到机会，悲观者在机会中看到苦难。

项目四　医学生心理发展的特点与内容

一、医学生心理健康现状

医学生是我国医疗事业发展的强大后备军，医学生的知识水平、创新水平、身体素质和心理素质都直接关系到医学科学的发展。解决医学生的心理健康问题，不仅是为了使他们能拥有健康良好的生活、学习能力与方式，同时也是为他们日后进入工作岗位时能拥有良好的品德和医德做铺垫。所以，提高医学生的心理健康至关重

扫码随时学

要,并且具有很大的现实意义。

但是从目前的研究结果来看,医学生的心理健康状况不容乐观。《健康中国背景下医学生心理健康与压力源分析》(2024)使用 SCL－90 调查了医学生的心理健康现状①,对医学生的 SCL－90 各因子症状程度分布与全国部分地区大学生进行常模比较:25.26% 的医学生存在不同程度 SCL－90 量表所列症状。该研究中医学生 SCL－90 各因子分均低于全国部分地区大学生常模,除躯体化因子为低效应外,其余各因子效力均为中等或高效应(P<0.05d, >0.20),详见表 1-1。潘雄飞等(2016)对 33 所中国医学院校学生的调查显示:中国医学生抑郁症状的检出率为 19.9%②,高于普通院校大学生(11.70%)③。由此可见,中国医学生的心理健康问题值得关注。

表 1-1 医学生 SCL－90 总症状指数及各因子症状程度分布与全国部分地区大学生常模比较[$x \pm s$, n(%)]

项目	医学生(n=314)	全国青年常模(n=781)	t 值	P 值	大学生常模(n=4141)	t 值	P 值
躯体化	1.39 ±0.58	1.34 ±0.45	1.461	0.145	1.45 ±0.49	－1.898	0.059
强迫	1.79 ±0.63	1.69 ±0.61	2.801	0.005	1.98 ±0.64	－5.354	0.000
人际敏感	1.79 ±0.78	1.76 ±0.67	0.584	0.559	1.98 ±0.74	－4.440	0.000
抑郁	1.73 ±0.73	1.57 ±0.61	3.945	0.000	1.83 ±0.65	－2.360	0.019
焦虑	1.55 ±0.58	1.42 ±0.43	3.932	0.000	1.64 ±0.59	－2.773	0.006
敌对性	1.59 ±0.57	1.50 ±0.57	2.691	0.008	1.77 ±0.68	－5.659	0.000
恐怖	1.35 ±0.48	1.33 ±0.47	0.705	0.481	1.46 ±0.53	－4.073	0.000
偏执	1.65 ±0.52	1.52 ±0.60	4.383	0.000	1.85 ±0.69	－6.758	0.000
精神病性	1.36 ±0.49	1.36 ±0.47	－0.003	0.997	1.63 ±0.54	－9.671	0.000

(引自吕如雪等(2024)《健康中国背景下医学生心理健康与压力源分析》)

二、影响医学生心理健康的因素

医学生跟其他院校的大学生相比,有共同性也有特殊性,影响医学生心理健康的因素包括以下几个方面:

(一)医学专业的特殊性

医学生的心理健康问题与他们所学习的专业知识的特殊性有关系。医学生的学习和生活是

---

① 吕如雪、阿迪拉·阿不来提、热依汗古丽·艾米都拉,等:《健康中国背景下医学生心理健康与压力源分析》,《医学研究杂志》,2024 年 2 月第 53 卷第 2 期。

② PAN X F, WEN Y, ZHAO Y, et al. *Prevalence of depressive symptoms and its correlates among medical students in China: a national survey in 33 universities*[J]. *Psychology, Health & Medicine*, 2016, 21(7): 882－889.

③ CHEN L, WANG L, QIU X H, et al. *Depression among Chinese university students: prevalence and socio-demographic correlates*[J]. *PLoS One*, 2013, 8(11): 1－6.

一种高压力、高负荷、高要求、高透支的状态，长期在压力下生活和学习，很容易导致心理倦怠。

医学本科学习需要 5 年，而其他专业本科通常是 4 年。要成为一名优秀的医生，只有本科学历是远远不够的，还要继续攻读硕士学位，甚至博士学位，如果顺利的话，从本科到博士毕业需要漫长的 11 年。学制长、课程多、学时多是医学生学习的几大特点和难点，医学生在完成繁重学业的同时，还要进行大量临床实习工作，学习与工作超负荷，但还要保证精准性。在校医学生实习工作初期缺乏实际经验，不但工作难度大、时间长，此外还要学习如何处理医患关系，身体和心理上承受的压力都比较大。这些因素使得医学生没有多余时间放松休息或进行体育锻炼，心理压力无法缓解，无处释放，时间久了便会产生一系列的心理问题。

（二）医学生的生理特征

医学大学生普遍处于 19～25 岁的年龄段，这个时期，是生理机能逐步完善，心理发展和智力发展不断提高和深化，抽象逻辑以及思维的批判性和思想的独立性已经形成，智力、记忆力和观察力最佳的一个时期，大学生对于未来、理想和事业充满了追求。随着身心的逐步发展，自我意识的逐步增强，他们更加注重探索和分析自己内心的微妙世界，会不自觉地从各个方面来塑造和了解自己，设计自己的模式和轨迹，但是现实和理想的脱节、理想自我与现实自我发生尖锐冲突，很容易导致他们产生情绪上的巨大波动，情绪上的开放性和闭锁性并存，会出现极端的情绪，对自我评价变得偏激，这也导致他们在观察和分析复杂的社会现象时，会出现片面、固执、钻牛角尖的情况。

（三）人际关系的变化

医学生在进入学校的新环境之后，心理上会发生不同的变化。在中学时期，个别学生的成绩可能在班上处于领先水平，然而进入新环境后，竞争激烈且学业任务繁重，使得部分学生产生巨大的落差感，心中充斥着失败的情绪。个别学生的性格、兴趣爱好与众不同，人际交往能力较弱，不能站在他人的角度上去思考问题，出现问题时只采取回避的形式，久而久之，人际交往会产生严重的困难。

（四）就业竞争激烈

医学技术的飞速发展对于人才的要求也越来越高，就业竞争的激烈程度使得很多学生毕业就将面临失业的状况。大部分医学生都希望自己能够找到一个收入丰厚、有发展前途的职业，但是由于社会适应能力较差，步入社会之后产生较大落差感，引起焦虑，从而产生各种心理疾病。

（五）实习压力较大

医学生在实习期间的心理压力较为突出，在进入临床实习阶段后，会面临角色、环境和学习内容等方面的较大变化，大多数医学生在临床实习中均会感到基础知识的匮乏，因此在实习阶段往往还要加强理论知识的学习与掌握，这也使得他们的学习压力进一步增加，常常感到精力不足。在临床实习期间，不仅要掌握临床技能，还要面对和处理从未经历过的突发情况，如临床急救等，实习生显然缺乏相关的经验，在面临突发情况时常常手忙脚乱，在操作过程中，往往惧怕发生突发情况，精神上处于高度紧张状态。这些变化和因素容易造成医学生心理上的重大反差，引发焦虑等异常心理状态，甚至影响他们的学习以及对未来职业的选择。

三、医学生心理健康保健

医学生心理健康至关重要。那么医学生自身、学校、家庭和社会环境应当怎样通力合作才能促进医学生拥有健康的心理呢？

（一）建立合理的生活秩序

大学生的学习负担要适量，个体在适当的压力和焦虑下，有助于提高效率，但是不能过量加重负担。压力过大，无益于生活学习，还会导致心理问题；反之，如果完全没有压力，则会荒废大好时光。所以，大学生的生活节奏要合理，积极参加文体活动，发现自己各个方面的实力，同时注意劳逸结合，科学用脑。

（二）医学生要学会悦纳自己

何为悦纳？悦纳不仅是坦然接受自己，而且是愉快地接受自己，与心理健康中要求的认知正确相呼应。显然，每个人都有缺点，都有让人感觉不满意的地方；但是，每个人又都有自身的优势。我们在垂头丧气时，不妨想想自己的优势，想想在与别人相处时还可以展现自己哪方面的优点，在学习模式的转变中还可以运用自身的哪些长处。在这个过程中，我们或许对身边的人、对身边的事有不一样的发现和理解。或许还可以发现身边的同学、朋友比自己优秀的地方，了解自己的缺点，接受自己的不足，进而努力改进自己，完善自己。

（三）改变不合理认知

有一部分医学生倾向于把模棱两可的，甚至是良性的事件解释成危机的先兆，更倾向于认为坏事情会落到他们头上，认为失败在等待着他们，低估自己对消极事件的控制能力。对于这种焦虑症状的自我治疗，首先要从正面的角度看待事物，改变自己的不合理认知，以积极的视角看待得失，可以每天写日记，不限题材、不限字数，不予检查，唯一的要求就是必须从乐观、积极的角度看待笔下所写之人、事、物。坚持一段时间，形成积极思维，就会慢慢学会从辩证的角度来看待问题。

（四）学会自我调节

医学生学习压力较大，因此需要学会进行多维度的自我调节，比如：①多参加丰富的校园活动，养成慢跑或散步等运动习惯，周末多出去转转，给自己一个放松的机会，呼吸一下大自然的新鲜空气，阳光中的紫外线可以改善一个人的心情，使心情得到意想不到的放松。②多听轻松音乐，音乐容易进入人的潜意识，潜意识比意识对人的影响更大。③多与性格外向、开朗活泼的人交往，让他们感染自己。多学习别人排解烦恼的方法，经常清理自己内心的烦恼。④充分利用颜色的心理效应，多穿暖色调，少穿冷色调衣服，挺胸抬头走路，逐渐建立自信心。⑤养成好的生活习惯，早睡早起，保持身心愉快，以愉悦的心情面对每一天，增加个人生命的彩度与亮度。

（五）寻求社会支持

研究认为，良好的社会支持有利于身心健康。在生活、学习过程中遇到困难的时候可以及时求助身边的同学，找他们聊天，向他们倾诉烦恼，同学或许会给我们提出心理调节、人际交往、学习方法等方面的策略和建议，鼓励我们克服消极情绪，积极面对学习和生活。同时，与更多同学交往可以帮助我们建立良好的社会关系网络。当身边同学无法帮到我们时，还可以找辅导员或其他老师谈心，寻求他们的建议。如果这些人都帮不到我们，还可以到心理咨询中心接受专业辅导，心理咨询老师会通过访谈和咨询等方式，为我们提供合适的支持和指导。

（六）和谐的人际关系

人际关系是我们每个人一生中的重要议题。良好的人际关系可以为我们提供良好的社会支持系统，有助于我们的身心健康。建立良好的人际关系是有技巧可循的，首先，要对自己有正确的认知，了解和悦纳自己，从而避免在人际交往中对他人有不正确的投射和猜疑，导致人际矛盾，其次，要合理调节和控制情绪。很多问题可以用言语而非情绪来沟通和交流。另外，良好的沟通技巧和豁达的心态也很重要。

（七）建立合理的目标

无论是长远的人生目标，还是短期的学业目标，都建立在对自己深刻了解和评估的基础上，既不妄自菲薄，低估自己的能力，也不好高骛远，对自己有不切实际的高期待。要从完成一个个短期目标开始，逐步到中期目标和远期目标，每一个目标的完成都可以帮助我们获得成就感、掌控感。

（八）根据医学专业特点开展心理教育

学校需要根据医学专业的特殊性，注重心理教育的需求，开设心理建设方面的选修课及必修课，包括心理卫生常识、心理调节等内容的课程，同时心理课程可以与医学相交叉，可以涉及如伦理学、医学心理学、医学法学、社会医学等相关内容，通过新颖灵活的教学方式，让医学生不仅学会调节自身的心理素质，而且学会如何更好地帮助心理疾病患者，可谓是一举两得。因此，在医学生的学习中加入心理干预方法的训练和学习，既能提高医学生的心理健康水平，同时又可以培养医学生的心理干预能力。

（九）积极开展丰富的校园文化活动

针对医学院校学习压力大、学制长的问题，学校也可以开展一些文体活动，如各种专题报告会、学术讲座、同学故事会等活动，以提高大学生人文和科学素养；开展各种积极向上的诸如体育、舞蹈、书法、心理素质拓展、青年志愿服务、暑期社会实践等活动，以提高大学生的身心素质、文化修养、审美情趣以及服务社会、奉献社会的精神，营造一个轻松和谐的校园文化氛围，多给医学生提供一些人文关怀。

项目五　心理健康测试与训练

前几部分谈论了很多心理健康的知识，建议同学们用以下量表进行自我测试，了解自己目前的心理状态。

一、心身症状自测

心身症状自评量表 SCL-90

表 1-2 中列出了有些人可能有的心身症状或问题，请仔细阅读每一条，然后根据这句话与您自己的实际情况相符合的程度（最近一个星期或现在），选择一个适当的数字填写在后面的答案框中：1—从无、2—很轻、3—中等、4—偏重、5—严重。

表 1-2　心身症状自评量表

序号	内容	得分	序号	内容	得分
1	头痛		16	听到旁人听不到的声音	
2	神经过敏，心中不踏实		17	发抖	
3	头脑中有不必要的想法或字句盘旋		18	感到大多数人都不可信任	
4	头晕或晕倒		19	胃口不好	
5	对异性的兴趣减退		20	容易哭泣	
6	对旁人责备求全		21	同异性相处时感到害羞不自在	
7	感到别人能控制您的思想		22	感到受骗、中了圈套或有人想抓住您	
8	责怪别人制造麻烦		23	无缘无故地突然感到害怕	
9	忘性大		24	自己不能控制地大发脾气	
10	担心自己的衣饰整齐及仪态的端正		25	怕单独出门	
11	容易烦恼和激动		26	经常责怪自己	
12	胸痛		27	腰痛	
13	害怕空旷的场所或街道		28	感到难以完成任务	
14	感到自己的精力下降，活动减慢		29	感到孤独	
15	想结束自己的生命		30	感到苦闷	

续表

序号	内容	得分	序号	内容	得分
31	过分担忧		61	当别人看着您或谈论您时感到不自在	
32	对事物不感兴趣		62	有一些不属于您自己的想法	
33	感到害怕		63	有想打人或伤害他人的冲动	
34	感情容易受到伤害		64	醒得太早	
35	旁人能知道您的私下想法		65	必须反复洗手、点数	
36	感到别人不理解您、不同情您		66	睡得不稳不深	
37	感到人们对您不友好,不喜欢您		67	有想摔坏或破坏东西的想法	
38	做事必须做得很慢以保证做得正确		68	有一些别人没有的想法	
39	心跳得很厉害		69	感到对别人神经过敏	
40	恶心或胃部不舒服		70	在商店或电影院等人多的地方感到不自在	
41	感到比不上他人		71	感到做任何事情都很困难	
42	肌肉酸痛		72	一阵阵恐惧或惊恐	
43	感到有人在监视您、谈论您		73	感到公共场合吃东西很不舒服	
44	难以入睡		74	经常与人争论	
45	做事必须反复检查		75	单独一人时神经很紧张	
46	难以做出决定		76	别人对您的成绩没有做出恰当的评价	
47	怕乘公共汽车、地铁或火车		77	即使和别人在一起也感到孤单	
48	呼吸有困难		78	感到坐立不安、心神不定	
49	一阵阵发冷或发热		79	感到自己没有什么价值	
50	因为感到害怕而避开某些东西、场合或活动		80	感到熟悉的东西变成陌生或不像是真的	
51	脑子变空了		81	大叫或摔东西	
52	身体发麻或刺痛		82	害怕会在公共场合晕倒	
53	喉咙有梗塞感		83	感到别人想占您的便宜	
54	感到前途没有希望		84	为一些有关"性"的想法而很苦恼	
55	不能集中注意力		85	您认为应该因为自己的过错而受到惩罚	
56	感到身体的某一部分软弱无力		86	感到要很快把事情做完	
57	感到紧张或容易紧张		87	感到自己的身体有严重问题	
58	感到手或脚发重		88	从未感到和其他人很亲近	
59	想到死亡的事		89	感到自己有罪	
60	吃得太多		90	感到自己的脑子有毛病	

心身症状自评量表包含广泛的精神病症状学内容,如思维、情感、人际关系和生活习惯等,该量表从9个方面,从身心症状表现的角度考查了个体的心理健康水平,按中国常模结果,如果SCL－90总分超过160分,单项均分超过2分就应做进一步检查,标准分大于200分说明有很明

显的心理问题，可以求助于心理咨询，大于250分则比较严重，需要做医学上的详细检查，很可能要做针对性的心理治疗或在医生的指导下服药。

如果个体在某些选项上得分高，在多个维度上感觉到某些症状的频度和强度都比较严重，那么就应该积极进行自我心理调节，严重时应该到比较权威的心理咨询和治疗机构进行进一步的检查和诊断。

二、心理健康团体训练

团体心理训练是在团体情境中提供心理帮助与指导的一种心理咨询与治疗的形式。它是通过团体内的人际交互作用，促使个体通过观察、学习、体验，更好地认识自我、探索自我、接纳自我；调整和改善与他人的关系；学习新的态度和行为方式，以促进良好的适应与发展的助人过程。下面列出了一项可以在大学生群体中开展的团体心理辅导活动。

主　　题：破冰团体训练——相亲相爱一家人

对　　象：大一新生

次　　数：共3次

时　　间：每次不超过2.5小时

团体目标：提高团体合作能力、人际交往能力，培养创新性思维能力

实施方案：见表1-3、表1-4、表1-5。

表1-3　团体训练设计方案（第1次）

次序	目的	活动内容	所需时间	所需材料
1	导入，明确团体目标、意义、形式和要求	指导者自我介绍、与同学分享、会谈	约10分钟	——
2	暖身，增强团体动力，打破成员界限，提高注意力	东坡竹子	约10分钟	东坡竹子短文
3	相识，建立互动关系，提升团体气氛，分小组	滚雪球	约40分钟	——
4	增强团体动力，增进团体凝聚力；创新性思维方法训练	“我爱我家”头脑风暴 1. 起家名 2. 家庭风采展示（创意动作、创意口号）	约25分钟	每组白纸一张
5	建立团体规范，明确成员的权利与责任	团体契约	5分钟	印好的契约每人一份
6	增进团体信任与接纳提高人际信任度	信任跌倒，信任圈	25分钟	——
7	促进深入思考，巩固团体中的感悟，评估团体效能	小结，布置心灵日记		
8	结束曲，体会爱与被爱的和谐温馨，激发对小组的归属感	相亲相爱手语操		

表 1-4　团体训练设计方案(第 2 次)

次序	目的	活动内容	所需时间	所需材料
1	暖身,促进团体气氛,增加参与度,培养积极的人生态度,学习团队合作	解开千千结	约 25 分钟	——
2	集思广益,创新性思维方法训练,体会团队合作与竞争,感受团队动力	同舟共济	约 50 分钟	每小组废报纸 1 ~ 2 张,小礼品若干
3	创新性思维方法训练,提高团队合作及人际交往能力,增强肢体语言沟通的意识	建高塔	约 40 分钟	观察记录纸每组一张,废报纸每组 25 ~ 30 张,每组剪刀、胶带若干,小礼品若干,颁奖小书签
4	促进深入思考,巩固团体中的感悟,评估团体效能	小结,布置心灵日记		
5	结束曲,体会爱与被爱的和谐温馨,激发对小组的归属感	相亲相爱手语操		

表 1-5　团体训练设计方案(第 3 次)

次序	目的	活动内容	所需时间	所需材料
1	暖身,促进团体气氛,增加参与度,增强个人创意的意识	轻柔体操	5 分钟	音乐
2	发散性和聚合性创新思维整合训练,同时提高应对压力的能力	减压大集合	20 分钟	大白纸一张,粗水笔,小礼品若干,颁奖小书签
3	提高人际交往能力,深入的集体讨论能力训练	配对讨论	40 分钟	每小组白纸一张,每人一张便签
4	结束团体,处理分离情绪,提升团体凝聚力,预估未来生活	把心留住	35 分钟	心形卡片每人 10 张左右、背景音乐
5	促进深入思考,巩固团体中的感悟	总结此次培训,布置心灵日记	10 分钟	——
6	评估团体效能	团体评估	5 分钟	评估问卷
7	结束曲,提升团体凝聚力	相亲相爱手语操	5 分钟	同上

课程思政

1. 思考:我国传统文化中的健康观与西方国家的健康观有何异同?

2. 讨论:根据《高等学校学生心理健康教育指导纲要》《“健康中国 2030”规划纲要》《健康中国行动(2019 – 2030 年)》等文件政策,探讨党和国家为什么如此重视大学生的心理健康。

模块练习题一

一、单选题

(1)下列(　　)行为属于心理健康的范围。

A. 能极力满足个人的需要

B. 对自己有过高的评价

C. 为维持自己的心理平衡,极力宣泄自己的情绪

D. 有充分的自我安全感

E. 极力让他人喜欢自己

(2)下列(　　)心理属于健康心理。

A. 抑郁情绪　B. 不愿与人交往　C. 经常感觉自己无能

D. 遇到困难时,能积极克服困难　E. 生活、学习没有目标

(3)心理健康在社会交往中可表现为(　　)。

A. 经常与素不相识的人十分热情地交谈,表现为十分兴奋的状态

B. 对同事、好友无缘无故地表现为冷漠、漠不关心

C. 有自己喜欢与不喜欢的人

D. 接触异性时经常表现为紧张的情绪

E. 和别人说话感觉异常紧张

(4)从创伤刺激中恢复到往常水平的能力称为(　　)。

A. 心理活动的耐受力　B. 心理活动的稳定性　C. 心理康复能力

D. 环境适应能力　E. 心理抗挫折能力

(5)下列(　　)行为属于心理健康的范围。

A. 见人都热情相待　B. 见什么人说什么话　C. 经常努力工作

D. 经常保持乐观的心态　E. 常常感到压力很大

(6)解决医学生心理健康不能够(　　)。

A. 为医学生以后良好医德做铺垫　B. 释放医学生心理压力

C. 培养医学生心理适应能力　D. 缓解医学生经济压力

E. 培养医学生心理受挫能力

(7)大学生产生心理困扰时,最好不要(　　)。

A. 向亲人倾诉　B. 向朋友倾诉　C. 向心理辅导老师寻求帮助

D. 自己独自面对　E. 寻求心理咨询

(8)造成医学生心理健康问题不包括(　　)。

A. 课程多　　B. 学制长　　C. 竞争强
D. 读书少　　E. 朋友多

(9) 下列对心理健康概念表述正确的是(　　)。
A. 心理健康和身体状况无关
B. 能够消除心理疾病的发生
C. 心理健康是没有心理疾病
D. 心理健康是绝对的
E. 心理健康是动态变化的

(10) 以下属于心理不健康的是(　　)。
A. 能够与陌生人愉快地交流
B. 遇到学习困难会与老师或同学交流
C. 因为同学有新裙子而自己没有就排挤她
D. 邀请新同学一起吃饭
E. 和别人说话感觉不紧张

二、多选题

(1) 下列属于世界卫生组织提出的健康十项标准的选项是(　　)。
A. 精力充沛,能从容不迫地应对日常工作和生活的压力而不感到疲劳和过分紧张
B. 处事乐观,态度积极,勇于承担责任,心胸开阔
C. 精神饱满,情绪稳定,善于休息,睡眠良好
D. 自我控制能力强,善于排除干扰
E. 应变能力强,能适应外界环境的各种变化

(2) 下列属于大学生心理健康标准的是(　　)。
A. 智力正常　　B. 情绪稳定　　C. 意志健全
D. 人格完整　　E. 自我评价正确

(3) 下列属于大学生的心理特征的是(　　)。
A. 智力发展达到高峰　　B. 情绪情感日益丰富　　C. 自我意识增强
D. 性意识进一步发展　　E. 自制力达到高峰

(4) 医学生要保持心理健康保健,需要(　　)。
A. 建立合理的生活秩序　　B. 要学会悦纳自己　　C. 改变不合理认知
D. 学会自我调节　　E. 寻求社会支持

(5) 在理解和把握心理健康标准时,应该考虑(　　)。
A. 兼顾内部协调与对外良好适应两方面
B. 心理健康具有相对性
C. 心理健康只是一种状态

D. 心理健康是一种状态，也是一种过程

E. 心理健康是一个社会评价问题

三、案例分析题

（1）小张是某大学大四的学生。家在农村，父亲早逝，母亲常年患病，家境贫寒。最近母亲身体状况急转直下，小张认为自己有责任挑起家庭的重担，但又觉得力不从心。即将毕业的他很迷茫，担心找不到理想的工作，但有时又懒得去思考，害怕增添烦恼。看到其他同学都在准备研究生考试后，自己也萌生了想要考研的念头，但是又不能集中精力学习。小张变得越来越自卑，缺乏自信，回避与同学的交往，生活态度消极，认为一切都糟透了。

请对小张的心理健康状况进行分析。

（2）小李与小张是某医学院校大二的学生，同在一个宿舍生活。入学不久，两个人成了形影不离的好朋友。小李活泼开朗，小张性格内向，沉默寡言，小张逐渐觉得自己像一只丑小鸭，而小李却像一位美丽的公主，心里很不是滋味，她认为小李处处都比自己强，把风头占尽，时常以冷眼对小李。大学二年级，小李参加了学院组织的临床技能大赛，并得了一等奖，小张得知这一消息后妒火中烧，趁小李不在宿舍将小李的荣誉证书撕成碎片，扔在小李的床上。

小李发现后，不知道怎样对待小张，更想不通为什么她要遭受这样的对待？

心理图书和视频资料推荐

1. 电影《美丽心灵》

该片讲述了患有精神分裂症的数学家约翰·福布斯·纳什，在博弈论和微分几何学领域潜心研究，最终获得诺贝尔经济学奖的故事。

面对这个曾经击毁了许多人的挑战，纳什在深爱着他的妻子艾丽西亚的相助下，与被认为是只能好转而无法治愈的疾病作斗争。经过十几年的不懈努力，完全通过意志的力量，他一如既往地坚持工作，并于1994年获得诺贝尔奖，他颇具前瞻性的工作也让博弈论成为20世纪最具影响力的理论之一。而纳什也成了一个不仅拥有美好情感，并具有美丽心灵的人。

2. 电影《吮拇指的人》

电影主人公贾斯汀是个17岁的少年，表面看起来，他与大多数少年没有什么区别，只是稍许胆小、内向而不合群。但是他有着这个年纪比较不寻常的习惯——吮拇指。家人一直在用各种方法试图使贾斯汀摆脱这个习惯，贾斯汀自己也想要克服这个难缠的习惯，可他仍然控制不住这个下意识的动作，思考时，烦躁时，沉默时，吮拇指仿佛给了他极大的安全感。在不断借助各种外在力量去改变这个小小的坏习惯时，贾斯汀仿佛陷入了一个怪圈，怎么都会对某些事物有瘾。“不要以为你找到答案了，因为那都是瞎掰，关键是要在没有答案的状态下生活”，这是牙医最后告诉他的答案。在改变这个习惯的过程中隐藏的是贾斯汀的成长。每个成年人都可以在这部电影中找到自己曾经的影子，这个故事中的严肃、真挚、诙谐，都是那段青春时光不可抵抗的魅力。

3. 图书《当下的力量》

本书阐述了我们一直都处在大脑或思维的控制之下，生活在对时间的永恒焦虑中。我们忘不掉过去，更担心未来。但实际上，我们只能活在当下，活在此时此刻，所有的一切都是当下发生的，而过去和未来只是一个无意义的时间概念。

图 1-3 《美丽心灵》海报

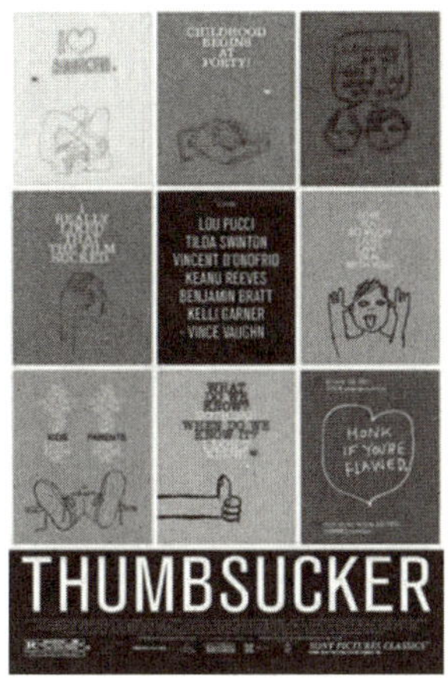

图 1-4 《吮拇指的人》海报

图 1-5 《当下的力量》封面

模块二 心理因素与发现自我

▶ 模块学习目标

（1）了解自我意识和心理塑造的路径；
（2）熟悉人格特征与心理发展的内容；
（3）了解应对方式与心理健康之间的关系；
（4）能够运用量表对心理因素进行自我评估及简单的心理训练。

▶ 模块学习导图

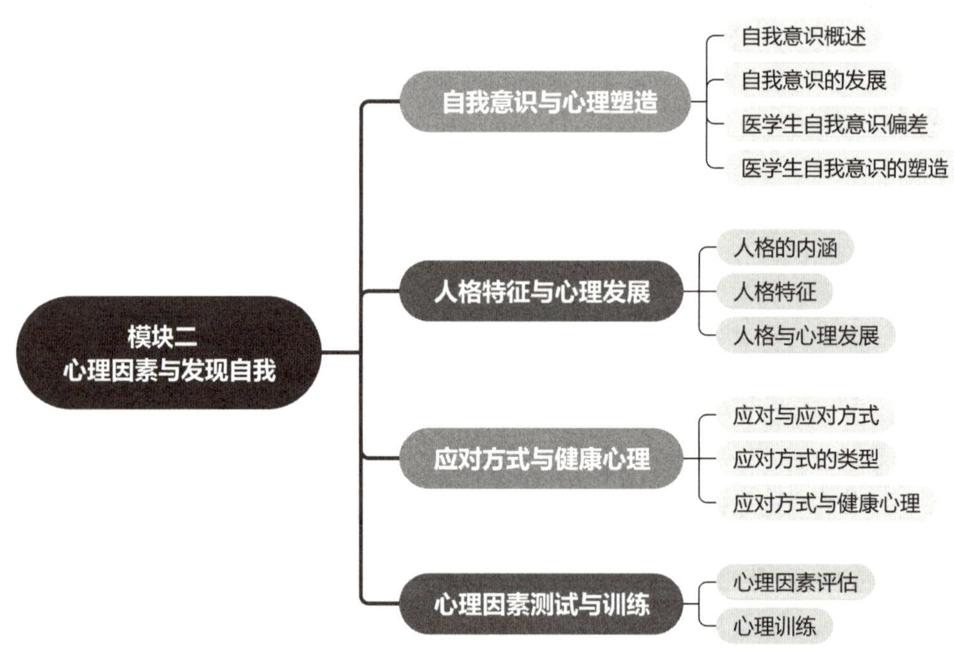

"哎,你是什么星座啊?""我是处女座。""我有一个朋友也是处女座,有些强迫症,但特别善良,为人特别好。我觉得你也是这样。"……这是年轻人中常见的聊天内容,而且在网络、电视和广播等各种媒体上,每天都充斥着关于"星座"的话题讨论,逐渐形成了一股"星座热",很多年轻人都觉得星座对自己和他人的描述很准确,甚至将此作为行为指南。其实在心理学中,这被称为"巴纳姆效应",人们会对他们认为是为自己量身定做的一些人格描述给予高度准确的评价,而这些描述往往十分模糊而又普遍,几乎是放诸四海皆准,适用于很多人。"巴纳姆效应"被认为是"主观验证"的作用。主观验证能对我们产生影响,主要是因为我们心中想要相信。如果想要相信一件事,我们总可以搜集到各种各样支持自己的证据。就算是毫不相干的事情,我们还是可以找到一个逻辑让它符合自己的设想。

那么,你真的了解自己吗?本部分,我们将一起走上一段了解自己的旅程。

项目一　自我意识与心理塑造

"人啊!认识你自己!"——古希腊德尔菲神庙石碑

"知人者智,自知者明;胜人者有力,自胜者强。"——老子

"人不是一个等待被填满的容器,而是一束需要被点燃的火把。"——普罗塔哥拉

曾给学生布置过一个作业——自画像,让他们以动物或者植物来代表自己,画一幅自己的肖像:有的同学用一棵大树代表自己,他的理由是喜欢大树的枝繁叶茂,能够庇护周围的小草花朵;有的学生画的是一只熊猫,她希望能受到世人的关注,生活在人们无微不至的爱护之下;还有的学生画的是一头狮子,他喜欢百兽之王的气势,希望自己能勇敢地面对生活……

你会用什么形象代表你自己呢?当你思考这个问题的时候,说明你已经在探索"自我意识"了,你在用一个形象来代表对自己的认识和评价。

一、自我意识概述

自我意识(self consciousness)是人们对自己身心状态及对自己同客观世界的关系的意识,是一种多维度、多层次的心理现象,它主要由自我认识、自我体验和自我调节三种心理成分构成,这三种心理成分相互联系、相互制约,统一存在于个体的自我意识中。简言之,自我认识是对自己的评价,解决"我是一个什么样的人"的问题;自我体验是自我产生的情绪体验,解决"对自我是否满意"的问题;自我调节是对思维、言语、行为以及社会关系的调控,解决"我应该做什么"的问题。

美国心理学的奠基人威廉·詹姆斯(William James,1842—1910,见图2-1)是最早研究自我意识的心理学家,他把自我意识分为生理自我、社会自我和心理自我(见图2-2)。

还有心理学家根据自我意识的存在方式,将自我意识分为现实自我、投射自我和理想自我。现实自我是个体从自己的角度出发,对现实中自己的生理、性格和角色等各种特点的认识,是个体对自己的主观看法。例如,“虽然大家都觉得我性格开朗,其实我是一个很内向的人”。投射自我也称镜像自我,是一个人想象的他人对自己的看法,如自己在他人心目中的形象、他人对自己的评价,以及由此产生的自我体验。镜像自我与现实自我常常不一致。如果它们之间的差距太大,个体就会经常感到自己不被他人理解,从而产生强烈的孤立感。例如,“我觉得如果不和他们一起吃饭,他们一定会认为我不愿意和他们一起玩”,“我觉得因为我家庭条件不好,身体又差,别人一定会看不起我”。理想自我是个体想要达到的比较完美的形象,是指向未来的自我意识。例如“我的总成绩一定要拿第一”,“我要让所有人都喜欢我”,“我将来要找个好工作,成为挣大钱的成功人士”。如果理想自我与现实自我较好地匹配,往往能使自我积极适应内外环境;如果理想自我与现实自我脱节严重,就会引起个体内心的矛盾冲突,产生心理障碍。

图 2-1　威廉·詹姆斯像

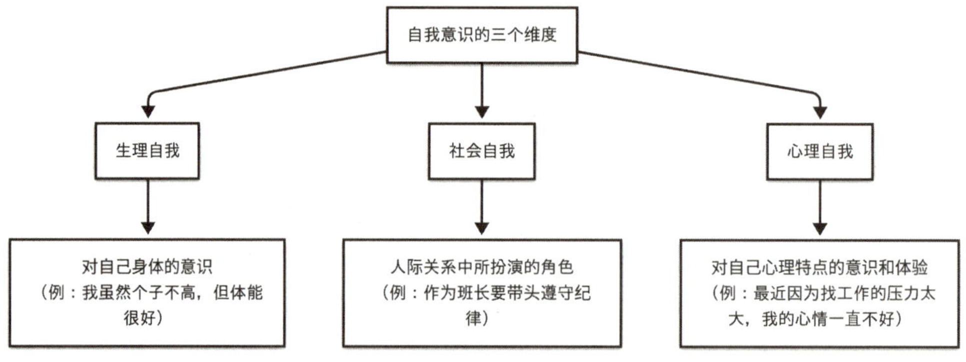

图 2-2　自我意识的三个维度

二、自我意识的发展

每个人的自我意识都不是生而有之,是我们在与他人交往的过程中,根据他人对自己的看法和评价而发展起来的,其中,生理自我、社会自我和心理自我并不是同时形成和发展起来的。人首先产生对物质世界、对他人的认识,然后才逐步认识自己,这一过程大致可分为以下几个时期:

生理自我形成(0~3 岁):婴儿通过对自己手、脚的摆弄,逐渐将自己与周围环境区分开,大约在 8 个月时出现自我意识的萌芽,2 岁左右的儿童逐渐学会用“我”来称呼自己,3 岁左右的儿童开始表现出以自我为中心的行为特征,以自己的想法和喜好来认识外部世界。

社会自我形成(3~12 岁):通过选择内化他人,尤其是重要他人对自己的看法,形成自己对自己的认识,并按这种认识来指导自己的行为。这一时期会不断受到来自社会的对照、他人行为参照的影响，从而对自己的心理、行为进行反思和修正，朝着社会认同的方向发展，建立起社会规范意识，形成角色观念，不断调整自己与他人的关系，并有意识地调节自己的行为。

心理自我形成(12～18 岁)：自身意识领域逐渐扩大，开始认识自己的心理活动，通过自我的观点来认识自己和外部世界，这一时期自我意识会经历分化、矛盾和统一的过程，逐渐分化出"主我"和"客我"，并进行自我分析和自我反省，越来越多地意识到"我是什么样子的"以及"我希望成为什么样子"，自我意识逐渐清晰。

自我意识完善(18 岁之后)：在每一次的自我的分化与统一中，自我意识得到进一步的完善和提升，越来越能够主动塑造自我，对生活掌控感越来越强，并最终走向成熟，形成完整统一的自我意识。

三、医学生自我意识偏差

大学生处于从青年期到成年期的过渡阶段，也是自我意识发展和完善的关键时期，客观、清晰的自我意识是心理健康的重要标志，影响着个体的认知、情感、意志、信念、行为、价值观的发展。中学阶段，学业压力大，社会互动范围小，自我意识缺乏发展空间；进入大学后，面临着一系列巨变，可能是第一次离开家，第一次住集体宿舍，第一次来到陌生城市，第一次接触到新的学习方式，这些都会引起心理上的一系列变化。特别是医学生学业繁重，竞争激烈，将来的临床工作要考虑理论与实践的结合，要学习处理医患关系等。直面这些变化时，如果没有准备好，就可能遭遇成长中的心理断乳期，在新的环境中找不到自己的位置，过去的许多自我评价现在都要重新审视甚至推翻。在思考"我是谁"以及"我想成为什么样的人"这两大问题的过程中，可能会体验到无力感、混乱感以及孤独感，自我意识的发展可能会出现偏差。如果得不到及时解决，可能会引发心理危机甚至心理障碍。

(一)现实自我与理想自我的落差

医学是神圣的，很多学生带着医学梦走进医学院校，对理想中的自我充满信心，对未来的学业和事业发展充满期待。而现实自我的能力、知识、经验与理想自我的实现还有很大差距。面对这样一种落差，医学生可能会陷入两难的冲突中：要么积极进取推动现实自我向理想自我靠近；要么自认"不是学医的料"而放弃理想自我甚至自我沉沦。在理想和现实的碰撞中出现迷茫的医学生很多，他们不停地抱怨这种差距，不愿意正视现实，而忘记了用全面的、发展的、积极的角度去真正地认识自己。在个体发展的过程中，理想自我与现实自我存在差距是正常现象，如果只是把眼光放在差距上，就容易陷入自我困扰的局面。

(二)独立意识与依附心理

大学阶段是进入社会走向独立的第一步，理想自我在独立意识的推动下，给自己设计了一个学习、生活以及整个心理上自立的蓝图，让我们逐渐走向性格完善、人格成熟，将来走出校园的时候，才能更好地适应工作环境，建立良好的人际关系。

同时，很多同学认为上大学终于能够从父母的管教和约束中摆脱出来，有着强烈的自我独立意识，但没有考虑到完全脱离依附关系是不现实的，这种与学校、家庭、父母、老师、同学之间的依赖关系是无法彻底摆脱的。在经济上，由于医学专业学习年限长，参加工作后获得报酬的周期长，很大程度上要依赖父母和学校的资助；在学习上，医学是一门实践科学，不可能完全脱离学校老师的教导而独立自学；大学校园生活环境比中学复杂很多，会遇到很多机遇、抉择和突发事件，情感上离不开同学、朋友的帮助支持。

（三）交往需要与自我封闭

医学生在学业之余，也有从家庭中获得亲情、从同学和朋友中获得友情、从恋人那里获得爱情的需要。但很多人出于自我保护的需要，在与人交往的过程中存在戒备心理，把自己的内心世界与外界隔离开，与他人保持一定的心理距离。理想自我盼望自己有个好人缘，现实自我又存在社交恐惧，这种矛盾往往使很多学生无所适从，饱受孤独感的煎熬。相对于综合型大学，医学院校专业性强，学生群体单一，文科生、工科生数量少，医学生思维模式可能会使得他们在人际交往中表现得比较单调、缺乏变通，在定位自己的社会、群体位置和角色时出现一些问题，导致人际关系的失衡。比如不知道如何表达个人内心情感，面对亲密和疏远、个人和群体关系等问题时陷入混沌，这些问题都是没有很好地认识自我，没有形成全面客观的自我意识造成的。

（四）过度自卑与自负

自卑是感到自己有某些缺点和不足，对自己不满意，觉得自己不如别人。在医学生中，有些同学因为家庭收入不高、经济条件不好、生活困难，担心别人轻视自己而产生自卑心理；有些同学在学习、社交、文体活动中表现不佳（如考试不及格、人际关系紧张、实验操作不达标等），与其他同学相比产生自卑；还有部分同学的自卑是由早期经历过创伤事件、人生挫折等导致的。

奥地利心理学家阿德勒认为，自卑是一种心理发展的动力，人的一生就是自卑感与追求卓越不断循环的过程，这种循环可以让一个人的能力得到不断的提高。但是自卑感太强是一种自我认识偏差，会导致出现焦虑、忧郁、悲观的情况，阻碍人们的进步。过度自卑，在认知上的主要表现是自我评价过低，也许只是某一方面不足，但却把这些不足过分概括化，全盘否定自己，对自己已有的闪光点视而不见。在行为上，自卑的人会担心别人看不起自己，不敢参与人际交往，怕露怯，想尽一切努力掩盖自己的缺点。同时，过度自卑会对别人的评价过分敏感，在与人交谈时，会对他人的评价产生联想，尤其对自己的被轻视感到愤愤不平。

自负是过度自卑的对立面，但二者都源于自我认识的偏差，都是不能够恰当地评价自己的表现。在心理上，自负的人自视过高，认为别人不如自己，总爱抬高自己、贬低他人，固执己见，将自己的观点、想法强加于人，明知道别人正确，也不愿意改变态度。另外，自负的人也往往不能接受别人的批评，但面对别人取得的成绩时，却又容易产生嫉妒之心，排斥他人。这种心理和行为模式容易使自负的人在人际交往方面受挫，进而影响心理健康。

自负也是一种自我认识的片面化，夸大自己的长处、优点，缩小或忽略自己的短处、缺点。一方面，医学生是同龄人中的佼佼者，医生职业优越的社会地位会给医学生的自我评价带来积极影响，社会认同、长辈赞誉、同龄人羡慕，这些可能会使医学生过高地评价自己，自以为是，有种盲目的自信；另一方面，这与早年的家庭教育有关，父母的过分宠爱和不恰当的夸奖，会让他们自小认为自己样样优秀，什么都行；最后，很多医学生在进入大学前埋头学习，缺乏与其他人的交流互动，缺少从他人角度看待自己的反馈，这也容易造成自负心理。换个角度来说，自负其实是另一种形式的自卑，是对自卑的防御，是因为内心深处存在自卑感，通过放大自我和贬低他人来补偿自己的不足和自卑，是一种无意识的防御机制。

四、医学生自我意识的塑造

自我意识的形成要追溯到成长过程中重要他人对我们的评价，这种评价标准塑造了自我意识。例如，年幼时父母的标准就是评价孩子行为好坏的依据；上学时老师的标准成了评价"好学生"和"差生"的依据；走上工作岗位后，社会对人们的标准就成了评价"成功"与否的依据。一系列的标准最初并不是我们给自己定的，但慢慢地成了评价自己的重要依据，这就是上文所谈到的内化了成人的标准，把成人对我们的评价标准变成了我们认为自己"应该成为的样子"，这就是理想自我。

然而，现实自我和理想自我总是会存在差距，如果受外界不良参照和他人不良态度的影响，个体的自我意识会出现各种各样的偏差，使得生活中充斥着无力感和受挫感。在年幼时，由于缺乏力量，认知能力有限，我们无法正视真实的自我，但现在我们已长大成人，有能力去重新认识自己，主动塑造积极的自我意识，体验心灵的和谐与成长的快乐。

（一）认识自我

认识自我是塑造自我的基础，包括了解自己的身体、相貌等生理特点，也包括了解自己的气质、性格、能力、兴趣、爱好、意志、品质等心理特质，还包括了解自己在群体中的作用、在人际环境中的形象与地位等。但是，自我是一个抽象的心理概念，不能像测量自己的血压、心率那样一目了然，在认识自我时很难保持客观性，因此容易发生"当局者迷"的情况。下面介绍一个常用的自我探索方法，可以更加全面深入地认识自我，获得新的体验。

美国心理学家约瑟夫·勒夫和哈里·英格拉姆提出的约瑟夫－哈里窗口理论认为，人对自己的认识是一个不断探索的过程，可以划分为"自己知道——自己不知道"和"他人知道——他人不知道"两个维度将自我划分成四个部分，如图 2-3 所示。

	自知	自不知
他知	公开的我	盲目的我
他不知	秘密的我	未知的我

图 2-3　约瑟夫－哈里窗口理论

每个人各个维度所占的比例不同，形成的自我认识也不同。你可以依照图 2-3 中四个"我"的分布，画出自己的四个"我"。首先，自省是探索自我的重要途径，曾子曰"吾日三省吾身"，通过把意识分为观察者“我(I)”和被观察者“我(me)”,进行有意识的觉察,回顾以往在各种活动中的成败经历,得出自己对现在和过去的认识,了解“未知的我”。其次,通过积极参与人际交往,留意他人对自己的态度和评价,想象对方如何看我们,这些评价和想象就像一面“镜子”帮助我们获得外部反馈从而减少盲目的我。最后,适当地与他人分享自我体验,包括个人情绪、行为、认知,探索“秘密的我”,使得人们对自己的能力和品质了解得更真实、准确。

心理知识链接

斯坦福大学行为心理学教授卡罗尔·德韦克经过长期研究发现,人们对自己的认识有两种基本模式:一种是固定思维模式,一种是成长思维模式。

固定思维模式的人,倾向于认为智力等能力的水平是天生的。他们几乎都认为成功的标准是完美完成任务,他们害怕犯错,而且对他人和世界采取防御的态度。而成长思维模式的人相信智力等能力是能够通过后天的努力而提升的。如果问他们觉得自己最成功的时刻是什么时候,他们会回答是通过自己的努力克服了困难的时候;他们看重自己在过程中的努力以及获得的提升,而不仅仅以成果论成败。他们对于世界是探索的态度。

([美]卡罗尔·德韦克:《终身成长》,江西人民出版社2017年版)

(二)接纳自我

扫码随时学

当我们看到自己身上存在一些缺点的时候,往往会把这个部分当成一个敌人,想要击败它、摧毁它,但往往你会发现敌不过它,此时你会想尽办法避开它。然而,这些部分是无法被消灭、被摧毁的,你只能暂时把它压制下来。接纳自我,简而言之,就是无条件地爱自己,认可自己的价值与存在。可能你会有疑问:“我现在有这么多不足,这么多令人不满意的地方,我怎么接纳自己呢?而且我还担心,如果我接纳了一个这样的自己,就是降低了对自己的要求,就是甘愿这样平庸下去,这会让我更堕落,我是不是就再也实现不了我想要的成功了?”没错,这是许多人面对自我接纳时的困惑和迟疑,但是,自我接纳绝不是消极被动的“我就这样了”的自我放逐,而是减少内耗,更有力量去重塑自我,超越自我。一个真正爱自己的人不需要将自己的价值依附于任何外在的世界,他们的内心是坚定的,外在是刚强的。他们重视自己的价值,而不是藐视自己的存在去迎合一些所谓的价值观。真爱里只有敬重及真正的接纳,去接受你本来的样子。

(三)塑造自我

在接纳自我的基础上,我们要学会主动地塑造自我,改变自我意识偏差,用发展的眼光看待自我,建立自尊、自信、积极的自我意识。

1. 合理运用社会比较策略

社会比较是自我意识形成的重要途径,个体对自己的认识和评价往往是通过与他人的比较来实现的。很多同学在比较的过程中，常常出现一些误区，比如有人与过于优秀的参照对象作对比，结果发现自己处处不如人，觉得自己一无是处；有人则用自己的长处和他人的缺点比较，结果自命不凡，轻视他人。比较的方法是否适当，决定了一个人能否产生积极的自我体验。因此，合理的社会比较应当是全面的，既要横向地与他人进行比较，也要与过去的自己进行比较；在与伟大人物相比较时，我们比较的不是成就，而应该是勇气、意志、理想、信念等，并从中获得启发。

2. 合理定位理想自我

人们最初的自信来源于成功经验，通过努力获得愿望的达成可以推动个体去争取更大成就，体验到一种充满希望的、自信的感受。因此，大学生在选择实践活动和目标时，可以有意识地多参加一些有专长、有兴趣的项目，增加成功的机会，看到自己身上的闪光点。大学生正值青春年华，对未来充满憧憬，希望具有理想的人生，然而，如果对自己的期望值过高，无法应对能力范围之外的困难和挫折，就可能会陷入抑郁、消沉的情绪中，产生自卑、自弃的心态。因此，只有把自我期望与现实情况紧密结合起来，调整自己的期望值，建立适中的理想目标，目标不宜太高，但同时也不能过低，最好是“跳一跳够得着”的目标，是在现有水平和条件上通过一番努力能够实现的目标，才能更好地塑造自我。

3. 积极地评价自我

自我意识的转变是缓慢、渐进的，而不是快速、跳跃式的。有些同学在行动中遇到挫折和退步时，常常由于非理性的自我评价而一蹶不振。因此，我们应尽可能多地看到自己的进步和自身的成长，以及在人生发展中获得的宝贵经历，用理性的标准衡量自己。犹如登山一样，有时候当你行至某一点会看到与前面相似的风景，但高度却已经不同了。所以在成长的道路上，有时你会觉得返回了原点，但是即使你外表是相同的，内心、能量却已不同。回到原点，并不表示你在倒退，而是内心正在统合更大的能量，等下一次再出发时，步伐会跨得更大、走得更远。

项目二　人格特征与心理发展

看过小说《红楼梦》的人都知道，书中有一个重要人物王熙凤。在贾府中，论辈分，王熙凤只是贾母的孙媳，但她却能成为这样一个大家族中的“大管家”，可见其非同一般。书中描述，王熙凤“明是一盆火，暗是一把刀”。她聪明、漂亮、能干、泼辣，但也八面玲珑、狡诈无比。相较之下，黛玉聪慧而忧郁，宝玉多情而反叛，同样的，小说中的其他角色也被曹雪芹刻画得生动、饱满。这些既非生理外貌特点，又不表示能力高低的人与人之间的不同，就属于人格特征。人格是个体身上最具色彩的闪光点，人与人的不同正在于人格的不同。

一、人格的内涵

人格(personality)是个体在一定社会条件下形成的内在动力组织和相应行为模式的统一体，是各种心理特征的统一，表现为一个人总的精神面貌。人格具有三个基本特性：①“普遍性”(universals)，我们和其他所有人都相似的方面，也就是人类共同的本性；②“特殊性”(particulars)，我们与一些人相似但与另一些人不相似的方面，指的是人格的群体差异水平；③“唯一性”(uniqueness)，我们和其他所有人都不相似的方面，指的是个体独特性方面。

在日常生活中，我们也会经常用到人格这一概念，比如会说“人心不同，各如其面”，此处所讲的“人心”就是心理学所研究的“人格”，它像一个大家庭，把气质、性格、能力、需要、动机、兴趣、信念、价值观、行为习惯等有机地统合在一起，让个体以整体面貌来适应环境；还有所谓“人同此心，心同此理”，说明人与人之间既有差异性，又有共同性，人类群体、民族会在一定的自然、社会环境下形成共同的心理特点，同时每个个体的人格又各有不同；人们在描述某人时会说他具有大方、勇敢、勤劳或者小气、懦弱、懒惰等特点，这些“特点”就是心理学中的“人格特征”，这些特征往往具有一定的稳定性，在人际互动中能让彼此建立对对方的预期；另外，《论语》中有“三十而立，四十而不惑，五十而知天命，六十而耳顺，七十而从心所欲，不逾矩”的描述，说明人格会随着年龄增长、心理发展而变化。

二、人格特征

我们可以用“柳叶眉”“丹凤眼”“鹅蛋脸”等形容一个人的外貌，那用什么来描绘一个人内在的人格呢？在心理学研究中，是用人格特征来为一个人的人格进行画像的。人格特征是指个人身上经常而稳定地表现出来的心理特点，是个人多种心理特点的一种独特的结合。它集中地反映了个人的心理面貌的独特性，主要包括气质和性格两方面。除此之外，不同职业或角色的人有不同的人格特征和行为模式，从而在人格的特殊性层面上形成职业人格(employment personality)。对于医学生而言，在学习知识和临床实践的过程中，需要在道德文化、价值取向、精神素养、理想情操、行为方式等方面形成适应医疗职业的特定心理结构和行为方式，也就是医学生人格(medical personality)，其中包括职业道德、职业心理、职业观念、职业性格、职业技能等。

(一)气质与气质类型

气质是一个人生来就具有的心理活动的动力特征，即在个体行为上所表现出来的心理过程的强度、速度、稳定性及心理活动的指向性等特征。医学之父希波克拉底最早提出了体液说，后经古罗马医生盖伦发展，提出人的四种气质类型——胆汁质、多血质、黏液质、抑郁质，成为传统的气质理论并沿用至今。每种特征既决定了个体心理活动的动力特征，又给每个人的心理活动蒙上了一层独特的色彩。通俗地说，气质也就是我们平时所说的脾气秉性。

1. 胆汁质

热情如火、脾气火暴，类似李逵、张飞等人的气质，做事雷厉风行，勇敢、果断，精力旺盛，坚定、自信，支配欲强，有决心，有远见，着眼大局，组织力强，为人热情、直爽、朴实、真诚。他们可能的缺点是，整个心理活动都笼罩着迅速而突变的色彩，好发号施令，常常粗枝大叶、不求甚解，遇事欠思量，鲁莽、冒失。

2. 多血质

善言谈、喜交际，影响力强，因而这种类型又被称为互动型或交际型，比如红楼梦中的王熙凤，热情、活泼、幽默、灵活、开朗、乐观是他们的优点。他们的情绪丰富而外露，喜怒哀乐皆形于色，他们那副表情多变的脸折射出他们的内心世界。他们的语言表达能力强而且富有感染力，能较快适应环境的变化，性情活泼、热情，善于交际，在新的群体生活中很快就会有不少朋友，面对各种挫折常能机智地摆脱困境。他们的弱点是，兴趣广泛但缺乏坚持性，很多事情浅尝辄止、过于浮躁。

3. 抑郁质

聪明而富有想象力，自制力强，善于分析，追求完美，才华横溢，具有创造力和牺牲精神。在生理上难以忍受或大或小的神经紧张，厌恶那些强烈的刺激，他们的感情细腻而脆弱，常为区区小事引起情绪波动，情绪体验深刻、细腻而又持久，主导心境消极、抑郁，多愁善感，心事重重，给人以“秋风落叶”般的无奈、忧伤的感觉，类似于林黛玉的气质。缺点是挑剔、悲观、情绪化，容易感到疲倦，在困难面前懦弱、自卑，优柔寡断。

4. 黏液质

表情平淡，情绪不易外露，外表似乎给人“寒冬将至”的感觉，但内心的情绪体验深刻，外冷内热。反应缓慢、沉默寡言，情绪不易外露，注意力稳定不易转移，善于忍耐，类似于《西游记》中沙僧的气质。反应较为迟缓，无论环境如何变化，都能基本保持心理平衡，凡事深思熟虑，力求稳妥，缺点是过于拘谨，不善于随机应变，固定性有余而灵活性不足，有墨守成规、因循守旧的表现。

上述四种气质给人的感觉犹如四季，各具特点，但是大部分人并不单纯地属于四种典型气质中的某一种，而是某几种气质类型的混合，所以我们才会看到形形色色天性不同的人。

（二）性格与性格特征

性格是个体在先天生物遗传素质的基础上，通过后天生活过程与社会环境的相互作用而形成的，是个人对现实的稳定的态度和习惯化了的行为方式。在人类所有的自然语言中，都有大量的词汇用于描述个人稳定的、一致的性格特征，心理学家一直在从中寻找基本单元，用以概括难以穷尽的性格特征。直至20世纪末，美国心理学家科斯塔和麦克雷提出了大五模型（Big Five Structure），在这一问题上取得了共识。这一模型认为每个人身上都有五个维度的特征，如图2-4所示。

外向性（Extraversion），指对社会现实世界的积极看法，包括社会性、活跃性、果断性和正向情绪等特质。外倾者爱好交际，通常表现为精力充沛、乐观、友好和自信；而内倾者这方面的表现不突出。有研究者指出："内倾者含蓄而不是不友好，自主而不是追随他人，稳健而不是迟缓。"

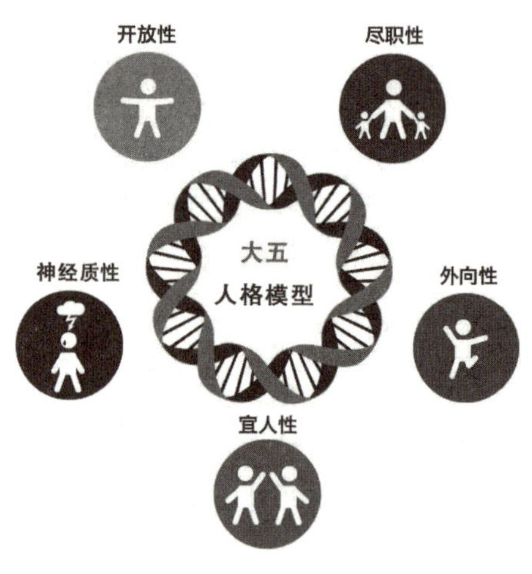

图 2-4　性格的大五模型

宜人性（Agreeableness），指亲社会和集体的取向，与对抗性相反，包括利他主义、体贴、信任和谦逊等特质。在宜人性上得高分的人，是乐于助人的、可信赖的和富有同情心的，他们注重合作而不强调竞争；而得低分的人，为人多疑，他们经常为了自己的利益和信念而争斗。有研究发现，宜人性高分者在社会交往中更愉悦，与别人的争吵更少。

尽职性（Conscientiousness），指能促进任务和指向目标的、合乎社会规范的、控制冲动的特质，包括先思后行、遵守规范和规则、有计划、有条理和工作优先等。在尽职性上得高分的人，做事有条理、有计划，并能持之以恒；得低分的人马虎大意，容易见异思迁，表现较不可靠。

神经质性（Neuroticism），指与稳定情绪相反的消极情绪，如感到焦虑、烦躁、悲伤和紧张等。神经质性高分者经常感到忧伤，情绪容易波动，更容易因为日常生活的压力而感到心烦意乱；神经质性低分者多表现为平静、自我调适良好，不容易出现极端的或不良的情绪反应。

开放性（Openness），指与思想封闭相反的特质，如独创性、思维开放性，对多样性、新颖性和变化的需要等。在开放性上得高分的人是不依习俗、独立的思想者；而得低分者大多比较传统，喜欢熟悉的事物。有研究发现，创新的科学家和艺术家在这一维度上得分高。

我们每个人在不同维度上倾向程度不同，以首写字母的缩写命名，就构成了丰富的人格海洋。

（三）医学生人格

医学生人格是医学生个人的品格、素质，是在医学专业学习和实践中表现出来的尊严、责任、价值、道德品质、能力、素质。有良好人格的医学生应该同时具备坚定的社会主义理想信念和"救死扶伤、实行人道主义"的高尚医德，具备严谨求实、奋发进取、刻苦钻研、精益求精的精神，其基本特征包括：①始终如一地热爱医学事业，善于学习，思维敏捷；②意志坚强，乐观开朗，情绪稳定，不畏艰难，耐心细致，谦虚谨慎；③团结同学，关心他人，乐于助人，诚实正派。

人格在很大程度上决定着一个人内隐和外显的行为，特别是医疗实践关系着人民群众的生命健康，医学生人格不仅是职业要求，更是守护生命的铠甲。就像在非典和新冠疫情中的钟南山院士——因为把生命看得比什么都重，他才敢说别人不敢说的真话；因为始终保持开放创新的思维，他才能不断突破医疗困境。

心理知识链接

敢医敢言，生命至上——记“共和国勋章”获得者钟南山

“什么是最大的人权？我们保住了这么多人的命，这是我们最大人权的表现。”新学期开学之际，中国呼吸疾病研究领域的领军人物钟南山通过电视动情地说。

这是全国中小学生特殊的“开学第一课”。今年，一场突如其来的新冠肺炎疫情席卷全国，84岁的钟南山再次迎“疫”而上，以实际行动诠释了“人民至上、生命至上”的理念。在非典型肺炎和新冠肺炎疫情防控中，他敢医敢言，勇于担当，提出的防控策略和防治措施挽救了无数生命，作出了巨大贡献。

敢医敢言：科学只能实事求是，不能“明哲保身”

2020年1月19日，两张照片在网上广泛流传。一张照片里，钟南山神情疲惫地靠坐在一列高铁餐车的座位上；另一张照片，显示了两张1月18日从广州前往武汉的高铁车票。

图2-5 “共和国勋章”获得者钟南山

两张照片引发网民的强烈反响，因为就在几天前，钟南山还向全国民众发出呼吁，希望普通人如果没有迫切需要，不要前往武汉，但他自己却毅然“逆行”。

1月18日，临危受命担任国家卫生健康委员会高级别专家组组长的钟南山登上从广州开往武汉的高铁，为的是查明在武汉报告的一种未知的“新型肺炎”。

在武汉实地调研后，国家卫生健康委员会高级别专家组确认，这种“新型肺炎”已经出现“人传人”现象。1月20日，钟南山在北京接受媒体采访时，果断向社会公布新冠肺炎存在“人传人”的情况，拉响了全国新冠肺炎疫情防控的警报。

此后，他多次出席新闻发布会，接受境内外媒体采访，为公众答疑解惑，为一线战疫注入信心。

“全国帮忙，武汉是能够过关的！武汉本来就是一个英雄的城市。”1月28日，在武汉抗击新冠肺炎疫情最为焦灼的时候，钟南山接受新华社专访时动情地说。

这并不是钟南山第一次“敢医敢言”。早在2003年非典疫情期间，他就在“衣原体是病因”几乎已经成为定论的背景下，以客观事实和临床经验为依据，提出并证实非典病因是一种新型冠状病毒。他还面对极大的外部压力,坦言当时北京的疫情传播没有得到有效防控,为当时疫情防控工作走上正轨起到了关键性作用。

“科学只能实事求是,不能明哲保身,否则受害的将是患者。书本上没有的,只能在实践中摸索。”钟南山曾在接受采访时这样说。

2020年8月11日,国家主席习近平签署主席令,授予84岁的钟南山“共和国勋章”,以表彰他在抗击新冠肺炎疫情进程中作出的杰出贡献。“共和国勋章”建议人选的公示称,在新冠肺炎疫情发生后,钟南山敢医敢言,提出存在“人传人”现象,强调严格防控,领导撰写新冠肺炎诊疗方案,在疫情防控、重症救治、科研攻关等方面作出杰出贡献。

“人民至上、生命至上”

钟南山出生于医生之家。父亲钟世藩毕业于北京协和医学院,是著名的儿科专家;母亲廖月琴,同样毕业于北京协和医学院。

“我读小学时身体比较弱,听说通过锻炼可以使身体更强壮,所以就喜欢上了踢球、跑步。”1955年,在广东省的一次田径运动会上,读高三的钟南山在400米项目上打破当时的全省纪录,并在之后的全国比赛中获得第三名。

也是在这一年,钟南山在报考大学时决定学医。“跟爸爸讨论了半天,他说学医的话,不单是自己身体要好,而且要帮别人身体也健康,我于是决定读医学。”

1955年,钟南山考入北京医学院,走上从医道路。“我非常佩服运动员的拼搏精神,其实我们搞医疗也一样,不到最后,不能放弃。”钟南山说。

从此,“不到最后不放弃”,厚植于钟南山医生心中。

在抗击非典中,钟南山“把最危重的病人送到我这里来”那句话,落地有声、铿锵有力;在抗击新冠疫情中,他再次作出“绝不放弃任何一个患者”的庄严承诺。

8月27日,一位使用体外膜肺氧合(ECMO)辅助支持长达111天的新冠肺炎患者从广州医科大学附属第一医院康复出院,创造了新的救治奇迹。

“做体外膜肺氧合有风险,很容易引起出血,也很容易引起凝血,还可能引起感染,这三个‘关’是很困难的。”钟南山介绍说,“在救治过程中,只要有一线希望,我们可以不惜一切代价。即便看起来必死无疑的患者,我们还是要像绣花一样抢救回来。”

传染病无国界,相互支持少走弯路

“传染病是没有国界的。只要有一个国家不作干预,全球新冠疫情就不会消失。”钟南山说。

在一线指导救治的同时,钟南山始终坚守在国际医学研究一线,第一时间分享中国的抗疫做法经验。截至6月,他与10余个国家和地区医学同行进行了30多场连线……

“通过交流,可让其他国家少走弯路。”钟南山说,“因为我们走过了艰难的路,所以要相互支持。”

他表示："从抗击非典到抗击新冠肺炎，我国科研攻关能力在战疫中历经锤炼。如果说抗击非典时我们更偏重救治患者，此次战疫中我们把科研攻关提高到与临床救治同样重要的位置。这次，不单将论文写在祖国大地上，也写在了地球大地上。"

2020 年 1 月 21 日，科技部组织召开"新型冠状病毒联防联控工作机制科研攻关组第一次会议"。会议宣布成立以钟南山院士为组长、14 位专家组成的新型冠状病毒感染的肺炎疫情联防联控工作机制科研攻关专家组。

2 月 13 日，钟南山团队宣布从新冠肺炎患者的粪便样本中分离出新冠病毒；2 月 14 日，在钟南山指导下，呼吸疾病国家重点实验室联合中科院广州生物医药与健康研究院等研发出新冠病毒 IgM 抗体快速检测试剂盒；2 月 28 日，钟南山与全国 30 多位作者共同完成"中国 2019 年新型冠状病毒感染的临床特征"研究，并在国际医学期刊《新英格兰医学杂志》发表。该研究收集了来自全国 552 家医院的 1099 例确诊患者的临床信息，提出严格、及时地采取流行病学措施，对遏制疫情迅速蔓延至关重要。

如今，钟南山带领的广州医科大学呼吸疾病国家重点实验室科研团队已经在快速检测、老药新用、疫苗研发、院感防控、动物模型等方面取得了一系列成果，在疫情防控中发挥了重要作用。

9 月 4 日，外交部发言人华春莹在回应钟南山入选世卫组织专家组时表示，钟南山院士是中国传染病防控领域的权威专家，享有很高声望，相信钟南山院士的专业精神和经验将为世卫组织新冠肺炎疫情应对评估专家组的工作提供帮助并作出积极贡献。

（新华社记者徐金鹏、肖思思、王攀、徐弘毅，《人民日报》2020 年 9 月 8 日）

三、人格与心理发展

人格是在社会生活中发展起来的，一方面它以个体的神经解剖生理特点为基础，另一方面它在极大程度上受到社会文化、教养方式内容和方式的塑造。人格的形成就是个体社会化的过程，即人生活在一定社会关系中，逐渐掌握一定社会的风俗习惯、行为方式，形成一定的世界观、价值观，从而成为复杂的社会关系的体现。

图 2-6　埃里克森像

美国著名的发展心理学家和精神分析学家埃里克森（见图 2-6）提出的社会心理发展理论，将心理发展从出生到死亡划分为八个阶段（见图 2-7），每个阶段会遇到一对冲突（conflict）或面临两种对立的危机（crisis），如果个体能在环境的支持下选择积极的因素去解决，就可以在解决危机的过程中形成正面品质，心理得到健全发展，有利于个人对环境的适应；如果个体缺乏环境支持并选择消极的因素去解决，则会形成负面品质，会使人格不健全，阻碍对环境的适应。而且，前一阶段危机的正面解决，会增大下一阶段危机积极解决的可能性；前一阶段危机的消极解决，则会缩小后一阶段危机积极解决的可能性。每一次危机的解决都存在着积极因素和消极因素，当积极因素的比率大时，危机就可能顺利解决。

图 2-7　埃里克森八阶段理论

埃里克森还指出，不仅所有的发展阶段是依次相互联系着的，而且最后一个阶段和第一个阶段也是相互联系的。例如，老人对死亡的态度会直接影响幼儿的人格发展。埃里克森指出，如果儿童的长者不惧怕死亡，儿童也不会惧怕生活。心理发展的阶段，是以一种循环的形式相互联系着的，一环扣一环，形成一个圆圈。

（一）基本信任对基本不信任（0～1 岁）

这个阶段的婴儿最为柔弱，如果婴儿受到温暖、持续的照顾，满足了他们的基本需要，婴儿对周围的人就会产生一种基本信任感，感到世界和人都是可靠的；相反，如果婴儿的基本需要没有得到满足，就会产生不信任感。这种基本信任感是形成健康人格的基础，也是以后各个阶段心理发展的基础。这一阶段危机的积极解决会形成希望品质（virtue of hope），即坚信愿望可以实现。

（二）自主对羞怯和疑虑（1～3 岁）

父母的抚养如果能鼓励儿童探索自我和环境时，孩子会发展出自主感；如果父母对子女的行为限制过多，孩子就会产生羞怯感，并对自己的能力产生疑虑。这一阶段危机的积极解决，自主超过羞怯和疑虑，就会形成意志品质（virtue of will），即便不可避免地体验到羞怯和疑虑时，仍能表现出自由选择或自我抑制的决心，使自己变得灵活、乐观和幸福。

（三）主动对内疚（4～6 岁）

经过前面两个阶段的发展，儿童开始探索自己要成为什么样的人，探索什么是允许的、什么是不允许的。如果父母鼓励儿童进行各种各样的尝试，就会促进他们的主动性；如果父母嘲笑孩子或过度批评他们，就会使他们产生内疚感。这一阶段危机的积极解决，主动超过内疚，就会形成目的品质（virtue of purpose），能够去面对和追求有价值的目标。

（四）勤奋对自卑（6～11 岁）

这个阶段儿童大多数在上小学，如果可以通过稳定的注意和孜孜不倦的勤奋来完成学习，就可以从中产生勤奋感；如果不能发展这种勤奋，他们会对自己能否成为一个对社会有用的人缺乏信心，从而产生自卑感。这个阶段危机的积极解决，勤奋超过自卑，就会形成能力品质（virtue of competence），在完成任务中运用自己的聪明才干。

（五）同一性对角色混乱（12～20 岁）

这个阶段的个体要面临的关键问题是“我是谁”，需要整合关于自己和社会关系的信息，并且确定自己的生活策略，能够整合自身特性的个体被认为达到同一性（ego identity），是发展健康人格的重要阶段，也是成年期开始的标志；如果无法建立稳定和统一的特性，就会产生角色混乱（role confusion）和消极同一性（negative identity）。角色混乱指个体不能正确地选择适应社会环境的生活角色。这类青年无法“发现自己”，也不知道自己究竟是什么样的人或想要成为什么样的人，他们没有形成清晰和牢固的自我同一性。消极同一性指个体形成与社会要求相背离的同一性，他们形成了社会不予承认的角色，形成了社会反对和不能容纳的危险角色。这一阶段危机的积极解决会形成忠诚品质（virtue of fidelity），即“不管在价值体系中是否存在着矛盾，仍然忠于自己内心的誓言的能力”。

（六）亲密对孤独（20～24 岁）

这一阶段里只有建立了牢固的自我同一性的人才敢与他人建立亲密关系，这要把自己的同一性和他人的同一性融合在一起，包含着让步和牺牲。如果能够建立一种承诺和亲密的人际关系，就会体验到亲密感；相反，一个没有建立自我同一性的人，会担心建立亲密关系而丧失自我，导致无法建立亲密关系，体验到孤独感。这一阶段危机的积极解决，亲密超过孤独，就会形成爱的品质（virtue of love），即“爱是一种因永远抑制由遗传导致的对立而永久相互献身的精神”。

（七）繁殖对停滞（25～65 岁）

这一阶段的个体已经由儿童变为成年人，已经建立了家庭和自己的事业。如果一个人形成了积极的自我同一性，并且过着充实和幸福的生活，他们就试图把这一切传给下一代，通过直接抚养孩子，或者生产、创造能提高下一代精神和物质生活水平的财富，从中获得繁殖感；反之，如果个体过度关心自己的幸福或认为生活是无意义的，就会体验到停滞感。这一阶段危机的积极解决，繁殖超过停滞，就会形成关心品质（virtue of care），能够自觉自愿地关心他人，爱护他人。

（八）自我整合对绝望（65 岁之后）

这个阶段进入了老年期，如果前面七个阶段都能顺利度过，生活充实幸福并且对社会有所贡

献，回头看自己的经历时会有满足感，自我是整合的，这使他能够有尊严地面对死亡；而如果在回忆过去的一生时充满遗憾，则会经常体验到绝望，因为他们生活中的主要目标尚未达到，过去只是一连串的不幸。他们感到已经处在人生的终结，再开始已经太晚了，他们不愿匆匆离开人间，而对死亡没有思想准备。这一阶段危机的积极解决，自我整合超过绝望，就会形成明智品质（virtue of wisdom），能以超然的态度来对待生活和死亡。

埃里克森的心理发展八个阶段的危机和相应的品质，可以概括如表 2-1 所示。

表 2-1　埃里克森八阶段理论

阶段	危机	年龄（岁）	积极解决的品质	消极解决的品质
1	信任 vs 不信任	0～1	希望	恐惧
2	自主 vs 羞怯	1～3	意志	疑虑
3	主动 vs 内疚	4～6	目的	无价值感
4	勤奋 vs 自卑	6～11	能力	无能
5	同一性 vs 角色混乱	12～20	忠诚	不确定感
6	亲密 vs 孤独	20～24	爱	关系混乱
7	繁殖 vs 停滞	25～65	关心	自私
8	整合 vs 绝望	65～死亡	明智	绝望

项目三　应对方式与健康心理

“同学，能借你的书架放些东西吗？”开学第一天，当室友小美提出这个请求时，性格温和的小丽下意识地点头微笑。可一个月过去了，原本属于自己的三层书架堆满了小美的化妆品、零食和课外书，连放专业课本的位置都没有。

每次回宿舍看到被占满的书架，小丽心里像压着块石头。她反复演练要说的话：“这是我的位置，请把东西收走吧。”可看到小美热情的笑脸，到嘴边的话又咽了回去。深夜听着室友均匀的呼吸声，她辗转反侧：“要是说了会不会显得小气？不说的话还要忍多久？”连续失眠让她上课总打瞌睡，连最喜欢的专业课都听不进去。

在进入大学后，我们面临的学业压力、宿舍关系、经济困扰、情感问题接踵而至。就像小丽面对被占用的书架，我们每天都在做选择题：是直接沟通还是默默忍受？是积极解决还是逃避拖延？这些选择就像肌肉记忆，渐渐形成我们独特的应对模式。

如果是你遇到这种问题，你会怎么应对呢？

一、应对与应对方式

在人生道路上，我们会遇到各种生活事件，特别是大学阶段，处于一生中心理发展变化的活跃期，也是各种矛盾集中多发的时期。医学生由于学时长、学业重，将要承担的社会责任大等特殊因素，可能会比同龄人遇到更多的问题。有些问题我们能够应对自如，有一些会超出我们的能力范围，因而会感到压力、负担甚至威胁。通常情况下，每个人面对威胁、解决问题的方式不同，在这过程中，我们会逐渐形成自身稳定的、一致的、惯用的应对方式，并内化为自我的一部分。

在心理学中，应对（coping）又称应付，是个体面临生活事件和压力情景时，调动自身资源作出的努力。应对方式（coping style）是个体为应对负担保持心理平衡第一反应所做出的认知和行为方式，是个体内部稳定的素质与环境互动的结果，应对方式能够反映出个体的认知水平、情绪状态、人格特征等。

二、应对方式的类型

人们在面对问题时发展出的应对方式就像“工具箱”——有人工具箱里装的是锤子（直面问题），有人装的是抱枕（安抚情绪），还有人装的是眼罩（暂时逃避）。工具不同，其环境的适应性各不相同，其结果的有效性自然也不同。

美国心理学家福克曼和拉扎鲁斯根据应对的关注中心不同，将应对方式分为问题中心应对和情绪中心应对。至今，大多数关于应对的研究都运用这两个重要概念。

（一）问题中心应对

问题中心应对是指人们能够直面现实问题，直接解决现实问题，通过采取积极行动来改变现实，从而减轻负担带来的压力和负面情绪。常见的问题中心应对方式有：

1. 问题解决

首先，获得关于问题的相关信息，掌握问题的规律和解决问题的行为规则；其次，制定计划，预测可能会出现的困难，并制定应对策略；最后，通过自我监控，主动掌握自身心理与行为，调整自己的认知与行动，达到预定的策略目标。例如，面对经济困难，我们先可以了解周围的兼职信息，通过家教等兼职工作来获得收入，减少经济压力。

2. 增加能力资源

在未来的问题出现之前培养训练应对问题的能力，提高解决现实问题的能力，包括专业能力、时间管理能力、生活自理能力等。

3. 社会支持

主动建立自己的社会支持网络，从他人那里获得解决问题的具体指导，以及情感上的关怀和支持，增加对生活事件的容忍度。

（二）情绪中心应对

情绪中心应对是指个体暂时无法在现实层面上改变问题，转而应对因生活负担引发的情绪反应，通过关注情绪来恢复心理平衡，常见的情绪中心应对方式有：

1. 情绪表达

情绪表达指的是人们用来表现情绪的各种方式。积极的情绪表达能够合理而自信地表达情绪体验，因此即便是表达负面情绪，也往往能够释放压力，在沟通中增加人际和谐，比如使用“你做了（说了）……令我感到很难过（很有压力）”等句式；消极的情绪表达是不加选择和控制地表达自己的负面情绪，甚至是过度反应，攻击他人，常常会破坏人际关系，并对自身心理健康产生负面的影响，比如使用“你这个人太没有教养（太自私）了”等句式。

2. 表达抑制

表达抑制是指出现负面情绪后，有意识地去忽略、压抑情绪，从而降低主观情绪体验以此维护个人形象或是顺从权威、保持人际关系稳定。表达抑制短期内可以应对困难，但是长期来看，这些情绪并不会消失，反而会积累起来，可能会转变成拖延、逃避等被动攻击的手段。

3. 认知重评

认知重评是通过改变对引发情绪的外部事件的思考和认知来降低情绪反应。这一过程包括：首先是理性认知，全面思考和分析自己的认知与情绪间的关系，对问题进行明确界定；其次是认知修正，在认知中增加新的可能性，重新检查对事件的看法，比如换位思考；最后是重新评价，对新的认知结果进行评价。认知重评改变对情绪事件的理解，当给予外部事件合理解释的时候，负面情绪就会得到缓和，从而可以采取更积极的应对。

三、应对方式与健康心理

（一）情绪的应对方式

当遇到超出能力范围的各种生活事件后，人们内心往往会失去平衡，如果采用不同的应对方式，会出现不同的生理、心理和行为反应，有的应对方式会影响到心身健康。研究发现，问题解决、求助等积极应对方式可以有效恢复心理平衡；情绪的积极表达能够及时地宣泄、疏导负性情绪，避免产生不良情绪；表达抑制能换来一时的安定，但是会导致不良情绪的积累，长期压抑会形成心理障碍，甚至于偏头痛、胃溃疡、癌症等心身疾病也有很大关系；认知重评能够重新评价引起情绪的生活事件，起到“退一步海阔天空”的积极效果，使人避免被负面情绪所困扰。总的来看，积极的应对方式能够减少愤怒、敌意、焦虑、沮丧等负面情绪，将注意力放在解决问题本身上面，能增进心理健康；而消极的应对方式能够暂时缓解紧张和负面情绪，但是这种应对缺乏积极的意义，一方面会对身心健康不利，甚至诱发精神障碍，另一方面可能会危害他人和社会。

（二）培养积极的应对方式

那么如何培养积极的应对方式，更好地应对生活中的挑战和困难呢？积极心理学认为，每一个人都有潜能，人们之所以难以承受生活事件带来的负担，出现一系列心理问题，是因为潜能的发挥受到了阻碍。其中，人们拥有的潜能就是心理资本，如果能够开发这些心理资本，我们就能发展更健康、更积极的应对方式。这些心理资本包括技能资源、情绪资源、兴趣资源。

1. 技能资源

技能资源即“我能做什么”，包括专业知识技能、可迁移技能以及自我管理技能。专业知识技能是所学习的专业，如金融、法律、医学等学科知识；可迁移技能是在各个领域通用的技能，如沟通能力、演讲能力、解决问题的能力；自我管理技能是一个人为人处世的特质，同性格相类似，比如一个自我管理技能高的人可能表现为自信、热情、坚韧、乐观和充满希望等，这些特质在很大程度上决定着一个人能否成功。

2. 情绪资源

在生活中会面临各式各样的选择和决策，人们在做出决定的时候，并不会像经典经济学理论所描述的那样永远保持理性。我们的情绪通常会参与到学习、工作与生活里大大小小的决定中去，有时它激励我们做出一个漂亮的决定，有时它又干扰我们做出正确的决定。在这里，情绪作为一种资源，指的是一个人的情商，也称为情绪智力，它包括自我意识、自我管理、自我激励、同理心和社交技能等多个方面。它是人们成功或失败的决定性因素。

3. 兴趣资源

人们通常说兴趣是最好的老师。兴趣帮助我们决定学习、工作与生活的目标和方向。因此，兴趣也被心理学家看作一种心理资本。美国“股神”沃伦·巴菲特曾说：“我和你们没有什么不同，也许唯一的不同是我每天都在做我感兴趣的事情。”兴趣成就了巴菲特辉煌的事业。因此兴趣确实是一种资源，是一种为我们朝着既定方向奋斗和行进提供原动力的重要资源。因此，寻找和识别属于自己的兴趣是应对挫折和压力的重要方式。

项目四 心理因素测试与训练

在前面的内容里，我们围绕发现自我这一主题介绍了相关内容，下面是一些自我评估的工具和练习，帮助大家更好地探索自我、发展自我。

一、心理因素评估

（一）大五人格测验

中国大五人格问卷（简化版）如表2-2所示。

表中有一些描述人们性格特点的句子，请根据每个句子与您的性格相符程度在相应的数字上画圈。例如，如果“在集体活动中，我是个活跃分子”非常恰当地描述您，那么请您在“6（完全符合）”上画圈，以此类推。每个人的性格各不相同，所以答案没有对错之分，请根据您的实际情况作答。

1＝完全不符合，2＝大部分不符合，3＝有点不符合，4＝有点符合，5＝大部分符合，6＝完全符合

表2-2　中国大五人格问卷（简化版）

序号	内　容	1	2	3	4	5	6
1	我常感到害怕						
2	一旦确定了目标，我会坚持努力地实现它						
3	我觉得大部分人基本上是心怀善意的						
4	我头脑中经常充满生动的画面						
*5	我对人多的聚会感到乏味						
6	有时我觉得自己一无是处						
7	我常常是仔细考虑之后才做出决定						
*8	我不太关心别人是否受到不公正的待遇						
9	我是个勇于冒险，突破常规的人						
10	在热闹的聚会上，我常常表现主动并尽情玩耍						
11	别人一句漫不经心的话，我常会联系在自己身上						
12	别人认为我是个慎重的人						
*13	我时常觉得别人的痛苦与我无关						
14	我喜欢冒险						
*15	我尽量避免参加人多的聚会和嘈杂的环境						
16	在面对压力时，我有种快要崩溃的感觉						
17	我喜欢一开头就把事情计划好						
*18	我是那种只照顾好自己，不替别人担忧的人						
19	我对许多事情有着很强的好奇心						
20	有我在的场合一般不会冷场						
21	我常担忧一些无关紧要的事情						
22	我工作或学习很勤奋						
23	虽然社会上有些骗子，但我觉得大部分人还是可信的						
24	我身上具有别人没有的冒险精神						
25	在一个团体中，我希望处于领导地位						
26	我常常感到内心不踏实						
27	我是个倾尽全力做事的人						
28	当别人向我诉说不幸时，我常感到难过						

续表

序号	内　容	1	2	3	4	5	6
29	我渴望学习一些新东西，即使它们与我的日常生活无关						
30	别人多认为我是一个热情和友好的人						
31	我常担心有什么不好的事情要发生						
*32	在工作上，我常只求能应付过去便可						
33	尽管人类社会存在着一些阴暗的东西（如战争、罪恶、欺诈），我仍然相信人性总的来说是善良的。						
34	我的想象力相当丰富						
35	我喜欢参加社交与娱乐聚会						
*36	我很少感到忧郁或沮丧						
37	做事讲究逻辑和条理是我的一个特点						
38	我常为那些遭遇不幸的人感到难过						
39	我很愿意也很容易接受那些新事物、新观点、新想法						
40	我希望成为领导者而不是被领导者						

近些年来，随着大五人格理论的完善以及相应人格测验的成熟，越来越多的研究者采用大五人格测验来评估个体的人格特征。这一测验包括的外向性、神经质性、尽责性、开放性、宜人性，得到了广泛的研究并被证明具有跨语言、跨文化和跨评定者的稳定性，并得到了人格心理学家的普遍接受。表 2-2 为大家提供的是中国大五人格问卷简化版，适合中国人的语言表达习惯，信效度良好，能够帮你科学地了解自己的人格特征（标“*”号为反向计分题）。

表 2-3 是具体的计分方式：

表 2-3　中国大五人格问卷（简化版）计分方式

维度	主要测量的人格特征	具体条目
神经质性	个体在情绪稳定性和体验负性情绪上的个体差异	1、6、11、16、21、26、31、36
尽职性	个体按照社会规范的要求控制冲动的倾向、以任务和目标为导向、延迟满足以及遵守规范和纪律等方面上的个体差异	2、7、12、17、22、27、32、37
宜人性	个体对人性及他人（遭遇）表现出的同情心和人文关怀	3、8、13、18、23、28、33、38
开放性	个体对待新事物、新观念和新异刺激的态度和行为差异	4、9、14、19、24、29、34、39
外向性	个体神经系统的强弱和动力特征	5、10、15、20、25、30、35、40

（二）特质应对方式问卷

特质应对方式问卷（TCSQ）如表2-4所示。

指导语：当您遇到平日里的各种困难或不愉快时（也就是遇到各种生活事件时），您往往是如何对待的？（5 = 肯定是，4 = 经常是，3 = 不确定，2 = 几乎不是，1 = 肯定不是，根据实际情况，标注在对应的数字上）

表2-4　特质应对方式问卷

序号	内　容	1	2	3	4	5
1	能尽快地将不愉快忘掉					
2	易陷入对事件的回忆和幻想之中而不能摆脱					
3	当作事情根本未发生过					
4	易迁怒于别人而经常发脾气					
5	通常向好的方面想，想开些					
6	不愉快的事很容易引起情绪波动					
7	喜欢将情绪压在心底里不让其表现出来，但又忘不掉					
8	通常与类似的人比较，就觉得算不了什么					
9	能较快将消极因素化为积极因素，例如参加活动					
10	遇到烦恼的事很容易想悄悄地哭一场					
11	旁人很容易使你重新高兴起来					
12	如果与人发生冲突，宁可长期不理对方					
13	对重大困难往往举棋不定，想不出办法					
14	对困难和痛苦能很快适应					
15	相信困难和挫折可以锻炼人					
16	在很长的时间里回忆所遇到的不愉快事					
17	遇到难题往往责怪自己无能而怨恨自己					
18	认为天底下没有什么大不了的事					
19	遇到苦恼的事喜欢一个人独处					
20	通常以幽默的方式化解尴尬局面					

本问卷根据特质应对理论编制，将应对方式分为积极应对和消极应对，消极应对将条目2、

4、6、7、10、12、13、16、17、19 累加计分;积极应对将条目 1、3、5、8、9、11、14、15、18、20 累加计分,你可以对照各个条目,反思自己日常的应对方式,分值的高低反映了两种应对方式上的倾向性。

二、心理训练

在前面的内容中,我们了解了自我意识、人格特征、应对方式的相关知识,下面是一些心理训练,能够帮助你用实践的方式加以体验,增进心理健康。

(一)叩问我是谁

每个人的确有着丰富的关于自我的知识,有关于自己身体状况、能力、社会角色、思想、天赋、个性诸多方面的看法,但有一些认知和看法被埋藏在内心深处没有被看到,需要你用创造性的方式把这些对自己的理解表现出来。现在,请你根据自己的感受填写"我是……"的小诗,发现自己的特别之处,请给自己 15 分钟时间来完成这个小练习。

第一节

我是________________________________(所具备的两种品格)

我好奇________________________________(所好奇的事情)

我听见________________________________(一种想象的声音)

我看见________________________________(一种想象的情景)

我愿________________________________(一个实在的愿望)

我是________________________________(重复本诗的第一行)

第二节

我假设________________________________(我想假设的事情)

我感到________________________________(一种想象的感觉)

我触摸到________________________________(一种想象的触觉)

我担心________________________________(实在令你心烦的事)

我哭泣________________________________(令你非常悲伤的事)

我是________________________________(重复本诗的第一行)

第三节

我明白________________________________(我认定为真的事情)

我说________________________________(我相信的事情)

我梦想________________________________(我实在梦想的东西)

我试图________________________________(我真正努力去做的事情)

我希望________________________________(我真正希望的事情)

我是________________________________(重复本诗的第一行)

完成这首小诗后,你可以时不时拿出来读一读,有必要的时候可以加以修改。

(二)自画像

语言是我们交流沟通的工具,也是我们反省、思考的手段,但是语言会受到意识的过滤,很多信息被隐藏在我们的内心深处。图画是人类最原始的表达途径,其中蕴含着很多关于我们自己的信息,也蕴含着治愈的力量。现在,请你找一个舒适的地方,把所有可能分散你注意力的东西都收起来,准备好本子和笔以及彩色画笔。如果你愿意,可以放一些舒缓的轻音乐,闭上眼睛,深呼吸,让自己彻底放松下来。

(1)认识自己的积极部分。想象有一部通往你内心深处的电梯。走进电梯,按下最底层的按钮,进入你心中的秘密花园。在花园里散步,欣赏周围的风景,享受浓郁的花香和泥土潮湿滋润的气息。天气晴好,鸟儿在周围歌唱。想象自己穿着最美丽、最舒适的衣服。提醒自己,在内心的秘密花园里,你是绝对安全、绝对舒适的。找一个寂静的地方坐下来,闭上眼睛。你的心中会出现另一个你,这一个"你"代表的是你积极的一面,拥有你全部的力量、勇气、同情和爱。

让这个光彩照人的"你"走进来,在你身边坐下。握住"你"的手,凝视"你"的眼睛,问这个积极的"你"是否会永远陪在你身边,保护你,指引你前进的方向。问"你"你究竟该怎么做才能敞开心扉,让被压抑的情感释放出来。跟这个积极的"你"拥抱,感谢"你"来看你,邀请"你"常来你心中的花园做客。

睁开眼睛,记下你方才的体验,包括你所看到、听到和感受到的一切。那个积极的"你"是什么样子?对你说了些什么?不必着急,当你看清楚积极的"你"的样子之后,就可以睁开眼睛了。

用彩色画笔给积极的自己画一幅画,即使你从未学过绘画也没关系,画的水平并不重要,关键是用心去画。

(2)认识自己的消极部分。在这个环节中,我们会带领大家去看自己消极的部分,这个过程可能会带来一些不舒服的感觉,希望你可以试着挑战自己,允许这些不舒服的感觉出现并体验它们。如果你觉得实在很难受,你也可以自己睁开眼睛,停止这个活动。

请你重新闭上眼睛,深呼吸五次,让自己放松下来。想象有一部通往你内心深处的电梯。你走进电梯,按下最底层的按钮,这一次电梯门打开的时候,外面是一个阴暗肮脏的地方,要多糟糕就有多糟糕。你可以想象一片臭气熏天的垃圾场,也可以想象一个爬满了耗子、蛇、蟑螂和蜘蛛的山洞,总之,这是一个你最不愿意来的地方。继续深呼吸,然后朝最阴暗的角落望去,你会看到一个最卑微、下贱、猥琐的自己。这一个"你"代表的是你消极的一面。仔细观察"你"的样子,注意"你"身上的气味,以及"你"带给你的感觉。当你看清楚消极的"你"的样子之后,就可以睁开眼睛了。

然后,请你在另一张白纸上,用彩色画笔给消极的自己画一幅画。

(3)积极部分和消极部分的融合。请你再次闭上眼睛,深呼吸,放松下来。坐电梯回到你心中的秘密花园,欣赏周围的风景,然后找一个寂静的地方坐下来。当你感到无比舒适、无比安全的时候,再度让那个积极的"你"来到你身边。等到积极的"你"在你身边坐好,再邀请那个消极的“你”来到你的花园里。让积极的“你”与消极的“你”彼此拥抱，让你最光彩照人的一面和最猥琐的一面拥抱在一起。让积极的“你”释放出爱与同情的光芒，照亮那个消极的“你”，告诉消极的“你”，这里很安全，随时都可以来拜访，得到你的接纳和原谅。

给自己充分的时间，如果那个消极的“你”不愿意被积极的“你”抱在怀里，不要紧，每天都尝试一次，直到有所进展为止。不要着急。用彩色画笔把你方才经历的一切都画下来，至少画上五分钟的时间。画完之后，再把你的经历和感受写在本子上。

（三）正念冥想

正念冥想是一种在短时间内有效达到深度放松的方式，正念的状态不仅能引起完全的放松，而且会降低身体和心理的疲劳。正念能集中我们的注意力，提高我们的思维能力。我们的心理就像一个桌面，上面堆积了非常多的信息使得我们不能有效地运作，我们的心理有时会变得混乱，有担忧、悔恨、负面的自我印象等。正念则让我们从现实的混杂中解脱出来，重新开始理解现在，恢复我们内部聆听的能力，让我们作出最佳选择。

扫码随时学

课程思政

1. 思考：你的自我世界中有哪些源于我国传统文化？如何用我国传统文化来进一步熏陶你的自我？

2. 讨论：践行社会主义核心价值观对医学院校学子塑造健全人格有何重要意义。

模块练习题二

一、单选题

(1) 威廉·詹姆斯将自我意识分为(　　)。

A. 现实自我、投射自我、理想自我

B. 生理自我、社会自我、心理自我

C. 认知自我、情感自我、行为自我

D. 儿童自我、成人自我、父母自我

E. 理性自我、感性自我、直觉自我

(2) 林黛玉的气质类型最接近(　　)。

A. 胆汁质　　B. 多血质　　C. 黏液质

D. 抑郁质　　E. 混合质

(3)埃里克森理论中，大学生阶段(18～25 岁)的核心危机是(　　)。

A. 自主 vs 羞怯　　B. 同一性 vs 角色混乱　　C. 亲密 vs 孤独

D. 勤奋 vs 自卑　　E. 整合 vs 绝望

(4)关于应对方式与心理健康的关系，正确的说法是(　　)。

A. 问题中心应对是消极应对　　B. 情绪中心应对是积极应对　　C. 情绪表达是积极应对

D. 认知重评是积极应对　　E. 表达抑制是长期有效的策略

(5)医学生人格的构成不包括以下(　　)。

A. 职业道德　　B. 职业心理　　C. 职业性格

D. 职业收入　　E. 职业观念

(6)埃里克森八阶段理论中，老年期(65 岁后)的核心危机是(　　)。

A. 信任 vs 不信任　　B. 主动 vs 内疚　　C. 繁殖 vs 停滞

D. 自我整合 vs 绝望　　E. 勤奋 vs 自卑

(7)大五人格模型中，“开放性”维度主要体现为(　　)。

A. 社交活跃性　　B. 情绪稳定性　　C. 计划性与责任感

D. 信任与利他性　　E. 独创性与思维开放性

(8)以下属于“问题中心应对”的是(　　)。

A. 通过运动缓解焦虑　　B. 制定学习计划解决考试压力

C. 向朋友倾诉负面情绪　　D. 压抑对人际冲突的不满

E. 幻想自己成功逃避现实

(9)“自我接纳”的核心意义在于(　　)。

A. 降低对自身的要求

B. 承认自己永远无法改变

C. 减少内耗，更有力量重塑自我

D. 逃避现实问题的解决

E. 完全否定他人的评价

(10)巴纳姆效应的核心机制是(　　)。

A. 客观验证　　B. 主观验证　　C. 逻辑推理

D. 群体认同　　E. 记忆偏差

二、多选题

(1)自我意识的发展阶段包括(　　)。

A. 生理自我形成(0～3 岁)　　B. 社会自我形成(3～12 岁)

C. 心理自我形成(12～18 岁)　　D. 自我意识完善(18 岁之后)

E. 职业自我形成(25～30 岁)

(2)医学生常见的心理挑战包括(　　)。

A. 理想与现实　　B. 独立与依赖　　C. 社交与回避

D. 自卑与自负　　E. 学业压力大

(3)以下(　　)属于情绪中心应对方式。

A. 问题解决　　B. 情绪表达　　C. 增加能力资源

D. 表达抑制　　E. 认知重评

(4)大五人格模型(OCEAN)包含(　　)。

A. 外向性　　B. 宜人性　　C. 尽责性

D. 神经质　　E. 开放性

三、案例分析题

小张是大二临床医学专业学生。最近一个月他频繁失眠,白天上课走神注意力不集中,实验课上也多次操作失误。室友发现他经常深夜刷手机,白天对同学很疏远。辅导员找他谈心时,小张坦言:"我觉得自己特别失败。高中时我是全校前十,现在课程内容太多,怎么都跟不上。其他同学讨论问题的时候,我根本插不上话,感觉他们看不起我。我明明想好好学,但一翻开书就焦虑,只能靠打游戏逃避。"

(1)结合本模块内容,分析小张可能存在的自我意识偏差类型及其表现。

(2)从应对方式的角度,探讨小张当前的主要应对策略并评价其有效性。

(3)若小张的人格特征在"大五模型"中表现为高神经质、低尽责性,这如何影响了他的心理状态?

心理图书和视频资料推荐

1. 电影《深海》

这部电影通过深入海底、穿越黑暗世界的旅程,讲述了一个关于自我寻找、发现和治愈的故事。主角参宿,一个寻找妈妈的小女孩,意外溺水后被南河所救。与船员们在深海航行中,她逐渐认识到,即使自己曾经被父母忽视、误解,甚至不被看见,但依然有着自己的价值,最后勇敢面对生活,寻找属于自己的温暖和幸福。我们每个人都有自己的价值和意义,只要我们勇敢面对生活,去寻找属于自己的生命之旅,就一定能找到属于自己的幸福。

2. 电影《哪吒之魔童降世》

影片改编自中国神话故事,讲述了阴差阳错成为魔丸的哪吒,在亲人、师父、朋友的帮助下打破命运的束缚,改变世人偏见,最终成为英雄的成长故事。影片中,哪吒经过自我磨炼,最终从魔童成为神,其本质是"坏自我"和"好自我"的整合过程。自我从来不是非好即坏的二分体,而是"好坏同体"。当"坏自我"被看到、被接纳时,允许自己"好坏同体",我们才会接纳真正的自我。

3. 图书《你不知道的自己》

这是一本心理科普读物，类似于一本散文集。它涵盖内容范围十分广，涉及生活的方方面面，比如，自我、爱情、婚姻、父母、子女等。这些既是我们生活中要面对的重要课题，也在处理这些课题的过程中塑造了“现在的我”。如何处理这些课题，其实就是自我成长的过程。本书作者结合多年的心理治疗与教学经验用全新的角度诠释我们司空见惯的人与事，或许能够给你一些启发去重新看待身边的人与事，发现你不知道的自己。

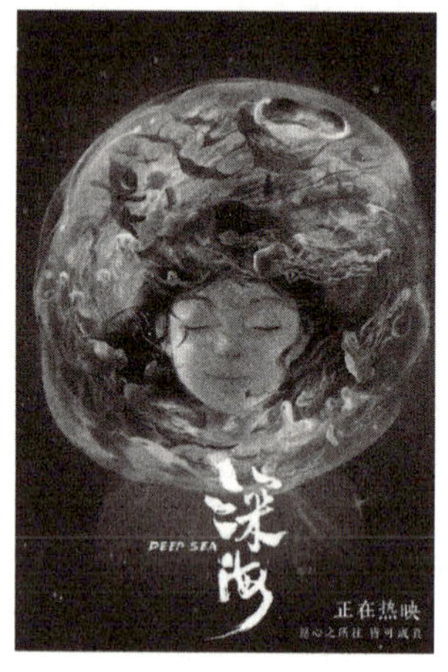

图 2-8 《深海》海报

图 2-9 《哪吒之魔童降世》海报

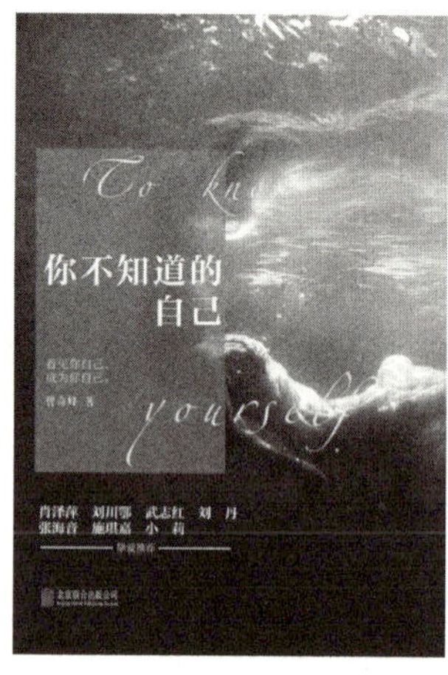

图 2-10 《你不知道的自己》封面

家庭因素与塑造自我

▶ 模块学习目标

(1)了解家庭经济状况对身心成长的作用;
(2)了解亲子关系对自我塑造的影响;通过分析自己的成长过程获得启发;
(3)熟悉家庭是如何通过教养方式参与个体的心理发展;
(4)能够运用相关工具对自己的家庭成长环境进行初步梳理,并进行相应的心理训练。

▶ 模块学习导图

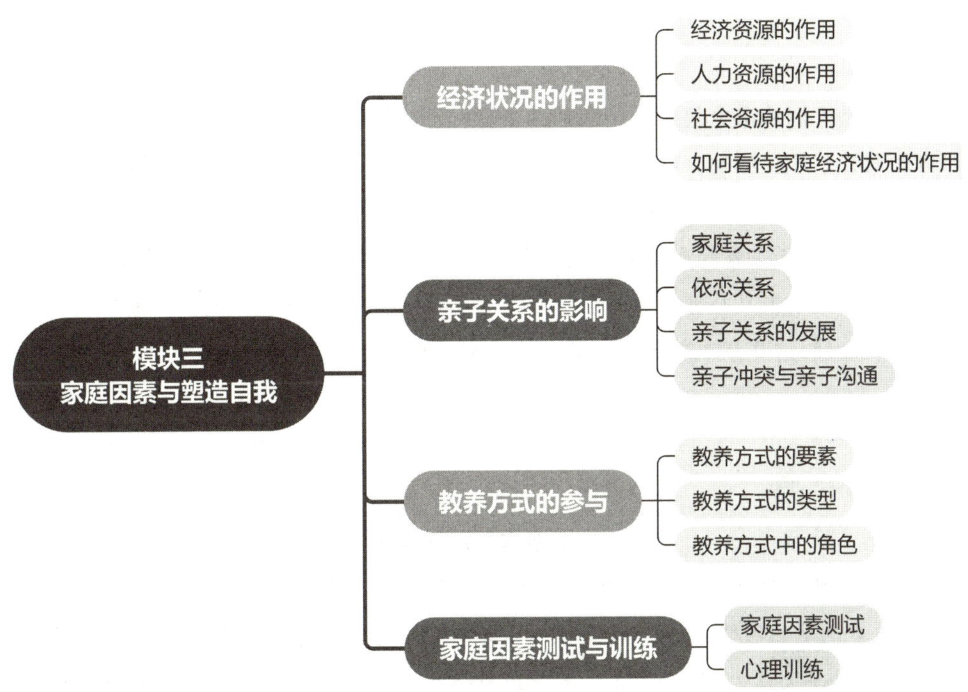

小亮今年大二，原本学习成绩优异，性格开朗，是老师和同学眼中的好学生。然而，最近半年，小亮却像变了一个人似的：成绩一落千丈，情绪低落，易怒、烦躁不安，经常旷课。自我评价低，认为自己一无是处，对未来感到绝望。学习兴趣下降，注意力不集中，逃避社交，偶有自残行为。

小亮生活在一个重组家庭，母亲带着他改嫁，继父有一个比小亮大两岁的儿子。母亲性格强势，对小亮要求严格，期望很高，经常批评指责，导致其自信心受挫，产生逆反心理。继父性格内向，与小亮沟通较少。同父异母的哥哥与小亮关系紧张，经常发生冲突。父母经常争吵，家庭氛围压抑，导致小亮缺乏安全感和归属感。继父与小亮沟通较少，缺乏情感交流，导致其内心孤独，渴望关爱。与同父异母的哥哥关系紧张，经常发生冲突，进一步加剧了小亮的心理压力。

家庭因素对学生的心理健康有着至关重要的影响，家长应重视家庭教育，营造和谐温馨的家庭氛围，关注孩子的心理健康。

项目一　经济状况的作用

家庭环境是人们从出生起最早接触到的，也是最重要的环境，通常家庭环境主要从物质和精神两个方面对孩子产生影响。前者包括儿童青少年成长的衣食住行等方面的资源因素，也就是家庭经济状况的作用；后者则体现在父母教养、父母对子女的教育观念和教育方式、家庭氛围是否融洽和睦、家庭亲子关系等方面的影响。在成年之前，儿童青少年需要家庭为他们的身心发展提供各种资源。人本主义心理学家马斯洛提出的需要层次理论认为，人的基本需要得到满足后，自我才能顺利发展，这些基本需要的满足有赖于家庭经济状况。

马斯洛需要层次理论

美国人本主义心理学家马斯洛于1968年提出了需要层次理论，他认为个体的需要可以分为五个层次，分别是生理的需要、安全的需要、归属与爱的需要、尊重的需要和自我实现的需要。前四种需要属于缺失需要，指个体在生活中因身体上或心理上有所缺失而产生的基本需要，必须得到一定程度的满足；自我实现的需要是成长需要，它虽不是生存所必需的，但对我们发挥个人潜能、实现人生意义有重要价值。

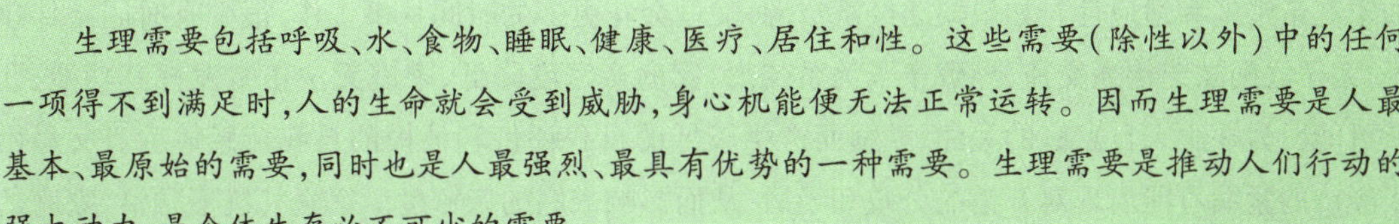

生理需要包括呼吸、水、食物、睡眠、健康、医疗、居住和性。这些需要(除性以外)中的任何一项得不到满足时,人的生命就会受到威胁,身心机能便无法正常运转。因而生理需要是人最基本、最原始的需要,同时也是人最强烈、最具有优势的一种需要。生理需要是推动人们行动的强大动力,是个体生存必不可少的需要。

安全需要是在生理需要得到满足的基础上产生的,表现为人们对安全、秩序、稳定、生活保障的需要,如对和平稳定的环境、生命健康安全、心理安全的需要,以求免受威胁、免于孤独、免于灾难、希望生活稳定等。

归属与爱的需要是渴望得到一定社会与团体的认同、接受,并与邻里、同学、同事建立良好的人际关系,从中获得友爱,渴望拥有幸福美满的家庭。如果这一需要得不到满足,个体就会产生强烈的孤独感、异化感、疏离感,产生极其痛苦的体验。

尊重的需要可分为内部尊重需要和外部尊重需要。内部尊重需要是指一个人希望自己在各种不同情境中有实力、能胜任、充满信心、能独立自主。总之,内部尊重就是人的自尊。外部尊重需要是指一个人希望自己有地位、有威信,受到别人的尊重、信赖和高度评价。马斯洛认为,尊重需要得到满足,能使人对自己充满信心,对社会满腔热情,体验到自己活着的价值。

自我实现的需要是人的最高层次的需要,指人们能最大限度地发挥自己的潜在能力,实现个人的理想与抱负的需要。这是在前四种需要都已经获得满足的基础上产生的。在现实生活中,自我实现的需要,可以说是人们普遍追求奋斗的目标,但最终只有少数人才能达到真正的自我实现。

马斯洛认为不同层次需要的发展与个体年龄增长相适应,年龄越低越容易受到较低层次需要的影响,在满足高一层次的需要之前,至少必须先部分满足低一层次的需要。

家庭经济状况代表了一个家庭可利用资源的多少,它不仅包括金钱方面,而且是由家庭经济收入、社会声誉、社交网络三部分综合而成的,能够反映出一个家庭在社会中的经济和社会地位。美国社会学家科尔曼将这三部分称为家庭的经济资源、人力资源及社会资源。

家庭经济状况代表了一个家庭可利用资源的多少,它不仅仅包括金钱方面,而是由家庭经济收入、社会声誉、社交网络三部分综合而成,能够反映出一个家庭在社会中的经济和社会地位。美国社会学家科尔曼将其统称为“家庭资本”,认为至少包括三种形式:经济资源(物质资本)、人力资源(人力资本)及社会资源(社会资本)。

一、经济资源的作用

经济资源也称物质资本,是指家庭所拥有的财富,它为子女提供衣、食、住、行及学习上的相应物质条件(如学习设备与空间、学习资料及课外辅导等)。

首先,经济资源能够保证家庭功能的正常发挥,使得家庭成员之间能够高质量地交往,能增加家庭亲密度和适应性。如果缺乏经济资源，父母会花更多的时间从事工作，很少有时间陪伴孩子，亲子之间缺乏沟通交流，导致亲子关系疏离，家庭亲密度降低，家庭无法正常发挥其功能，儿童可能因为缺少来自家庭的关注、鼓励而产生较低的自我评价和消极的自我情感体验。父母由于经济的紧缩可能出现对开销的分歧和矛盾，从而影响家庭的亲密度。家庭气氛不融洽、家庭的亲密度低、家庭成员交往的质量差，这些因素从多方面影响着儿童的自我评价。

其次，经济资源能够保证家庭教育的投入。有充足的经济资源投资子女的发展，会对子女的思想、学习及生活产生重大影响，让子女有更多的机会接受教育，通过教育发展一些潜在的能力。经济资源较少的父母大多从事技术含量、工资水平和就业稳定性都较低的工作。在这种经济条件下，父母难以为孩子提供较好的学习条件，如孩子无法拥有与其他孩子一样的漂亮文具、书籍等，或不能像其他孩子一样参加夏令营等社团活动。这些孩子因此感到孤独和抑郁，幸福感和自尊也相应降低。

最后，家庭经济资源还会影响儿童的学业成绩。学业成绩对儿童的心理健康有重大影响，研究发现，学业成绩较好的儿童更容易受到老师和同伴的接纳，而同伴接纳和教师接纳是儿童心理健康发展的重要来源。如果经济资源匮乏，并且父母奔波于生计，往往会对子女的学业只关心结果，不参与过程，这些会影响孩子的学习投入，从而对学业成绩产生负面影响。例如，一些留守儿童或异地打工家庭的子女可能会因此得不到同学的接纳，感到孤独和抑郁，老师对他们的不赞许和失望也使他们的自尊无法获得良好发展。这些都让他们对环境无法产生归属感，形成对自我的负面认知。

二、人力资源的作用

家庭人力资源是指家庭能够提供给子女的潜在认知环境、精神支持和家庭文化氛围等资源。例如，父母的受教育程度反映了他们所获得的知识水平及文化品位，影响着对子女的教育信念、行为及自身生活方式。

首先，父母的文化程度越高，工作环境与生活条件往往也越好，对孩子的教育也更积极民主。学历较高的父母往往更加尊重孩子的选择，更愿意根据孩子的意愿发展他们的兴趣爱好，注重与孩子的沟通交流，对孩子的情绪变化也更为敏感，能及时排解儿童的困扰。父母与子女交流时，言语的形式及内容更丰富，能更好地帮助子女在语言及社会情绪等方面的发展。

其次，受教育程度高的家庭有一定的社会根基和优势，工作环境和条件较优越，他们不必为生计而忙碌，有更多的时间和精力来照顾、关心孩子。受教育程度不高的父母可能从事一些劳动强度大，投入时间多的工作，整日忙于生计，没有多余的时间督促孩子学习，对孩子的要求也不是很高。这些父母往往因为生活拮据，难以支持孩子的兴趣爱好，导致孩子的生活内容贫乏单调，阅读书籍较少，而看电视节目较多。父母通常缺乏儿童培养与教育的知识和技能，容易采取不当的教育方式，导致孩子产生消极的情绪体验，孤独和抑郁比例较高。

最后，儿童在成长的过程中会在同伴群体中进行横向社会比较，一些孩子可能会因为父母经济条件差、学历低而受到外界的消极评价，会感到外界对自己以及父母的歧视。这种歧视感对自我发展有着明显的负面作用，被歧视的儿童更多地被孤立、排斥，孤独感比一般儿童要强烈。歧视感对儿童的自尊和幸福感也有消极影响。儿童正处于自尊形成的重要阶段，很可能会将他人对自己不公正的评价和态度内化成自我概念，而影响自我价值感。社会认同理论认为，社会接纳是影响个体心理发展的重要因素。感觉受到歧视的儿童会认为周围的群体对自己产生了排斥，这会直接降低儿童的被接纳感，从而对自我认同带来消极影响。

三、社会资源的作用

家庭社会资源是指有利于个体行为和发展的社会资源，主要是家庭成员与家庭中或家庭外他人建立在信任、责任和情感归属基础上的人际关系，包括家庭内社会资源和家庭外社会资源。其中家庭内社会资源主要指儿童的父母、监护人、兄弟姐妹等与儿童形成的各种关系，也就是家庭内部成员的关系；家庭外社会资源指父母自身的社会关系网络（如与同事、朋友、邻居、社区的关系）。

研究显示，良好的关系网络对儿童的健康发展有很大的促进作用，关系融洽、温馨的家庭社会资源，能够使父母温暖地接纳、引导儿童，帮助儿童更好地建立自尊。如果父母之间常常有冲突，儿童的自尊和幸福感会受到负面影响，更有可能感到孤独和抑郁；邻里社区的属性与儿童的成长有很大的关系，安全文明的居住社区以及人们的平均受教育程度等都能帮助儿童获得社会资源，增加他们的幸福感，减少问题行为的发生。在一些农村地区，家庭外社会资源较为丰富，这些地区竞争不是很激烈，人与人之间更多的是互相体谅与帮助。人们彼此之间熟悉，且生活习惯相似，父母外出工作的时候会将孩子委托邻居代为照看，形成了融洽的邻里关系。城市儿童从小生活在钢筋水泥的森林中，邻里间很少走动，彼此不熟识，邻里关系比较淡漠。在邻里和谐环境中长大的儿童，更容易感受到快乐和幸福，这在一定程度上弥补了经济地位较低的儿童在父母教养上的不足。

科尔曼认为，家庭社会资源是促进群体中个体心理幸福感与能力的社会资源。社会资源借助人与人之间的语言、信任、道德规范、责任及身份认同，使人与人之间的交流和融合得以进行，同时，人们可以通过彼此的联系获得信息和机会方面的优先权，增加个体的成长机会。社会资源较少的家庭，他们的子女在适应学校生活和融入新的同伴圈子时，不免会遇到一些学习和生活上的障碍，面对陌生的老师和同学、疲惫的父母，又往往感觉无人倾诉。另一方面，家庭关系不融洽的父母可能会因为工作劳累、生活艰辛，更容易因生活中的琐事发生冲突。一旦发生冲突，极易出现大打出手、恶语相向的状况，会让旁观的孩子产生焦虑不安、孤独无奈的情绪体验，降低自尊和幸福感。面对孩子的问题或在孩子犯错的时候，这类父母往往耐心不够，接纳度欠缺，很多时候都会不问原因便采用惩罚、拒绝等方式，这都不利于儿童的自我发展。

四、如何看待家庭经济状况的作用

家庭经济状况在孩子的成长过程中发挥了重要作用，但孩子无法选择在何种家庭出生。每个家庭拥有的人力资源、经济资源、社会资源千差万别，父母的教养方式与亲子关系也各不相同，这些都会潜移默化地影响着儿童的自我发展。然而，家庭环境与自我发展不是一一对应的，良好的家庭环境有利于儿童的身心健康，并不意味着家庭条件欠缺必定造成身心健康发展不良。在经济状况较差的家庭中，有相当多的人深知“宝剑锋从磨砺出，梅花香自苦寒来”的道理，他们在成长的道路上更加珍惜各种学习机会，更能把握各种发展机遇，更能克服困难去争取成功，因而在各方面表现更加出色。所以我们看到很多心理健康、人格健全的孩子现实生活中并不都拥有良好的家庭环境，家庭经济状况与人的心理发展和成就绝非等同关系。

项目二　亲子关系的影响

儿子：妈妈，对不起！

妈妈：发生什么事了？来！告诉妈妈。

儿子：我不敢，因为你会生气。

妈妈：不会！妈妈保证不生气，快！好乖！跟妈妈说，发生什么事了？

儿子：今天我和李某某打架，被老师处罚扫一个礼拜厕所，老师还说要打电话告诉你。

妈妈：什么？你又和人家打架？你怎么那么不听话，开学才多久，已经跟多少人打过架？你是想气死妈妈才高兴，是不是？

儿子：你不守信用，说好不生气的，还骂人。

妈妈：自己做错事还顶嘴。

儿子委屈地跑回自己房间，客厅里留下气急败坏的妈妈。

亲子关系是指子女与父母、祖父母以及其他作为抚养人的亲人之间的相互关系，是家庭关系的重要组成部分。亲子关系是世界上唯一不变的关系，在人们不同的社会纽带中，亲子关系也是最为基本和重要的纽带，对个体的发展和成长起着至关重要的作用。不良的亲子关系是很多心理和行为问题产生的土壤，例如抑郁、犯罪倾向等；良好的亲子关系则有助于塑造儿童和青少年健康的自我意识，促进身心的健康发展，并能减少很多不良因素的干扰和影响。

一、家庭关系

亲子关系最基础的存在方式是核心家庭关系，即一对夫妇和未婚子女（不论有无血缘关系）组成的家庭。从子女的角度来看，这个与父母组成的家庭结构被称作“原生家庭”；而对他们的父母来说，则是“再生家庭”，也就是一个人长大成人之后重新建造的、自己“当家”的家庭。

（一）和谐家庭

在和谐家庭中，有如下表现：成员之间彼此可以自由地倾诉，成员之间乐意去倾听，愿意为他人着想。在和谐的家庭中，他们的身体健康方面会更理想，表情也会更放松。家人之间彼此相伴，非常快乐，说话的声音比较清晰和悦耳，整个家庭氛围充满和谐。家庭成员之间，可以做到无所不谈，可以畅所欲言，表达自己想法。在和谐家庭中，父母教导孩子，培养他们长大，也乐意和孩子分享他们的痛苦、悲伤以及失望，愿意分享他们的欢乐和喜悦。

（二）问题家庭

问题家庭中，有如下表现：家庭氛围是不好的，家庭成员中，他们的身体方面表现为僵硬或者紧绷，脸色看起来可能比较阴沉。在人与人交流的时候，说话的声音可能是尖锐的、刺耳的。家庭成员在肢体上、语言上、表情上都会表现出不和谐。在人与人之间沟通的时候，无法给彼此带来欢乐。在问题家庭中，家人之间的相处只是履行义务，多数时候大家都是在忍受，享受不到应有的幸福感。

心理知识链接

精神分析创始人西格蒙德·弗洛依德最早探索了家庭动力对一个人的影响，他认为“心理障碍是未解决的童年期问题之后果”，强调童年经历对一个人后来成长的影响。弗洛伊德把一个人的心理发展分成五个阶段：口唇期（0~1岁）、肛门期（1~3岁）、性器期（3~6岁）、潜伏期（6~11岁）和生殖期（12~18岁）。前三个阶段是人格发展的重要阶段，为成人后的人格模式奠定了基础。弗洛伊德认为，一个人的人格在6岁之前基本形成，童年时期的经历会影响并决定他人生的发展。如果儿童在前三个阶段没有得到满足或被过度满足，那么个体之后的发展阶段就不可能顺利进行，他可能会停滞在某一阶段，或即使发展到后面的阶段，在某种情况下仍可能会退行到前面的阶段。

因此，即使一个人随着年龄的增长经历成年后的各个阶段，但他的人格可能仍然停留在所停滞或所退回的那个心理阶段，并按照该阶段具有的人格特点行事。尤其是在3~6岁的性器期（俄狄浦斯期）没有得到很好处理，就会发展成为恋父或恋母情结，这个情结会在很多方面影响一个人未来的人生发展。例如，有些人容易在恋爱关系中陷入三角恋，并在这种三角关系中一次次地体验到拉扯和争夺的痛苦，他们的心理发展很可能固着在了俄狄浦斯期。如果是一个男生，他可能会有一个在家庭中“消失”的父亲和一个找不到丈夫诉说自己感受而将热忱转向儿子的母亲，这导致儿子和母亲关系过度紧密，在长大后的亲密关系中体验到重复的竞争感和被阉割的焦虑。

图 3-1 希腊神话《俄狄浦斯王》

因此，原生家庭对孩子自我塑造的作用很大。正如近年来原生家庭这一话题也成了人们关注的热点，证明了人们都想弄清楚童年环境和成长经历是如何塑造了现在的自我，从而在今后的生活中减少原生家庭问题对我们的负面影响。不论什么时候，我们都有成长的潜力和选择的自由，问题在于你是选择被原生家庭束缚住，还是选择超越原生家庭？

二、依恋关系

依恋关系是婴儿与照顾者（主要是母亲）之间存在的特殊感情关系，随着孩子的成长，依恋关系会逐渐稳定下来。依恋关系不但会影响童年早期的适应情况，而且还会直接影响到青少年、成年阶段的各种角色表现，甚至会对个体成年后的浪漫关系、亲密关系等人际关系产生持续影响。

（一）依恋发展的过程

依恋的发展可分为三个阶段：

第一阶段（出生到 3 个月）：对人无差别反应的阶段。这一阶段，婴儿对人的反应几乎都是一样的，哪怕对一个精致的面具也会表示微笑。他们喜欢所有的人，最喜欢注视人的脸，见到人的面孔或听到人的声音就会微笑，以后还会咿呀“说话”。

第二阶段(3 到 6 个月):对人有选择反应的阶段。这时,婴儿对母亲和他所熟悉的人的反应与对陌生人的反应有了区别。婴儿在熟悉的人面前表现出更多的微笑、啼哭和咿咿呀呀,对陌生人的反应明显减少,但依然有这些反应。

第三阶段(6 个月 ~3 岁):积极寻求与专门照顾者接近。婴儿从六、七个月起,对依恋对象的存在表示深深的关切。当依恋对象离开时,就会哭喊,不让离开,当依恋对象回来时,会显得十分高兴。只要依恋对象在他身边,他就能安心地玩、探索周围的环境。一般来说,婴儿依恋的第一个对象绝大多数是母亲,同时或此后还会对其他人,如父亲、(外)祖父母、兄弟姐妹、保姆等产生依恋。

(二)依恋的类型

美国心理学家玛丽·爱因斯沃斯(Mary Ainsworth)长期观察了母婴互动过程,认为不同依恋关系的主要差异在于依恋的安全性或不安全性,母亲必须将能量足够安全地投入照顾婴儿中。如果母亲对孩子的需求信号敏感,并能及时满足其需求,孩子便会对母亲形成安全型依恋,拥有安全型依恋的儿童积极社会能力发展更好,认知功能发展水平更高,身心健康水平更高。安全型依恋是童年和成年后建立健康客体关系的先决条件。

根据婴儿在陌生环境中的表现,爱因斯沃斯和其他心理学家对依恋的类型进行了划分,如表 3-1 所示。

表 3-1 依恋的类型

依恋类型	主要特点	形成原因	成年后的表现
安全型依恋	母亲在场时感到安全,能自由探索 母亲离开时会有不安,但能自我调节 母亲返回时主动寻求亲近,很快恢复平静	主要照顾者及时、敏感地回应孩子需求 孩子感受到安全感和信任	能建立稳定、健康的人际关系 在亲密关系中感到安全,能表达情感并信任伴侣
回避型依恋	母亲在场时表现得冷漠或疏离 母亲离开时较少焦虑 母亲返回时可能回避或忽视	主要照顾者对孩子的需求反应滞钝或忽视 孩子学会压抑情感需求	在亲密关系中可能情感疏离,难以建立深层次联系 倾向于独立,避免依赖他人
矛盾型依恋	母亲在场时过度依赖,难以独立探索 母亲离开时极度焦虑 母亲返回时表现出矛盾行为(既想亲近又抗拒)	主要照顾者对孩子的需求反应不一致 孩子通过过度依赖和情绪化吸引注意	在亲密关系中可能过度依赖和焦虑,害怕被抛弃 情感波动大,难以信任伴侣
混乱型依赖	母亲在场时表现出混乱、矛盾的行为(既想亲近又恐惧) 母亲离开或返回时反应不一致,可能呆滞或困惑	主要照顾者可能有虐待、忽视或长期不一致的行为 孩子内心充满矛盾和冲突	在亲密关系中可能情感混乱,难以建立稳定关系 容易陷入不健康的关系模型

（三）成人依恋

成人依恋是个体对另一个体长期持续的积极的情绪联结。爱情就是这样一种依恋关系。成人依恋是建立在婴儿依恋关系的基础之上的。幼年形成的依恋关系会映射到成年之后，使我们在亲密关系中和与他人相处时重复这一关系模式。

安全型依恋的人认为他人是安全可靠的，在与他人的交往中有更积极的认知、情感和行为，在学校表现良好，有较高自尊，很少出现问题行为；不安全型依恋的个体会表现得焦虑，在自我独立与自我决策中感觉到更多压力。研究发现，依恋关系质量越低，成年后出现抑郁、焦虑、自杀行为、药物滥用和犯罪等不良适应问题的可能性越高。

其中的部分原因是，早年不安全的依恋经验发展出了消极的“内部工作模型”，使他们在面对困境时容易夸大困难的威胁程度，认为对事件无法控制或无法改变，在人际关系中也感到无力和无助，难以采取积极的应对方式。而安全的依恋关系则被视为一个可以帮助人们成功应对生活压力的内在资源，早年积极的亲子互动和主要照料者敏感的抚育态度使这样的个体建立了对外界以及对自我的信任感，幸福感水平也更高。

三、亲子关系的发展

在实际生活中，不同年龄阶段的儿童青少年具有不同的身心发展特点，家庭和亲子关系的发展具有不同的特征。

（一）婴儿期到儿童期

这是幼儿与父母或抚养者建立依恋关系的重要时期，婴儿会与抚养者（主要是母亲）形成一种积极的、充满深情的感情纽带，在依恋关系中，婴儿会寻求并企图保持与特定的人亲密的身体联系。依恋对于激发父母和照顾者更精心地照料后代，对形成儿童最初信赖和不信赖的个性特点有着重要的影响。

在建立依恋关系的过程中，儿童通过观察父母或主要抚养者对自己的反应与互动，评估他们对自己的接纳程度，形成一种关于自我、父母及亲子关系的认知表征，被称作“内部工作模型”，它一旦形成，就会反过来“操纵”外部行为，影响儿童处理自己与父母的关系，并对其今后的关系起着重要作用。儿童入学后，随着其他社会关系的发展，亲子关系随之发生变化，表现为亲子时间减少，父母控制减弱，子女对父母的依赖下降。但在这一阶段中，来自父母的持续温暖和关怀仍是儿童发展中的重要保护因素，能有效减少问题行为发生的风险。

（二）青春期到成年

这一阶段个体的生理和心理都发生了较大的改变，对很多事情有了自己的看法和观点，对于父母的意见不再是言听计从。因此，亲子关系也会发生一定的变化，独立自主的需求增加，亲子关系由上而下的垂直不对称关系，逐渐转化为具有相互性的水平对称关系，随之而来的是亲子关系的亲密程度降低，孩子和父母之间的冲突有所增加。

从亲子关系的发展来看，亲子关系是父母教育、塑造孩子过程中形成的关系。父母与孩子情感联系密切，接触最早、最多，对孩子生活的参与管理也最频繁，对孩子各个方面的成长都有重要作用。

四、亲子冲突与亲子沟通

在亲子关系中，大多数父母处于中年阶段，面对来自生活、工作以及家庭的多方面压力，也没有接受过如何教育子女的系统培训，常常忽视与孩子之间的沟通或者在沟通中出现缺乏耐心或过度包容的行为，使得与孩子的交流存在诸多问题，从而造成亲子关系紧张。

（一）亲子冲突

亲子关系是心理距离最近的，但是最近的关系也是最容易产生冲突的，因为心理界限在亲近的关系中最容易模糊。尤其随着孩子长大，有了自己的主见，亲子冲突的情形会越来越多，这是由于亲子关系间认知、情感、行为、态度等不相容而产生心理或外显行为的对抗状态。

进入青春期后，亲子冲突会逐渐增多，到青春期中期达到最高值，随着身心成熟进入青春晚期或成年早期后开始下降，整体上呈倒 U 型发展趋势。亲子冲突的内容主要是家庭日常生活中的一些小事，如是否按时回家、是否定期收拾房间等。研究发现，母子冲突往往多于父子冲突，父子和母子在冲突内容上有很大不同，父子冲突最多的是学习、成绩方面，母子冲突最多的是生活方面。亲子冲突是孩子成长过程中不可避免的产物，一方面，随着年龄的增长，孩子寻求独立自主的倾向日益增强，他们希望从父母那里得到更多的权利；另一方面，父母仍然将他们看成未长大的孩子，害怕权利的给予会导致孩子出现各种各样意想不到的问题，因此，父母仍然将权利控制在自己手中。这两种倾向增加了青少年与父母发生冲突的可能性。

亲子冲突会对青少年在认知发展、情绪管理、人际适应、问题行为等不同层面产生直接的不利影响，如导致抑郁、孤独等不良情绪，同伴排斥等不良社会适应问题，出现攻击行为等。但亲子冲突并不只有消极作用，也具有积极的发展功能。适度的冲突不但能够增强个体应对事件的能力，提高社会适应性，还有助于青少年在向成人转变过程中获得社会责任感，积极探索自我。需要注意的是，亲子冲突对个体是积极影响还是消极影响，不在于冲突本身，关键在于父母和孩子应对冲突的方式。

（二）亲子沟通

亲子双方作为不同的两代人，在心智、学识、经历等方面有着较大的差异，对事物、问题的理解、感受等方面必然存在差异。这就需要父母与子女之间交换信息、观点、意见、情感和态度，进行亲子沟通，处理与适应有关的问题，如问题解决与家庭争论等。这是基于亲子关系基础上的亲子互动，也是影响亲子关系质量的重要因素。

1. 良好的亲子沟通

良好的亲子沟通是一种开放性的沟通，父母与子女之间能够自由地交流信息，表达情感。在这样的情况下,孩子愿意花费更多的时间和父母进行沟通交流,比如分享自己在学校的趣闻轶事,愿意与父母更多地交流,愿意将自己的想法告诉父母,特别是在重要的事情上,希望父母给予自己一些支持和建议。这种积极的亲子沟通显著地促进了亲子关系,也有助于青少年的成长和良好的自我发展。

在良好的亲子沟通中,父母与子女交流的信息应受到重视,这些信息会使儿童形成正确的世界观,掌握良好的与人交往的技能。亲子之间良好的沟通能帮助个体认清自己在家庭中所处的地位,能够敏锐地感受到家庭中其他成员的思想和情感,能帮助个体在青春期形成自我同一性,学会从他人的观点看待问题,建立适应性的人际关系。研究显示,亲子沟通的状况越好,子女的学业成绩往往也越好,发生的心理困扰情况越少,孩子的自尊和心理健康水平都较高,也更少出现孤独、抑郁等情绪。总的来看,良好的亲子沟通更能够促进青少年的全面成长。

2. 有问题的亲子沟通

有问题的亲子沟通在沟通时很受拘束,表达自己的看法时很谨慎,会避免谈论某些话题。父母往往会干涉孩子的事情,比如可以做什么事情以及不可以做什么事情是由父母决定的。在这种沟通状况下,父母给予的强制性“关心”甚至暴力,使得孩子愈发拒绝和父母接触,对父母的亲近和沟通呈现拒绝的状态。

有问题的亲子沟通不但无法疏解孩子的负向情绪,反而会增加孩子的压力。当父母用上述对话方式跟子女沟通时,会反复地指出问题都是孩子造成的,把他们与孩子的关系看作是一场权力斗争,是用谁赢谁输来考虑问题。这样的方式非但不能为父母与孩子建立起开放式、鼓励性及建设性的正向沟通,反而会扼杀孩子表达的勇气。更重要的是,这些有问题的沟通模式,严重地剥夺了孩子做决定以及为自己行为负责任的机会,也可能会导致社会适应不良甚至是严重的问题行为、犯罪行为。

项目三　教养方式的参与

家庭是因婚姻而产生、以血缘为纽带所形成的社会基本单元,是人们最早接触的生活空间,家庭教育是每个人最早接受的教育。父母在子女的成长过程中,对每一个细微情绪的关注,对每一个行为习惯的塑造,对每一个生活知识的传授,都会内化为子女自我的一部分,寓于他们的行为之中。父母对子女进行教育时所形成的这种情感氛围或教育环境,被称作教养方式,教养方式反映了父母在教育、抚养子女时表现出的一种相对稳定的行为风格。

心理知识链接

“家庭是人生的第一个课堂”。中国人一向重视“家庭”在个人成长过程中的作用，所以，素有“天下之本在家”之说。习近平作为党和国家的最高领导人，在他的治国理政思想与实践之中对家庭的重要作用予以了高度的关注。他指出：“无论时代如何变化，无论经济社会如何发展，对一个社会来说，家庭的生活依托都不可替代，家庭的社会功能都不可替代，家庭的文明作用都不可替代。”无论过去、现在还是未来，就中国人的传统生活习惯而言，绝大多数的中国人都还是“生活在家庭之中”。可以说，“家庭是人生的第一个课堂，父母是孩子的第一任老师”。在这里，家庭既是一个人生起点的地方，也是一个人“梦想启航的地方”。有鉴于此，习近平特别强调“我们都要重视家庭建设，注重家庭、注重家教、注重家风”的问题。只有每一个家庭都既承担起“帮助孩子扣好人生的第一粒扣子，迈好人生的第一个台阶”的重担，又承载起帮助孩子“在为家庭谋幸福、为他人送温暖、为社会作贡献的过程中提高精神境界、培育文明风尚”的重任，这样家庭培养出来的孩子才能够在“自觉承担家庭责任、树立良好家风”以及为社会作出有益贡献等方面打下良好的思想基础、品德基础和人格基础。

（张俊国《学习习近平总书记关于家庭、家教和家风的论述》，《学习时报》2018 年 8 月 29 日）

一、教养方式的要素

家庭提供了物质和精神上的保护和照顾，让子女感受到了亲情的支持，传递了血缘关系；同时，家庭通过教育、训练和模仿等方式帮助子女学习生存技能，了解文化传统和价值，适应社会和规则。美国心理学家戴安娜·鲍姆林德（Diana Baumrind）从家庭教养的内容上，将教养方式划分为支持和要求两大要素，即以爱护为基础的支持要素和以社会化为原则的要求要素。前者可以营造一个感觉安全的亲情环境，后者可以使人们掌握必要的社会规则。

（一）支持要素

支持要素是父母对孩子的情感态度，如是否让子女感到舒适、被接受和被认可。父母如何提供支持要素，比支持的具体内容更重要，也就是“怎么提供”比“提供什么”更重要，支持要素的提供形式会决定支持要素的效果，支持要素有“接受”和“拒绝”两种方式。

扫码随时学

1.“接受”方式

父母会通过理解、支持和默许的方式满足孩子的需要和要求，使其感觉到被关注和爱护，从而建立起父母与子女之间的亲密关系，也为子女健全的人格和自信心打下基础，比如支持、互动、交流、对话和依恋的方式。支持是对子女爱护的情感表达，父母通过直抒胸臆或亲密的肢体动作去诠释关心和保护，让子女感受到被呵护和安全；互动是当子女出现偏差行为或过于顽皮时，父母采取平等的身份去交流，让子女自由表达所思所想，这种可协商机制带来的效果远远优于因长辈权威而强制输入的理念；同时，父母对行为的解释有助于子女自我价值观的内化；在这种支持方式下，子女将父母视为亦亲亦友的角色，进而产生一种依附。从行为上讲，子女和父母会产生一种亲密的互动；从心理上讲，无论子女身处何处，都会对父母产生一种情感上的寄托和牵挂。此时父母和子女的关系，便成为一种相互信任、相互依附的情感。

2.“拒绝”方式

父母会缺乏对子女情感上的关注和支持，甚至以排斥的态度对待孩子。比如当子女出现偏差行为时，父母往往会感到愤怒和不满，用长辈的身份逼迫子女妥协或遵守既定的行为准则，但往往子女所形成的是暂时和被动的遵守。在这种情况下，即便父母对子女进行了严格管教和强制约束，也无法弥补对其造成的伤害。也就是说，一旦父母不再关注子女的生活，那么再严厉的身体惩罚都将失去对偏差行为的威慑力。因而，父母对子女的支持要素是他们内化价值判断的基础，决定了父母管教或控制的效果。

（二）要求要素

要求要素是父母能否将自己的价值观和期待传达给子女，并进行监督和纪律约束，引导子女按照父母认为合适的方式做事，帮助他们融入家庭和社会，让子女意识到有责任去遵守法律权威，尊重他人的权利。在这一过程中，父母会对子女提出要求，并控制、约束一些行为。与支持要素类似，要求要素有“控制”和“容许”两种方式。

1.“控制”方式

父母会为子女预设较高的目标，调整他们不成熟、依赖的和敌意的行为，逐步提高子女行为与父母标准的契合度，比如一致性回应、直面、监督等方式。一致性回应是父母依据子女的行为是被期待的还是被禁止的，立即给予对应的、一致的回应。一致性回应可以使子女对自己行为所带来的后果有一定的预判，有助于将其内化成自己的行事标准；直面是父母以一种非强迫性的方式坚定地提出要求，即便发生矛盾，也能以说理而非惩罚威胁的态度，带着真诚让子女参与讨论，使子女感觉到行为被关注和回应；监督是对既定规则的执行和督查，这需要父母投入大量的时间和精力去贯彻他们的理念，监督特别对男孩的偏差行为有威慑作用。

2.“容许”方式

父母会宽容放任，对子女缺乏管教，对他们的行为也没有一致性的回应。即便子女出现偏差行为，往往也会忽视，不予理睬，或者用惩罚、威胁的方式对待子女。这种情况下，子女看不到自己的行为所造成的危害，无法内化形成自己的价值判断。

二、教养方式的类型

支持要素和要求要素的实施方式不同会产生不同的效果，而父母在进行家庭教养时所实施的教育行为往往不是单独出现的，多数是支持要素和要求要素并存的组合方式。鲍姆林德依据支持要素和要求要素的实施方式不同，将教养方式分为四种类型（见表 3-2、表 3-3）。

表 3-2　教养方式的支持要素和要求要素

教养方式	支持要素	要求要素
权威型	接受	控制
专制型	拒绝	控制
放任型	接受	容许
忽视型	拒绝	容许

表 3-3　教养方式的四种类型

教养方式	情感支持	控制与要求	自主性支持	沟通方式	对孩子的影响
权威型（接受＋控制）	高：父母温暖、关爱，及时回应孩子需求	适中：有明确的规则和期望，但灵活调整	适中：尊重孩子的独立性，鼓励自主决策	开放、双向：鼓励孩子表达，认真倾听	孩子通常自信、独立，情绪稳定，社交能力强，学业表现良好
专制型（拒绝＋控制）	低：父母冷漠，较少表达关爱	高：严格、强制，要求孩子无条件服从	低：忽视孩子的独立性，强调服从	单向、命令式：父母主导，孩子被动接受	孩子可能缺乏自信，情绪压抑，社交能力弱，容易产生叛逆或依赖心理
放任型（接受＋容许）	高：父母非常关爱，但缺乏规则约束	低：几乎没有规则和要求，纵容孩子行为	高：过度放任，缺乏引导	单向、纵容：父母迁就孩子，缺乏有效沟通	孩子可能缺乏自律，责任感弱，情感控制能力差，容易自我中心，难以适应社会规则
忽视型（拒绝＋容许）	低：父母冷漠，忽视孩子的情感需求	低：缺乏规则和要求，对孩子漠不关心	低：忽视孩子的独立性和需求	缺乏沟通：父母和孩子之间几乎没有互动	孩子可能情感缺失，缺乏安全感，行为问题多，学业和社交能力差，容易出现心理问题

在鲍姆林德区分的四种教养类型中，权威型教养是科学教养的理想类型，其他教养方式可能对孩子的心理健康发展产生不良影响，引发孩子的不安全感、依赖性或恐惧感，从而导致心理问题的发生。为什么权威型教养方式有利于孩子身心的健康发展呢？第一，权威型教养在支持要素和要求要素之间提供了一个平衡点，使孩子具有独立做出判断的自信和能力，也满足了他们发展的各种需求。在发展孩子能力的同时，也帮助他们抵抗各种负面情绪，不受偏差同伴和社会的不良影响。第二，权威型教养方式鼓励孩子进行更多的口头表达，他们用语言去理解并影响孩子，通过与孩子沟通，提升孩子的智力水平，帮助孩子形成正确的认知，从而为孩子心理的健康发展提供基础。这种父母与其他类型的父母相比，善于将孩子积极的个人行为表现转化为内在的价值观。父母对交流讨论得出的决定、规矩和期待做出解释，有助于孩子理解其所处的社会环境

和社会关系。这一过程帮助孩子建立起说理能力、个人责任、道德判断和怜悯心。

三、教养方式中的角色

每个人都有自己的角色，社会对每一个角色都有一定的预期，角色的作用就是要求每个人都能符合角色的要求，做角色要求做的事。在家庭关系中，父母与子女的角色关系表现为两种情况，一种是在血缘上形成的自然角色关系，另一种是在后天交往中形成的家庭社会角色关系。在家庭教养中，父母的角色是多维度的，涵盖了规则制定、情感支持、行为引导、监督保护等多个方面，这些角色直接影响孩子的成长和发展。

（一）教养角色

1. 规则制定者与执行者

角色描述：父母是家庭规则的制定者和执行者，帮助孩子理解行为的界限和社会的规范。

具体表现：设定清晰、合理的规则和期望；解释规则的意义，帮助孩子理解其重要性；监督孩子的行为，确保规则得到遵守；在必要时调整规则，以适应孩子的成长需求。

2. 情感支持者

角色描述：父母是孩子情感需求的回应者和支持者，帮助孩子建立安全感和自信心。

具体表现：给予孩子温暖、关爱和情感支持；倾听孩子的想法和感受，尊重他们的情绪；在孩子遇到困难时提供安慰和鼓励，帮助孩子学会表达和管理情绪。

3. 引导者与榜样

角色描述：父母是孩子行为和价值观的引导者和榜样，通过自身行为影响孩子的成长。

具体表现：通过言传身教，向孩子传递正确的价值观和行为准则；鼓励孩子独立思考和解决问题；帮助孩子树立目标，并支持他们实现目标；在孩子犯错时，以建设性的方式引导他们改正。

4. 监督者与保护者

角色描述：父母是孩子行为和发展的监督者和保护者，确保孩子的安全和健康成长。

具体表现：监督孩子的行为，防止他们接触不良影响；保护孩子免受身体和情感上的伤害；帮助孩子识别和应对潜在的危险；在必要时介入，纠正孩子的不良行为。

5. 沟通者与倾听者

角色描述：父母是孩子沟通的对象和倾听者，通过与孩子的互动促进其语言和社交能力的发展。

具体表现：与孩子保持开放、平等的沟通；倾听孩子的想法和感受，尊重他们的意见；通过对话帮助孩子理解复杂的情感和社会问题；鼓励孩子表达自己，培养他们的沟通能力。

6. 教育者与启发者

角色描述：父母是孩子学习和发展的教育者和启发者，帮助孩子获取知识和技能。

具体表现：通过日常互动和活动，向孩子传授知识和技能；激发孩子的好奇心和学习兴趣；帮

助孩子完成学业任务，支持他们的学习；鼓励孩子探索新事物，培养他们的创造力

7. 激励者与鼓励者

角色描述：父母是孩子成长过程中的激励者和鼓励者，帮助孩子建立自信和动力。

具体表现：通过表扬和奖励，强化孩子的积极行为；在孩子遇到挫折时，给予鼓励和支持；帮助孩子设定目标，并激励他们努力实现；培养孩子的自信心和抗挫能力。

（二）功能不良的教养角色

遗憾的是，很多父母在自己的成长经历中没有学会如何去扮演教养角色，不知道如何承担相应的责任，因此在教养子女的过程中会出现各种问题，他们往往在困惑中扮演了下面的角色：

1. 指挥者

这类型的父母喜欢控制所有的事件，并且企图扭转一切负向的情境。面对哭泣的孩子，会自然地警告孩子："不准哭，不准再哭了！再哭就……"面对遭受挫折、悲伤的孩子，这类型的父母常使用命令、指挥和威胁等工具，以保持其优势地位。例如，"这是你对父母的态度吗""我警告过你很多次了，不准玩游戏""如果你再被老师批评，我就把你赶出去""打电话不要那么久，不然我把电话停了"。

2. 说教者

说教者是一个"应该主义者"，在与孩子的交谈中时常有意无意地流露出"你应该这样""不应该那样"。例如，"你读五年级了，应该懂事了""你是大哥，不应该为了一点小事和弟弟争得面红耳赤""你是哥哥，应该让着妹妹""你不应该这样，这种行为是不对的"。

3. 万能者

这种父母会表现出一种无所不知、无所不晓的态度，很喜欢替别人解决问题，喜欢向孩子炫耀他们丰富的人生经历，让子女认为他们是如何优越，采取的沟通方式通常是说教、忠告、教训。例如，"看嘛！我说的没错吧！""用用你的大脑，好好地想一想吧！""想当年，我在你这个年纪就……"

4. 审判者

这些父母甚至不经审判就已宣告孩子有罪，其目的是想证明自己永远是对的，而错的永远是孩子。例如，"成绩这么差，一定是你不用功""不要再说了，照我说的去做就不会错""一定是你先动手打人的"。

5. 批评者

就像审判者、说教者、万能者一样，担任此种角色的父母最喜欢以苛刻的标准来挑剔子女的行为，并且用嘲笑、讽刺、诽谤和开玩笑的方式来压制孩子的欲望。例如，"你以为你长大了吗？翅膀硬了，想飞啊！""你以为你是谁啊！""啊！天啊！这是我儿子吗？"

6. 心理分析者

父母如同心理学家般地发觉、分析、诊断孩子的种种问题，并且将问题的原因推在孩子身上。

例如，“问题在于你对自己缺乏信心”“你为什么会选择这种落后的方法呢”“我想你太在意别人的看法了”“我觉得你又在胡思乱想了”。

7. 安慰者

这种类型的父母会以轻松的方式处理孩子的情绪，以避免自己卷入其中，如轻拍孩子的背、草率地安抚等，而在困难重重时，却伪装成一切都没有问题，这就是父母对孩子忧虑、焦急情绪的回应。例如，“放心啦！不会有事的”“别担心，天塌下来有高个儿顶着”“人生不如意十之八九，何必这么在意呢”“这是上天给你的考验，加油吧”。

扮演以上7种角色的父母往往会用对自己有利的方式解决问题，以便让自己获胜，让孩子失败；而在另一些教养环境中，父母害怕与孩子发生激烈的冲突或者害怕孩子的需求得不到满足而不得不向孩子屈服。

（三）父母角色缺失

角色错位是父母本身的缺位，这种缺位可能是实际发生的，也可能是心理上的。实际发生的是指父母不在了，如去世、失踪等所造成的永久失去；也可能是分居、离异等所造成的空间上的分隔。心理上的是指父母都在孩子身边，没有物理和时空上的分离或分隔，但父母没有发挥相应的功能。

当父母的功能缺失的时候，孩子就会补上这一功能，他们感到被父母所需要，但通常是以担心被抛弃和不安全感为代价的。孩子把自己变成父母来补偿父母功能的缺失，这也是他们自己拯救父母的一种方式。因此，在一个父母功能不全的家庭里，孩子就可能会越位到父母的位置，替代父母做一些事情。他们骨子里仍然是孩子，却在行为上表现得像父母，因为这部分功能是“装”出来的，是靠不住的，他们遇到难以承受的挫折时容易被打回原形。

项目四　家庭因素测试与训练

进入大学后，我们有了更多、更自主的机会去思考“我是什么样的人”“我为什么会成为这样的人”这类问题，这些问题可以从我们的家庭环境中得到部分答案，如自己的家庭经济状况、父母的性格特点、家庭抚养方式、家庭成员关系、父母的婚姻状况等，所有这些成就了今天的自己。俗话说“家家有本难念的经”，世上没有完美的家庭，如果只是抱怨家庭的不完美，并不会对我们的成长有任何帮助，但是可以进行合理的反思。

探索并超越家庭因素的限制，实现自我发展，对每一位大学生都有更深的积极意义。本部分内容会提供一些测试以及一些心理练习，帮助你梳理自己成长过程中的家庭因素，助力你成为更好的自己。

一、家庭因素测试

下面的测试(见表3-4)帮你评估自己的自尊水平,请指出你在多大程度上同意下列说法,并在最能描述自己感受的数字上画圈。这个量表可以作为你的一个指导,结合自身家庭经济状况,反思自己的自尊是否受到了经济状况的影响。0=完全不同意,1=不同意,2=同意,3=完全同意。

表3-4 家庭因素测试量表

序号	内容	0	1	2	3
1	有时我认为自己一无是处				
2	我认为自己很不错				
3	总的来说,我倾向于认为自己是个失败者				
4	我希望对自己能有更多尊敬				
5	有时我确实感到自己很无用				
6	我认为自己是个有价值的人,至少不比别人差				
7	总体上,我对自己很满意				
8	我感觉自己没有多少值得骄傲的地方				
9	我觉得自己有很多优秀的品质				
10	我可以做得和大多数人一样好				

计算分数时,首先把5个负向题(1、3、4、5、8)的得分翻转过来:0=3,1=2,2=1,3=0;然后把10个项目的得分相加。你的总分应该在0~30之间。分数越高,自尊水平越高。

二、心理训练

(一)回忆人之初

在前面的学习中我们了解到,出生后的早期经验会给我们一生的发展留下很深的烙印,我们在成年之后会遇到很多令人头疼的问题,有很多问题和幼儿期的经历存在或多或少的联系。如果你根据自己年少时候的经验得出了错误的结论,那么后来你仍然很可能根据这些错误的结论来行事。一些人在成长中会习得新的价值观,接受新的感觉和观点,减少过去消极的影响;还有些人缺乏勇气,固执地把自己“挂在”过去,为自己不做任何改变找借口。我们总是会以“如果当初不……”来为自己持续的现状找借口。我们必须停止因自己的现状责备他人和环境,否则我们就不能积极地去改变。因为自己的现状而责备他人,只会使我们困在现在,等待某个“那里”的人来帮助我们改变,而不是自己主动去改变。如果我们能够停止责备他人,回过头来检视自己,才是真正为自己的人生负责了。下面是一个小练习,能够帮助我们回溯过去,重新面对未来。

(1)闭上眼睛,回忆你6岁前的时光。要尝试回忆那些早期“有形”的记忆——回忆真实发生在你身上的事情,而不是别人告诉你的。回忆一些细节,试着去重新经历那些事件带给你的感受。

写下你最早的那些记忆：

____

____

____

____

你对爸爸妈妈和兄弟姐妹的最早记忆是什么：

____

____

____

____

（2）回忆你在6岁之前生活中的突出事件，重点回忆你在家庭中的地位、家庭对你的反应以及你对每个家人的反应。在你看来，你儿时在家庭中的感受与你现在在社会中的感受有什么联系？你认为你的家庭对你有什么影响？对于你现在的个性，这些早期经验又有着什么样的影响和作用？

____

____

____

____

____

（3）迅速作答下面这些自测题，如果你认为其中的描述和你儿时的经验相符，请写“T”，如果你认为和自己不相符，请写“F”。

__________ 在孩提时，我感到被爱和被接纳。

__________ 基本上我对世界充满信任。

__________ 我感觉我是一个被人们接受的、有价值的人。

__________ 我感觉我需要为了他人的赞扬而去做一些事情。

__________ 在孩提时，我经常感到羞愧，缺乏自信。

__________ 我认为表示愤怒是一件不好的事情。

__________ 父母信赖我，他们认为我有能力自己做一些事情。

__________ 我认为对于身体以及性别角色，我发展出了健康、正常的认同感。

__________ 年幼时，我的朋友很少。

__________ 我感觉我可以与父母谈论我的问题。

（4）检查你的反应，人们认为你现在是一个怎样的人？如果你可以重新过一次童年，你想要如何度过？

（引自 Gerald Corey，Marianne Corey，胡佩诚等译：《心理学与个人成长》，中国轻工业出版社2007年版）

（二）我的原生家庭

小组活动：回顾家庭成员身上有哪些特点，思考自己身上的特点与他们的关系，思考自己与家庭的关系，并想想是否可以感恩并学习他们的优点，包容和理解他们的缺点，从而与家庭成员和谐相处。如果方便的话，可以和 8～12 名同学以团体活动的方式进行。

（1）请写出以下家庭成员身上有哪些你欣赏的地方：

祖父________________

祖母________________

外祖父________________

外祖母________________

爸爸________________

妈妈________________

（2）请写出以下家庭成员身上有哪些你不欣赏的地方：

祖父________________

祖母________________

外祖父________________

外祖母________________

爸爸________________

妈妈________________

（3）你对他们的印象有哪些是 18 岁之前就有的？你有什么发现？

（4）小组交流分享，和同伴谈谈自己身上的优缺点与家庭的关系。

（5）我的再发现：

除了亲人和恋人外，我有可信任、支持自己的人吗？请列出：

____

在同组成员中，写下一项我欣赏他/她的地方：

____

我想感谢同伴成员里最近发生的一件事：

____

（6）完成活动后对你有怎样的启发？请在小组内交流分享。

课程思政

1. 思考：阅读诸葛亮《诫子书》和《曾国藩家书》，思考良好的家风对个人成长有什么作用，如何培养好的家风？

2. 讨论：中国老一辈革命家是如何培养家风的，有什么代表性事例？

模块练习题三

一、单选题

(1)家庭经济状况不包括(　　)。

A. 经济资源　　B. 人力资源　　C. 社会资源

D. 教育资源　　E. 环境资源

(2)根据马斯洛需求层次理论,人体最高层次的需求是(　　)。

A. 尊重的需要　　B. 归属与爱的需要　　C. 安全的需要

D. 自我实现的需要　　E. 生理需要

(3)弗洛伊德认为,一个人的人格在(　　)之前基本形成。

A. 4 岁　　B. 6 岁　　C. 8 岁

D. 10 岁　　E. 12 岁

(4)婴儿在(　　)可以区分母亲与其他人。

A. 0 ~ 3 个月　　B. 3 ~ 6 个月　　C. 6 ~ 12 个月

D. 12 ~ 18 个月　　E. 2 岁后

(5)形成依恋关系的最重要因素是(　　)。

A. 依恋的安全性　　B. 依恋的情绪性　　C. 依恋的敏感性

D. 依恋的开放性　　E. 依恋的幸福性

(6)家庭教养方式的要素分为(　　)。

A. 物质和精神要素　　B. 支持和要求要素　　C. 控制和纵容要素

D. 接受和拒绝要素　　E. 生理和心理要素

(7)亲子冲突与青少年的年龄关系呈(　　)发展趋势。

A. 倒 U　　B. 正 U　　C. 负相关

D. 正相关　　E. 无关联

(8)关于亲子冲突与亲子沟通,下列说法错误的是(　　)。

A. 亲子冲突是非常消极的,应该避免发生

B. 亲子冲突的发生表明子女的独立意识在增强

C. 良好的亲子沟通是一种开放性的沟通

D. 有问题的亲子沟通表现为亲子间的权利斗争

E. 我们可以超越原生家庭

二、多选题

(1)依恋类型包括(　　)。

A. 矛盾型　　B. 回避型　　C. 混乱型
D. 安全型　　E. 不安全型

(2)关于家庭教养方式的分类依据,下列说法正确的是(　　)。

A. 权威型(接受+容许)　　B. 专制型(拒绝+控制)　　C. 放任型(接受+控制)
D. 忽视型(拒绝+容许)　　E. 关爱型(关心+容许)

(3)和谐家庭的表现有(　　)。

A. 成员之间可以自由地倾诉
B. 成员之间说话的声音清晰和悦耳
C. 父母教导孩子,陪伴孩子成长
D. 成员的身体表现为僵硬或紧绷
E. 成员身体健康方面会更理想

(4)弗洛伊德把一个人的心理发展分为(　　)阶段。

A. 口唇期　　B. 肛门期　　C. 性器期
D. 潜伏期　　E. 生殖器

三、案例分析题

(1)结合教材内容,回顾自己的成长经历,思考原生家庭带给你的消极影响和积极影响分别是什么,为什么?

(2)来自偏远山区的大二女生芳芳,平时心情经常不好,学习学不下去,干什么事情都打不起精神。入学以来,她发现自己和班上城市来的同学有很大的差距。“作为一个女生,我没有她们漂亮,不懂打扮,不懂化妆。作为一个学生,我的成绩平平,英语也没有其他人说得好。从小到大,都没学过音乐和画画,什么特长都没有,连兴趣爱好都没有。平日在宿舍里,其他人都是有说有笑,谈天说地,自己却插不上话。放假了,其他人都出去旅行了,天南海北,好羡慕她们,可是自己又没有那个经济实力,爸妈供我读书就很不容易了。总之,我长相平平,成绩不突出,交际面窄,玩也不会,什么都不会,简直是一无是处。”

如果你是芳芳,你会如何看待自己的处境?

心理图书和视频资料推荐

1. 电影《黑天鹅》

《黑天鹅》围绕一位叫妮娜的纽约芭蕾舞演员展开,她与母亲——退休的芭蕾舞演员艾丽卡居住在一起,她的生活只有舞蹈以及野心勃勃的职业目标。好机会终于降临,当导演托马斯决定为新一季《天鹅湖》挑选新演员时,妮娜成为第一候选人。不过,她还有一个竞争者莉莉。托马斯要求舞者不仅仅能演出白天鹅的无辜与优雅，更要能演出黑天鹅的诡诈与淫荡。妮娜是完美的白天鹅，而莉莉却是黑天鹅的化身，渐渐地，两位舞蹈演员的竞争与对抗进入扭曲的状态，妮娜开始鲁莽、不顾一切地探索起自己黑暗的一面，而这也将毁掉她。

2. 电影《一级恐惧》

《一级恐惧》讲述了芝加哥发生的一桩震惊全城的恐怖血案。当地一间教堂的主教罗森惨遭杀害，身上被刻上神秘数字，警方逮捕了当时在场身染血迹的犯罪嫌疑人阿伦。马丁作为阿伦的辩护律师，和他的前女友检控官珍妮特较上了劲。

马丁并不在乎事实，他为阿伦辩护的唯一目的就是要赢得官司，让自己一战成名。而珍妮特作为正义的代表当然寸步不让。珍妮特调查得知罗森主教生前曾对阿伦等人进行性侵犯，而阿伦关于自己患有时间失忆症的辩解亦显得荒唐，关于他提到的凶案证人一直都未找到。珍妮特认为杀人动机等一切证据俱全。马丁借口阿伦患精神病使其成功脱罪，然而，一切皆出人意料。

3. 图书《24 重人格》

作者卡梅伦·韦斯特以刺激性的细节和令人心碎的清晰描写揭示了罹患分离性身份识别障碍对家庭的影响，作者身兼“人格分裂”患者和心理学家两重矛盾角色。

该书主人公卡姆原来婚姻美满，家庭幸福，在工作中也被誉为“商场杀手”，一切都很顺利。某个时候，这一切都改变了，他出现了一些孩童般的举动，他会躲进儿子的游戏室的小橱柜里；漆黑的夜晚噩梦连连，爬进钢琴底下，写下“安全不安全”的字句；画一些像儿童画出来的、但却表现他小时候的经历的线条画，甚至接个电话也会冒出几个声音，更别提单独开车了，这些都是蕴藏在心灵深处的几个分身们“现身”出演的一部人格分裂的戏剧。

图 3-2 《黑天鹅》海报

图 3-3 《一级恐惧》海报

图 3-4 《24 重人格》封面

模块四 医学学习与职业规划心理

▶ 模块学习目标

(1)了解医学生学习相关的基本概念及医学生学习的特点;
(2)认识医学生常见的学习困扰及心理成因,掌握应对策略;
(3)了解当前大学生就业心理特点、医学学科特点及对职业能力的要求;
(4)做好职业发展的目标规划。

▶ 模块学习导图

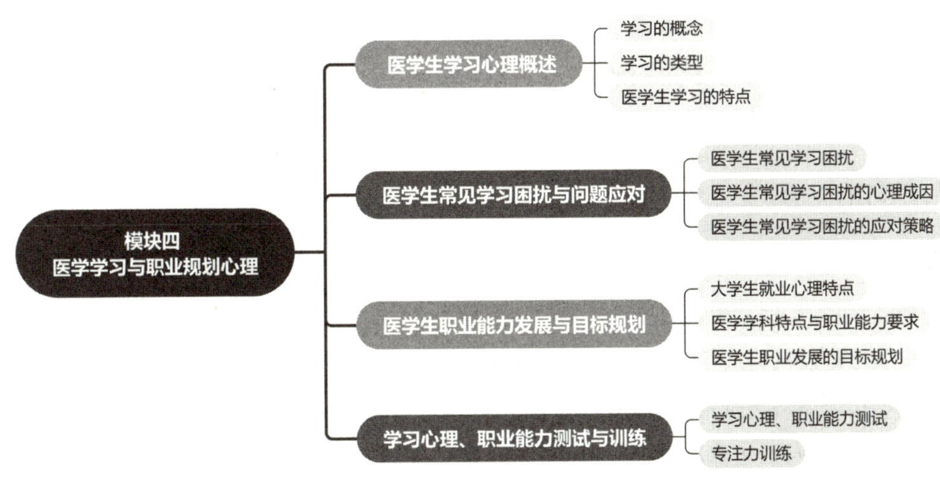

小辉从上学起，学习成绩就一直非常优秀，这给了他很大的优越感。上大学后，他发现身边优秀的人很多，不论他怎么努力，似乎都赶不上别人。从而感到很茫然，学习失去了动力，生活没有目标。有时候想到两个哥哥为了他上学都早早辍学养家，年迈的父母也为他辛辛苦苦挣学费，就恨自己不争气。可他的确怎么也找不到奋斗的目标与学习的动力，学习上得过且过，生活上马马虎虎，还迷上了上网。小辉该如何才能摆脱这种状态呢？

项目一 医学生学习心理概述

在医疗事业蓬勃发展的当下，医学生作为未来医疗领域的中流砥柱，其学习过程和效果备受瞩目。踏入医学院校，就如同进入一座知识的巍峨巨峰，每一位医学生都怀着治病救人的崇高理想开启攀登之旅。

但这条道路绝非坦途。从基础课程的解剖学、生理学到临床课程的内外妇儿，知识体系既庞大又复杂。医学生们不仅要应对繁重的课业，还需在实践中磨炼技能。他们的学习心理，深刻影响着知识的吸收与职业素养的养成。在学习过程中，他们会因学业压力过大而焦虑，会因自我期望与现实的落差而迷茫，也会在激烈的竞争中感到疲惫。剖析医学生的学习心理，理解他们的困扰与挑战，不仅能助力其个人学业的进步，更能为培养高质量的医学人才奠定坚实基础。

一、学习的概念

学习是个体在一定情景下由于经验或反复练习而产生的行为或行为潜能的比较持久的变化。这一概念包含三层意思。

首先，学习是以行为或行为潜能的改变为标志的。学习是个体获得新的个体行为经验的过程。经过学习，个体将出现某些可观察的行为变化，可以完成一些原来无法完成的事情。例如，小学生在没有学过四则运算法则以前，不能正确地解答包含加、减、乘、除运算的复杂算术题，而学了四则运算法则以后，就能解答了，说明行为发生了变化。行为的改变有时是明显的、外在的，而有时是隐性的、潜在的。后者就是我们所说的“行为潜能”的改变。例如，给儿童学习 50 个新词，30 分钟后进行测试，结果发现，儿童正确掌握了其中 28 个新词的含义，这是明显的行为改变。但是，这并不意味着儿童对其余的 22 个新词完全没有学习。儿童对这些单词的学习程度可能还没有达到能立刻正确回答测试问题的地步。但是在以后的学习中，当儿童再次学习这 22 个单词时，也许会学得较快、较好些，说明儿童的行为潜能已经发生了变化。

其次，学习引起的行为变化是相对持久的。无论是外显的行为变化还是行为潜能的变化，只有行为改变的持续时间较长，才可以称为学习。如学会游泳后游泳技能将终身不忘。

最后，学习是由反复练习或经验引起的。由经验而产生的学习主要有两种：一种是正规学习，如有计划地训练或练习，学校的学习等；另一种是随机学习，因偶然的生活经历而产生，如幼儿被开水烫一次就知道开水不能摸。

二、学习的类型

学习过程非常复杂，学习内容非常广泛，学习的形式也是多种多样的，差异较大，因此很难对学习进行统一的分类。下面我们根据不同的标准对学习进行分类。

（一）根据学习材料与学习者原有知识结构的关系分类

根据学习材料与学习者原有知识结构的关系，可以将学习分成意义学习与机械学习。其中，意义学习指通过符号、文字使学习者在头脑中获得相应的认知内容或建立某种内在的、必然的关系，而不是任意的、人为的关系。在机械学习中，学习者没有理解学习符号的真实含义，只是在学习内容与已有的知识结构之间建立一种非本质的、人为的联系。在课堂教学中，机械学习经常表现为一种死记硬背的学习。

（二）根据学习的方式分类

根据学习的方式，可以将学习分为接受学习与发现学习。接受学习的特点是，讲授者将学习的内容以定论的形式传授给学生，对学生来说，学习是被动“接受”知识的过程，学习中不要求学生主动去发现什么，而只要求他们把学习的内容内化为自身的知识，以后能在恰当的时候把知识提取出来或加以运用。发现学习的基本特征是，讲授者不直接把学习内容教给学生，而是让学生自己去发现这些内容。换句话说，学生的主要任务是发现，然后再将发现的内容加以内化，成为学习者自身的知识。

（三）根据学习的内容分类

根据学习的内容，可以分为认知学习和动作技能学习。其中认知学习是指以加工过程为对象的学习，它包括知觉学习、问题解决学习、语言学习等。动作技能学习是指以动作方式为对象的学习，包括简单的行为，如走路，也包括复杂的行为，如汽车驾驶。动作技能的学习与人们的日常生活非常密切。

三、医学生学习的特点

（一）大学生学习的特点

大学生的学习因生理、心理发展水平的特殊性以及大学学习环境的特异性，又有自己的特点。大学生只有了解了这些特点，才能更好地调整自己的学习心理，找到适合的学习方法，提高学习效率。大学学习的特点主要表现在以下几个方面：

1. 自主性

与中学阶段相比，大学阶段学生有较多自主支配的时间，学习有相当大的自主性。首先，大多数大学生所学的专业是自愿选择的，是他们所感兴趣的。其次，大学生除了要学习基础知识外，还要掌握各种专业知识，成为某学科的专门人才。这就要求大学生必须善于自觉、主动地学习。同时，大学生根据自己的兴趣和爱好，选择某些选修课，独立地阅读各种书籍，制订学习计划，采用适合自己的有效的学习方法，也体现了较大的学习自主性。

2. 专业性

大学生从进入大学开始就有了职业定向，学习的专业性强。其目的是经过几年的学习，逐步成为基础知识扎实、专业知识结构合理、能力强、创造性强、品行高尚的高级专门人才，为将来走上工作岗位及适应社会需求打下基础。

3. 多样性

大学生的学习形式多种多样。在大学，虽然课堂教学还是主要的形式，但大学生可以依靠多种渠道获得知识，同时大学的实践性教学活动占有很大比重。因此，大学生要通过自学、讨论、听学术讲座，参加实验、实习、社会实践和科研等来增长知识和才干。

4. 探索性

大学生的学习具有明显的探索和研究性质。大学的教学内容由确定结论的论述逐步转向介绍各派理论观点和最新学术发展动向方面的知识。应用学科的内容变化更大，知识更新更快。这就要求大学生的学习观念从正确再现教学内容向汇集百家之长、形成个人见解的方向转变。大学生从在教师指导下完成作业，到独立完成毕业论文（或毕业设计），都带有明显的探索性质。

5. 知识学习与能力素质培养并重

在现代社会，传统应试教育模式只重视传授学生具有实用价值的知识，忽视了对学生创造能力的培养，必须进行改变，应遵从高等教育改革强调的高校教育模式，即知识技能的学习与实践能力的培养并重。

（二）医学生学习的特点

1. 医学课程学习学业任务重

不论国内还是国外，都对医学教育提出了较高的学业要求。在国内，医学类专业的修业时间一般都超过其他专业，开设专业课程门数大于 30 门，总学时多数在 3000 学时以上，这在其他类型高等院校中是罕见的。高学时数意味着医学生花在学习上的时间必然超过其他专业的大学生，而由此带来的考试压力也是不言而喻的。

2. 医学课程所涉及的知识领域广，学科门类繁多

医学学习绝不仅仅是学习临床内、外科知识，仅在基础医学学习阶段，医学生就将面临不同学科领域的知识，人体解剖学和医学化学之间的差别是巨大的，寄生虫学和人体组织胚胎学似乎也少有内容上的重复。这与其他专业围绕着一门学问学习的压力相比，简直是天壤之别。而到

了临床医学阶段，根据需要甚至还要学习思维方式完全不同的中国传统医学——中医，和靠各种影像技术作为根本的影像诊断等。

3. 理论与实践紧密结合

医学生不仅要在课堂上理解如病理、生理等复杂理论，还要在实验室进行实验操作，在医院临床实习。如在外科实习中，要将书本上的手术知识用于实际操作，通过实践加深对理论的理解。

项目二　医学生常见学习困扰与问题应对

医学生的学习具有高强度、长周期和高复杂性的特点。他们需掌握海量且深奥的医学知识，从基础医学的微观世界到临床医学的复杂病症诊断与治疗，学习任务繁重。同时，实验操作、临床实习等实践环节要求他们具备扎实的动手能力和敏锐的临床思维。因此，在医学生学习过程中不可避免会存在一些学习困扰。一方面，面对繁重的课业和复杂的知识体系，医学生常常感到焦虑和压力。他们担心自己无法掌握所有必要的知识和技能，害怕在未来的临床实践中犯错。这种焦虑和压力可能导致他们学习效率下降，甚至产生逃避学习的情绪。另一方面，医学生在学习过程中也会遇到自我期望与现实的落差。他们怀着治病救人的崇高理想，但在实际学习中，可能会发现自己的能力与期望之间存在差距，这种落差可能导致他们感到迷茫和沮丧。此外，医学生之间的竞争也非常激烈，他们不仅要面对来自同学的压力，还要应对来自家庭和社会的期望。这种竞争压力可能导致他们产生自卑、焦虑等心理问题，进一步影响学习效果和职业发展。

一、医学生常见学习困扰

（一）学习动机不当

学生小李，从小到大一直是家里人为他规划，包括大学选专业，也是由家长决定，而自己对所学专业并没有兴趣，更不知道未来选择什么就业方向，成为什么样的人。他喜欢交朋友，报了几个社团，整天忙于组织和参加各种活动，而不愿将精力投入到学习上，上课经常请假缺勤，各门课程成绩都在及格边缘。

1. 动机和学习动机

动机是由某种需要所引起的有意识的行动倾向。它是激励或推动人去行动以达到一定目标的内在动因。学习动机是直接推动学生学习的内部动力，决定学习行为的开展和坚持，影响学习的效率，是大学生学习成败的关键心理因素之一。它表现为对学习的意向、愿望或兴趣等形式，对学习起着积极推动作用。根据耶克斯－道德森定律，学习动机的强度和学习效果两者并不呈现正的线性关系，动机强度过高或者过低，均会导致活动效率下降。它们之间的关系呈倒 U 形曲线，即中等强度的动机，活动效率最高（见图 4-1）。研究发现，动机的最佳水平随任务性质的不同而不同。在比较容易的任务中，工作效率随动机的提高而上升；随着任务难度的增加，动机的最佳水平有逐渐下降的趋势。也就是说，在难度较大的任务中，较低的动机水平有利于任务的完成。

学习动机不当包括学习动机不足和学习动机过强，两者都会影响学习效能。

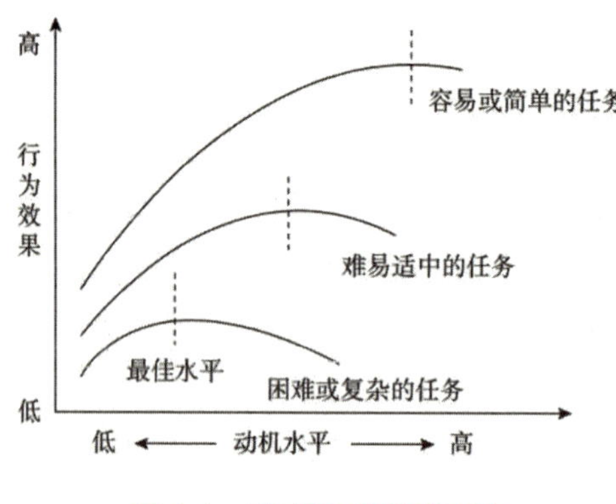

图 4-1　耶克斯-道德森定律

2. 学习动机不足

学习动机不足主要表现在：无明确的学习目标，为学习而学习，甚至厌倦学习和逃避学习；经常感到厌烦，对什么都不感兴趣，注意力维持时间短；焦虑过度，缺乏自尊心和自信心。很多学生进入大学后，没有了家长和教师的管束，缺少外部学习压力，缺乏引发他们学习的强化物的刺激，难以产生继续学习的需要。

3. 学习动机过强

学习动机过强主要表现为：成就动机过强、奖励动机过强及学习强度过大。有的大学生成就动机过强，急于取得成就并超过他人，所树立的抱负和期望远远超过了自己的实际能力和潜力，这种状态可能会导致一系列负面影响。

（二）学习目标设置不合理

目标是个体努力要达到的具体成绩标准或结果，是个体期望的未来状态，是引导和保持学习动机的方法之一，它有助于集中注意力，有助于调动资源。学习目标分为“掌握目标”和“表现目标”。“掌握目标”取向的学生学习的目的是个人成长，关心的是能否掌握学习任务，而不是和他人比较，他们被称作“任务卷入的学习者”；“表现目标”取向的学生学习是做给别人看，关心的是能否向他人证明自己的能力，他们被称作“自我卷入的学习者”。大学生在学习目标设置过程中可能存在模糊不清、多个目标之间相互冲突、缺乏可持续性等问题，产生学习困扰。

（三）缺乏学习策略

学习策略是指学习者为了提高学习的效果和效率，有目的、有意识地制订有关学习过程的复杂方案。虽然高中与大学的学习没有天壤之别，但也有很多不同之处。如果大学生不了解大学的学习特点，不能转变题海战术的学习方式，不会合理安排自己的学习时间，就会在学习中遇到很多困难，学习效果也会事半功倍。有些同学平时不复习，得过且过，期末考试前才开始挑灯夜战，筋疲力尽走入考场，自然也不会取得好成绩。

（四）学业焦虑

学生小陈，高中学习成绩一直不错，但大一上学期有2门课程挂科，失去奖学金评选资格，备受打击，上课心不在焉，学习态度消极，成绩一落千丈，多门课程不及格。现处于被劝退的边缘，学生很着急，感到焦虑和绝望。

焦虑是指一个人的动机行为遇到实际或臆想的挫折而产生的消极不安的情绪体验，它由多种感受交织而成。心理学研究认为，大学生在学习过程中，保持适当的焦虑是必要的，但焦虑过度则会对学习效果以及心理健康产生不利的影响。很多大学生对自己的智商、学习能力、实践能力和社交能力没有信心，最终产生焦虑状态。主要表现为：学习压力大、精神长期高度紧张、思维迟钝、记忆力下降、注意力涣散、情绪焦躁、寝食难安、神情恍惚、郁郁寡欢。

大学生中出现的一种比较典型的焦虑状态是考试焦虑。考试焦虑主要是担心考试失败或渴望获得更好的成绩而产生的一种忧患、紧张的心理状态。

二、医学生常见学习困扰的心理成因

（一）自我期望过高

追求理想主义的医学生往往对自己的能力过于自信，忽视了现实中的限制和挑战。追求完美主义的医学生则不愿意接受任何不完美的结果，导致目标设置过高。医学领域本身具有高度的专业性和复杂性，医学生往往面临着巨大的学业压力。他们可能认为，只有达到极高的学术标准，才能在未来成为一名优秀的医护工作者。这种过高的自我期望，使得他们在学习过程中不断给自己施加压力，一旦遇到学习上的困难或挫折，就容易产生强烈的焦虑感。此外，自我期望过高的医学生往往过于关注他人的评价和看法，担心自己的表现不如他人，这也进一步影响了他们的学业进程。

（二）自我认知不足

自我认知不足表现为：①自我评价不准确，对自己的能力和资源估计不准确，导致目标设置偏离实际。②缺乏自我反思，不习惯于自我反思，不了解自己的学习风格和需求。③锚定效应，

受先前经验或信息的影响，导致目标设定过于依赖这些信息。

这种自我认知不足的情况，使得医学生在学习过程中难以找到适合自己的学习方法。他们可能盲目跟从他人的学习节奏，或者采用不适合自己的学习材料，导致学习效果不佳。此外，由于缺乏自我反思，他们可能无法及时发现自己的不足，也无法及时调整学习策略。锚定效应则可能使他们在设定学习目标时过于保守或过于激进，无法根据实际情况作出合理的调整。这些因素共同作用，使得医学生在学习过程中容易感到迷茫和遭遇挫败。

（三）归因方式的影响

扫码随时学

归因方式，即个体对事件发生原因的解释和看法，对医学生的学习也有显著影响。一些医学生可能倾向于将成功归因于外部因素，如运气或他人的帮助，而将失败归因于内部因素，如能力不足或缺乏努力。这种归因方式容易导致他们在面对挑战时缺乏自信，容易放弃，并可能产生习得性无助感。相反，如果将成功归因于内部因素，如个人的能力和努力，将失败归因于外部因素或可控制的因素，如策略不当或缺乏资源，这样的归因方式将有助于医学生保持积极的学习态度，勇于面对挑战，并从失败中汲取教训。因此，归因方式的不同，会影响医学生的学习动力、学习策略和面对困难的态度。

（四）习惯性行为带来的影响

习惯性行为带来的影响包括：①习惯性拖延，长期的拖延习惯导致在设定目标时也采取拖延策略，匆忙之间设定不合理的目标。②习惯性逃避，逃避困难，选择容易的目标，或者选择过于困难的目标以便于逃避责任。

这些习惯性行为不仅影响医学生的学习效率，还可能导致他们在学业上产生不必要的压力。习惯性拖延使得医学生常常在截止日期前匆忙完成任务，这不仅影响任务的质量，还可能导致他们在学业上产生焦虑感和自责感。而习惯性逃避则使得医学生在面对困难时缺乏解决问题的勇气，选择逃避而不是积极应对，这不仅阻碍了他们的个人成长，还可能影响他们的职业发展。因此，医学生需要认识到这些习惯性行为的危害，并积极采取措施加以改变。

三、医学生常见学习困扰的应对策略

（一）调整学习动机

扫码随时学

学习动机是影响医学生学习效果的核心要素之一。学校情境中的学习动机分为兴趣动机（认知内驱力）、目标动机（自我提高内驱力）和激励动机（附属内驱力），其中兴趣动机表现为想要掌握知识、解决问题的意愿，是最重要而稳定的动机。

调整学习动机，首先需要医学生深刻认识到学习的目标和意义，树立起积极向上的学习态度。医学生应当明确，医学学习的最终目的是服务患者、挽救生命，这不仅是一项职业要求，更是一种社会责任和道德使命。只有将学习视为一种崇高的追求，而非简单的任务或负担，才能真正激发内在的学习动力。其次，医学生可以通过设定具体、可行的学习目标，将长远的学习计划细化为一系列短期的学习任务。这样做不仅有助于明确学习方向，还能在完成每一个小目标时获得成就感和满足感，从而不断激励自己向前迈进。此外，外部的支持和鼓励对于医学生调整学习动机也至关重要。医学生可以主动与老师、同学进行深入交流，分享学习心得和困惑，通过集思广益找到解决问题的方法。

（二）SMART 目标管理原则

SMART 目标管理原则是一种有效的目标设定方法，它可以帮助医学生克服习惯性拖延和逃避，更好地规划和管理自己的学业。SMART 原则包括五个方面：具体（Specific）、可测量（Measurable）、可达成（Achievable）、相关性（Relevant）和时限性（Time-bound）。

具体性要求目标必须明确具体，能够清晰地描述出期望的结果；可测量性要求目标必须是量化的，可以通过某种标准来衡量是否达成；可达成性要求目标必须是现实可行的，考虑到个人的能力和资源限制；相关性要求目标必须与个人的学习和发展目标相关联，有助于实现长远规划；时限性要求目标必须设定明确的时间限制，以便于监控进度和调整策略。通过运用 SMART 原则，医学生可以设定合理、明确的学习目标，提高学习效率，减少不必要的压力和焦虑。

（三）掌握学习策略

学习策略是指在学习过程中采用的一系列方法和技巧，旨在提高学习效率和效果。对于医学生而言，由于学业繁重且内容复杂，掌握有效的学习策略显得尤为重要。

学习策略可分为认知策略、元认知策略和资源管理策略三种，具体内容如表 4-1 所示。

表 4-1　学习策略的分类

三种学习策略	具体内容	
认知策略	复述	如：抄写、重复、画线、复习
	精细加工	如：记忆术、记笔记、提问
	组织	如：系统结构图、网络关系图、流程图、思维导图、列表格
元认知策略	自我计划	如：设置学习目标、分析如何完成学习任务
	自我监察	如：跟踪自己的注意力、监视自己写作业的时间、自我提问
	自我调控	如：发现问题后及时采取相应的补救措施
资源管理策略	时间管理	如：四象限法则、番茄工作法、柳比歇夫时间管理法
	学习环境管理	如：寻找固定地点、安静地点、有组织的地点
	努力状态管理	如：将成败归因于努力、调整心境、自我强化
	社会支持管理	如：个别辅导、同伴/小组学习、寻求教师帮助

(四)善用时间管理方法

1. 做好事情分类:应按重要性和紧急性区别对待

美国著名管理学家史蒂芬·柯维提出了一个非常有用的时间管理理论,把工作按照重要和紧急两个不同的维度进行划分,基本上可以分为四个"象限"(见图4-2)。据此,可以把大学生涯中每天需要做的事情分为以下四类。

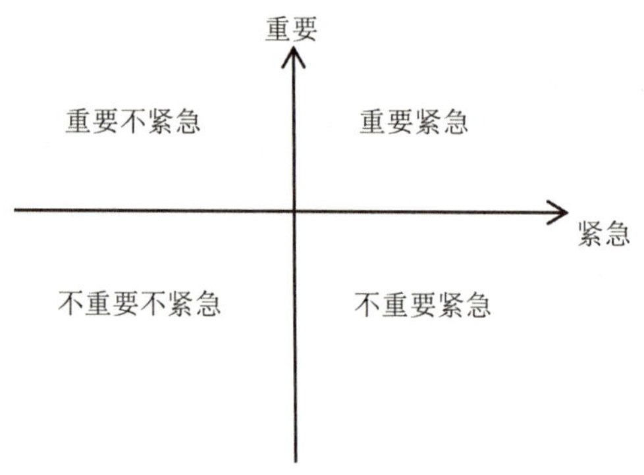

图4-2 史蒂芬·柯维的时间管理象限图

(1)重要且紧急的事情,是指那些必须立刻或在近期内要做好的工作,做不好就会对你产生很不利的影响。如下周就要进行某门课程的考试了,你还没有复习好;下个月就要去人才市场求职了,但你还没有制作简历。那么复习、制作简历就是重要且紧急的事情。

(2)重要但不紧急的事情,是指那些从长远角度看可能会对你影响很大,但稍微延迟再做关系并不是很大的事情,包括对你的健康、财富及人际关系网等可能产生影响的事情。如对于大一学生而言,提高自己英语口语这件事情,需要每天练习积累;大二学生对于今后的职业方向这件事情还没想好,需要找教师听听指导意见,或需要多查查资料了解更多的相关知识;学期初,你感到局部解剖这门课学得磕磕碰碰的,是因为自己系统解剖基础不好,可能需要找个学得好的同学谈谈,请他帮忙辅导自己;大三的第一学期,你对报考硕士研究生的学校已经非常明确了,但对这所学校每年的考研信息还一无所知,还需要多收集这方面的信息。

(3)紧急但不重要的事情,即表面上看起来需要立刻采取行动的事情,但客观地审视,这件事情即使不做,其所产生的不利影响也是完全可以承受的。如一个可听可不听的讲座还有十分钟就要开始了,但你正在图书馆看一本有意义的书,那么听讲座这件事就是紧急但并不重要的事情;又如你正在操场打球,这时天开始变阴,看样子就要下雨了,你有一件衣服还晒在外面,这时去收衣服对你来说也是紧急但不重要的事情。

(4)既不紧急也不重要的事情,即在重要性和紧急度上都明显偏低的事情。如你的衣服要洗了;你需要和同学去超市看看,顺便买点日用品备用;离放假还有一个多月,你想去图书馆借几本书在假期里翻一翻。这些就属于既不紧急也不重要的事情。

将事情区分为紧急事情与重要事情的理念很重要。紧急事情往往是短期性的,重要事情往往是长期性的。每个人都有过于关注紧急事情的倾向，而容易忽略重要但不紧急的事情。由于重要但不紧急的事情可以稍后再做，在很多时候似乎可以一直拖延下去，如果这些事情一直都没有成为紧急的事情，我们就可能永远不把它们列入自己优先要做的事情。大多情形下，我们确实这样拖延着，这些事情成为我们永远没有着手的事情，但这类事情对我们的长期影响却很大。因此，从中可以区分出一个人的办事效率和时间管理水平。

2. 掌握时间区分：不同时间段的价值是不同的

(1)大块时间。完成一天中最重要事情的时间，至少需要 2 个小时，可以分散地安排大块时间。如将一天 6 个小时的大块时间分为两次。这样安排时间会产生一种成就感。

(2)过渡时间。指大块时间之间的间隙时间。这段时间或许做不了什么重要的事，但是可以做一些小事情。如利用课间梳理听课笔记，巩固所学的内容，加深理解；回忆教师讲过的内容，跟同学探讨有争议的问题或交流心得。

(3)零碎时间。零碎时间看起来好像不太重要，但是如果能将这些时间充分利用起来做一些小事，坚持下来，效果也是非常可观的。

(4)固定时间。如果觉得在某个时间段做某项工作效果最好，把这段时间固定下来，就称为固定时间。比如每天早晨阅读、晚上做习题等。

(5)安静时间。学习是否有效，环境因素的影响很大。如果在寝室感觉非常吵闹，这时可以去自习室、教室、图书馆、操场等，给自己一段安静时间。

(6)弹性时间。每一项学习任务都需要时间，最好是留有弹性，即预估的时间应该稍微宽裕些。可以在完成一段学习后，安排一段弹性时间来做以前没有做完的事情，或者当作被干扰后的调节时间。弹性时间不能太长，半小时以内比较恰当。

(7)碎片时间。碎片时间指其他事情开始之前的等待时间，比如等车、超市付款、食堂购餐等排队等待的时间。不要小看这些等待时间，如能充分利用也可学到不少知识。如随身常备一些学习卡片，或者将学习资料拷贝进手机，在等待的时候拿出来看一下，不管是三分钟还是五分钟，都是有意义的。鲁迅先生曾说过："我哪里是什么天才，我只是把别人喝咖啡的时间拿来写作。"

项目三　医学生职业能力发展与目标规划

作为医学生，职业能力的发展与目标规划至关重要。在日益激烈的就业市场中，具备出色的职业能力是医学生脱颖而出的关键。医学生职业能力的发展与目标规划是一个持续的过程，医学生应明确自己的职业定位、注重实践能力的培养、注重综合素质的提升，为未来的职业发展奠定坚实的基础。

一、大学生就业心理特点

大学生的就业心理很复杂，学校、年级、性别不同，大学生的就业心理也会表现出不同的特点。不妨从就业心理倾向、就业心理素质和就业心态这三个方面分别加以分析。

（一）就业心理倾向

就业心理倾向是指对大学生就业有推动与指向作用的那些具有心理动力性的心理因素。它决定着大学生对就业活动的认识、评价与态度，并在很大程度上影响着大学生的就业行为。它主要包括大学生的职业需要、动机、兴趣、价值观等成分。当前大学生的就业心理倾向表现为三大特点。首先是多元化与一致性。不同的择业标准都得到大学生的一定认可与宽容，价值标准的多元化凸显。同时，不同地区、性别、学科的大学生在职业选择标准上也存在一定的一致性，不同类型的大学生的总体择业观念差异不大。其次是务实性。大学生把“地位”“声望”等东西看得比较轻，而更重视个人发展、经济收入等实际的功利化的因素。最后是变化性。虽然重视经济收入、个人发展是近几年来大学生的主要就业心理倾向，但是目前对稳定、福利好的工作又开始重视起来。

（二）就业心理素质

就业心理素质是指对大学生就业有重要影响的心理能力、活动水平及人格特点，它涉及的内容非常广泛，主要包括业务能力、职业成熟度、就业人格特点三个部分。就业心理素质是大学生在就业准备及其他活动如学习、社会实践影响下形成的比较稳定的就业心理特点，是大学生顺利就业、应对就业挫折、实现职业适应与成功及各种就业心态形成等的心理基础。

大学生的业务能力的获得是一个长期的过程，主要是通过学习、训练与实践得来，而且一旦形成就比较稳定，它与人的智商、动手能力等心理因素密切相关。业务能力又可以分为专业内的和专业外的两个部分。目前社会要求大学生具有一专多能的业务能力特点。

大学生的职业成熟度主要是指与求职密切相关的职业心理能力与活动的发展水平。如果大学生能清醒地认识自己的心理特点，并对自己心理特点及自己对职业的要求进行合理而科学地匹配，作出职业选择，并采取可行的措施去获得职业，那么其职业成熟度就高，反之就低。

大学生的就业人格特点是指与大学生就业活动关系密切的人格因素，是大学生的人格特点在就业中的具体表现。它包括职业道德、挫折忍受力、压力应对方式、自信心、人际交往、积极性、竞争性、合作性、进取精神、冒险精神、创新精神等方面，这些人格特点会影响大学生能否成功就业，以及就业过程中的心理健康水平。

（三）就业心态

就业心态是指大学生在涉及有关就业问题时，特别是在准备就业与寻求职业的过程中形成的心理状态，如焦虑、情绪高涨、失落、信心百倍、犹豫不决等状态。这些心态会影响求职者的决策和行为，进而影响其就业结果。

大学生的就业心态既与他们的个性品质、个人能力、职业价值观等较稳定的心理特征有关，也与就业时所遇到的情景有关，如就业顺利与遭受挫折、同学间的议论攀比等等。大学生的就业心态既有总体上的时代特点，又有小范围的地区、专业等特点及个体特点。就业心态是了解大学生就业心理倾向、就业心理素质的重要渠道。大学生就业中产生的种种心理健康问题常常是通过各种不正常的就业心态表现出来的。

大学生需要正确定位自我、制定合理的就业规划、直面挫折、培养积极的人生态度和注重心理调适等多方面的努力和实践。只有这样，才能更好地适应就业市场的竞争和挑战，实现自己的职业梦想和人生价值。

二、医学学科特点与职业能力要求

（一）医学学科特点

医学是研究人类健康与疾病及其相互转化规律以及如何诊治、预防疾病，维持健康的一门学科，在我国被划分为11个一级学科和55个二级学科。11个一级学科分别是基础医学、临床医学、公共卫生与预防医学、口腔医学、中医学、中西医结合、药学、中药学、特种医学、医学技术和护理学；二级学科则包括内科学、老年医学、麻醉学、肿瘤学等。

我国将“5+3”人才培养模式作为医学人才培养的主流模式：5年的临床医学本科教育加上3年的住院医师规范化培训或3年临床医学硕士专业学位研究生教育。

医学教育具有分段连续性特点。医学生在成长过程中所受的教育培训包括在校医学教育、毕业后医学教育、继续医学教育三大阶段。在医学教育阶段，以学习基础医学、临床医学、预防医学、相关人文社会科学的基础知识、基本理论，培养基本能力为主要目标，为进行临床培训打基础。毕业后进入临床实践培训，重点是培养发现、分析和解决临床问题的实际能力，逐步积累临床经验，掌握技术操作技能，培养各种临床能力。继续医学教育则以知识更新、持续保持专业能力为目标。

三者既是一个分段的过程，又是一个连续性过程，具有较长周期。此外，还有一部分医师想在大医院做“分工更细”的专科医生，比如神经内科、泌尿外科等，就需要在住院医师规范化培训结束后，进入亚专科规范化培训基地继续学习，这是“5+3”人才培养模式的进一步细化，被称为“5+3+X”人才培养模式。由此可见，医学学科特点对医学生的职业能力提出了更高要求。

（二）大学生的一般职业能力

职业能力是职业活动要求的，并在职业活动中发展，直接影响职业活动效率，使职业活动得以顺利完成的能力。不同职业对人的能力要求不同，从事脑力和创造、创作工作的，如科学、哲学、医学等领域的职业，一般以认知能力倾向为主；从事对人的工作，如教育护理、社会服务、经营管理等职业，一般以人际沟通能力倾向为主；从事以物为主的工作，如制造业、农业、建筑业等行

业的工作，一般以实际操作能力倾向为主。概括地说，大学生需要的职业能力大致分为以下三种。

（1）功能性或可迁移性能力。比如思考、写作、组织、计算、操作的能力。这些能力可以应用到每一种职业领域，应当大力培养。

（2）内容性能力，主要指在校学习中获得的专业知识和技能。大学生应当努力掌握这些专业知识和技能，将其内化为自身的能力，为自己的职业生涯打下坚实基础。

（3）适应性能力，又叫自我管理能力。这类能力很难识别为技能，更多时候被认可为人格特质。如精力充沛、善于分析、理性、真诚可靠、执行力强、时间管理能力强等。这些技能是个人职业成就的重要影响因素。

如果能清楚了解不同职业对从业者能力倾向的要求，并根据自己现有能力，好好规划自己的职业生涯，弥补自己专业与职业上的短板，能使自己在今后的就业中更快地适应，将更容易获得成功。

（三）医学职业能力要求

医学生除了须具备上述大学生的一般职业能力外，还需具备以下职业能力。

1. 职业认同感和高尚的职业道德素质

医学生制订职业生涯规划的前提是熟悉职业特点及要求，加强职业认知，做到“知己知彼”。医疗行业的特殊性要求医务人员具有强烈的责任意识和崇高的职业道德。孔子曰：“其身正，不令而行；其身不正，虽令不从。”在医疗行业，医德和医术同等重要。医德就是医生的个人职业道德修养和医疗作风。一个缺乏高尚职业道德的医生，即使医术再高，也不是一名好医生。一个再有学识、再有能力的医生，倘若在品行操守上不能把握好分寸，则极有可能会对自己的成长道路造成阻碍，甚至给医院造成莫大的损害。

2. 良好的职业人格

医疗卫生行业是一个服务性、实践性很强的行业，它要求医务人员的诊疗、护理行为都要对患者的身心健康有利。因此，医务人员不仅要关注患者的疾病，而且要为患者的身体康复提供精神支持，安抚患者内心的焦虑。这就要求医务人员不仅要有较高的医疗水平，还要有良好的医学职业人格。

3. 过硬的业务能力

业务素质是医学生入学后首先要学习的基本内容，也是医生进入临床后首先要下功夫苦练的本领。只有把这些基本功练到炉火纯青的地步，才能得心应手，运用自如。医生的业务素质主要包括以下几个方面：一是基本理论，如解剖、生理、生化、病理、药理等。二是基本知识，如医院的常规制度、各项操作规程、正确询问病史、病历及各项医疗文件的书写、望触叩听等基本检查的步骤与方法、常规检验与常用功能检查的项目及临床意义、药物作用适应证及禁忌证等。三是基本技能，如危重患者的急救技术及各项诊疗技术的操作、各种常用检查器械的操作技术等。这些基本素质是一个好医生应该具备的，并且是诊断治疗中需要熟练运用的。许多医生，尤其是年轻的医生容易忽视对这些最基本的业务素质的学习和实践。

4. 合理的知识结构

随着“生物—心理—社会”医学模式的确立，作为医生，除了须具备扎实的理论知识、娴熟的专业技能外，还需具备良好的人文精神。医学生在专业知识学习的同时需加强人文知识的学习，并将医学人文理论知识应用于临床实践，使自己学会从医学、道德、法律、政治等不同角度去研究、解决医疗问题。

5. 不断学习的能力

医学是一个飞速发展的学科，医生需要终身学习，才能跟上医学的发展，否则将被淘汰。因此，医生必须不断学习新的知识、新的理论和新的技术，才能适应新形势的要求。

6. 充足的体力

由于我国医疗资源相对不足及医疗工作的特殊性，医生需要经常加班，大多还是无偿的。一台手术几个小时站下来非常考验医生的体力，一旦碰到连台手术，有时候连吃饭的时间都没有。因此，当医生就要有充足的体力和常年不享受法定节假日休息的心理准备。

三、医学生职业发展的目标规划

不同年级有不同的发展任务和要求，大学生需根据自己的长期发展目标，合理确定不同年级的发展目标和行动计划。

（一）大学一年级：新生适应与职业探索期

这一阶段的主要目标是适应大学生活，树立规划意识。刚刚进入大学的学生，离开了家庭和熟悉的中学，来到一个完全陌生的环境，生活环境、学习氛围、人际关系都发生了很大转变，理想与现实的差距会使他们产生复杂的思想和心理变化，容易引发孤独、失落、迷茫、焦虑、消沉等心理问题。因此，尽快适应大学生活，融入新的集体，规划自己的大学生活是大学新生面临的一大问题。

作为新生，要尽快完成从中学生到大学生的角色转变，适应大学生活，树立未来发展的目标。具体来说，可以虚心请教师兄师姐，积极参加集体活动，建立新的人际关系圈；通过参与各种学生组织、社团等组织的课外活动来发展自己的兴趣与爱好；尽快熟悉本专业的相关情况；了解学校就业指导中心等机构所提供的职业信息，提高对与自己所学专业有关的职业的认识；也可与家人、朋友、教师等讨论自己的兴趣，或通过职业测评工具全面客观地探索自己，思考有哪些职业与自己所学的专业相吻合，通过互联网、报刊和访谈等渠道进一步了解这些职业所要求的能力倾向，明确自己应该提升哪方面的竞争力。同时，培养专业兴趣，努力学习，力求优良的学习成绩，这些都有助于更好地定位自己，发现自己在某一方面的特长和潜力，寻找专业与兴趣的结合点，从而探索一两个自己感兴趣的专业方向。

（二）大学二年级：职业定向期

这一阶段的主要目标是确定主攻方向，培养综合素质。经过一年的适应，入学时的不适应已基本消除，新的心理平衡已初步建立，自信心和独立性进一步增强，有了一定的自我教育和自我批评能力。在此阶段，大学生极强的可塑性得到充分展示，大部分学生开始树立自己的人生观、世界观和价值观，制订自己的大学奋斗目标，并有意识地朝自己感兴趣的方向发展和提高。但也有一些学生，人际交往困难、专业学习方法不恰当、网络成瘾，甚至违反校规校纪。因此，要注意根据自己的发展意愿选定专业方向，学有余力，有条件的可辅修其他课程或学习第二学位；建立合理的知识结构，注重专业能力的培养，参加英语、计算机等工具性证书的考试；积极参加学生会或社团工作，培养自己的组织协调能力和团队合作精神，提升自己的综合素质；尝试兼职、社会实践等，积累一定的职业经验，提高自己的专业素质、责任感、主动性和受挫能力。

（三）大学三年级：职业技能提升期

这一阶段主要是提升职业技能，积累职业经验的时期。经过大一和大二的历练，大三学生独立生活和处理问题的能力有所提高，对自己的专业知识有了更深的了解和掌握，未来目标及方向基本明确。很多专业的课程要求见习，因此要积极参与，在见习中不断提高自己的职业素质和职业能力。扩大校内外交际圈，加强与校友、职场人士的交往，提前参加校园招聘会，与用人单位招聘人员进行沟通；学习求职技巧，学会制作简历、求职信，了解面试技巧和职场礼仪；如果决定考研，要作好复习准备；如果希望出国留学，要注意留学资讯和动向，准备雅思、TOEFL、GRE 考试。同时在大三后期要查漏补缺，检查当下与毕业后目标的差距，及时采取措施纠正，为顺利完成大四、大五的目标打下坚实基础。

（四）大学四年级和五年级：冲刺期

这一阶段主要是充分掌握信息，实现毕业目标的阶段。大四、大五的大学生们面临着实习、毕业和择业的多重压力，他们心理上处于矛盾而忧虑的状态。偏高的就业期望和现实的就业压力产生了矛盾，由于担心学非所用或胜任不了工作而忧虑感增加。选择就业的学生，为了找到一份好的工作，积极充电，关注就业信息，跻身于各类人才市场和毕业生招聘会，希望通过自己的努力谋求到理想的工作岗位。因此，对于找工作的同学，要多关注各类招聘信息，或登录招聘单位网站，或通过咨询、访谈等方式，了解招聘单位的相关信息，为面试作好准备，提高求职能力；同时了解劳动法规和政策，学会保障自己的劳动权益。选择报考研究生或者出国继续深造的学生，他们仍然在埋首苦读暂时没有就业压力。还有部分学生，就业单位已经落实，学习、就业压力都已消失，但也不可整天无所事事，需要充分了解职业要求，做好专业到职业的无缝对接。

项目四　学习心理、职业能力测试与训练

一、学习心理、职业能力测试

(一)学习心理测试

这个量表(表4-2)主要帮助你了解自己在学习动机、学习兴趣、学习目标上是否存在困扰。共15个题目,与自己情况相符的题目答“是”,不相符的题目答“否”。

表4-2　学习心理测试

题目	是/否
1. 我已经不想学习,想去找份工作	
2. 我把自己的时间平均分配在各科上	
3. 除了老师指定的作业外,我不想多做	
4. 如果没有人督促我,我很少主动学习	
5. 我一读书就觉得疲劳和厌烦,只想睡觉	
6. 如果有不懂的地方,我根本不想弄懂它	
7. 我几乎毫不费力地就能实现自己的学习目标	
8. 我常想不用花太多的时间成绩也会超过别人	
9. 为了对付每天的学习任务,我已经感到力不从心了	
10. 我总是为了同时实现几个学习目标而忙得焦头烂额	
11. 我给自己定下的学习目标,多数因做不到而不得不放弃	
12. 我迫切希望自己在短时间内就大幅度提高自己的学习成绩	
13. 为了实现一个大目标,我不再给自己制定循序渐进的小目标	
14. 只在我喜欢的科目上狠下功夫,而对不喜欢的科目放任自流	
15. 我认为课本上的基础知识没什么可学的,只有读大部头作品才有意思	

对问题给出“是”“否”回答。“是”1分,“否”0分,将得分相加,算出总分。

11~15分:说明学习动机上有严重问题和困惑,需要调整。

5~10分:说明学习动机上有一定问题和困惑,可调整。

0~4分:说明学习动机上有少许问题,必要时可调整。

建议:①明确学习目的和意义;②强化学习动机,培养独立进取的个性;③注意调整学习动机的水平;④设定中等难度的学习目标;⑤培养良好的集体氛围。

(二)霍兰德职业能力测试

本问卷(见表4-3)共90道题目,每道题目是一个陈述,请你根据自己的真实情况对这些陈述进行评价,如果符合实际情况就在相应的题目前打“√”,否则打“×”,不要漏答。

表 4-3 霍兰德职业能力测试

评 价	题 目
	1. 强壮而敏捷的身体对我很重要
	2. 我必须彻底地了解事情的真相
	3. 我的心情受音乐、色彩和美丽事物的影响极大
	4. 和他人的关系丰富了我的生命并使它有意义
	5. 我自信会成功
	6. 我做事必须有清楚的指引
	7. 我擅长于自己制作、修理东西
	8. 我可以花很长的时间去想通事情的道理
	9. 我重视美丽的环境
	10. 我愿意花时间帮别人解决个人危机
	11. 我喜欢竞争
	12. 我在开始一个计划前会花很多时间去计划
	13. 我喜欢使用双手做事
	14. 探索新构思使我满意
	15. 我是寻求新方法来发挥我的创造力
	16. 我认为能把自己的焦虑和别人分担是很重要的
	17. 成为群体中的关键任务执行者，对我很重要
	18. 我对于自己能重视工作中的所有细节感到骄傲
	19. 我不在乎工作把手弄脏
	20. 我认为教育是个发展及磨炼脑力的终身学习过程
	21. 我喜欢非正式的穿着，愿意尝试新颜色和新款式
	22. 我常能体会到某人想要和他人沟通的需要
	23. 我喜欢帮助别人不断改进
	24. 我在决策时，通常不愿冒险
	25. 我喜欢购买小零件，做成成品
	26. 有时我长时间阅读，玩拼图游戏，冥想生命本质
	27. 我有很强的想象力
	28. 我喜欢帮助别人发挥天赋和才能
	29. 我喜欢监督事情直至完工
	30. 如果我面对一个新情景，会在事前做充分的准备
	31. 我喜欢独立完成一项任务
	32. 我渴望阅读或思考任何可以引发我好奇心的东西
	33. 我喜欢尝试创新的概念
	34. 如果我和别人发生摩擦，我会不断尝试化干戈为玉帛
	35. 要成功就必须定高目标
	36. 我喜欢为重大决策负责

续表

评　价	题　目
	37. 我喜欢直言不讳，不喜欢转弯抹角
	38. 我在解决问题前，必须把问题进行彻底分析
	39. 我喜欢重新布置我的环境，使它们与众不同
	40. 我经常借着和别人交谈来解决自己的问题
	41. 我常想起草一个计划，而由别人完成细节
	42. 准时对我来说非常重要
	43. 从事户外活动令我神清气爽
	44. 我不断地问为什么
	45. 我喜欢自己的工作能够抒发我的情绪和感觉
	46. 我喜欢帮助别人找可以和他人相互关注的办法
	47. 能够参与重大决策是件令人兴奋的事情
	48. 我经常保持清洁，喜欢有条不紊
	49. 我喜欢周边环境简单而实际
	50. 我会不断地思索一个问题，直到找出答案为止
	51. 大自然的美深深地触动我的灵魂
	52. 亲密的人际关系对我很重要
	53. 升迁和进步对我极重要
	54. 当我把每日工作计划好时，我会较有安全感
	55. 我不害怕过重工作负荷，且知道工作的重点
	56. 我喜欢能使我思考、给我新观念的书
	57. 我希望能看到艺术表演、戏剧及好的电影
	58. 我对别人的情绪低潮相当的敏感
	59. 能影响别人使我感到兴奋
	60. 当我答应一件事时，我会尽力监督所有细节
	61. 我希望粗重的肢体工作不会伤害任何人
	62. 我希望能学习所有使我感兴趣的科目
	63. 我希望能做些与众不同的事
	64. 我对别人的困难乐于伸出援手
	65. 我愿意冒一点险以求进步
	66. 当我遵循成规时，我感到安全
	67. 我选车时，最先注意的是好的引擎
	68. 我喜欢能刺激我思考的话

续表

评　价	题　目
	69．当我从事创造性的事时，我会忘掉一切旧经验
	70．我对社会上有许多人需要帮助感到关注
	71．说服别人依计划行事是件有趣的事情
	72．我擅长于检查细节
	73．我通常知道如何应对紧急事件
	74．阅读新发现的书是件令人兴奋的事情
	75．我喜欢美丽、不平凡的东西
	76．我经常关心孤独、不友善的人
	77．我喜欢讨价还价
	78．我花钱时小心翼翼
	79．我用运动来保持强壮的身体
	80．我经常对大自然的奥秘感到好奇
	81．尝试不平凡的新事物是件相当有趣的事情
	82．当别人向我诉说他的困难时，我是个好听众
	83．做事失败了，我会再接再厉
	84．我需要确切地知道别人对我的要求是什么
	85．我喜欢把东西拆开，看看能否修理它们
	86．我喜欢研读所有的事实，再有逻辑地做出决定
	87．没有美丽事物的生活，对我而言是不可思议的
	88．人们经常告诉我他们的问题
	89．我常能借着网络和别人取得联系
	90．小心谨慎地完成一件事是件有成就感的事情

表 4-4　霍兰德职业能力测试打分表

类型	题目题号															各类型打“√”总数
现实型	1	7	13	19	25	31	37	43	49	55	61	67	73	79	85	
研究型	2	8	14	20	26	32	38	44	50	56	62	68	74	80	86	
艺术型	3	9	15	21	27	33	39	45	51	57	63	69	75	81	87	
社会型	4	10	16	22	28	34	40	46	52	58	64	70	76	82	88	
企业型	5	11	17	23	29	35	41	47	53	59	65	71	77	83	89	
常规型	6	12	18	24	30	36	42	48	54	60	66	72	78	84	90	

依据表 4-4 对各题目打“√”情况进行统计，将上述分数从高到低依次排好，并填在下面：

第一位________，第二位________，第三位________，第四位________，第五位________，第六位________

测评结果中，最高分数的类型即第一位是主要类型，排在后两位的类型可按照表4-2进行一定的推断与验证。

二、专注力训练

舒尔特方格训练

舒尔特方格(Schulte Grid)训练是在一张方形卡片上画上1cm×1cm的方格，如3×3、4×4、5×5或者6×6的方阵格子，向格子内随机填入数字。医学生为成年人，建议由5×5格子开始，即在25个格子内任意填写上阿拉伯数字1~25共25个数字(见图4-3)。训练时，要求用手指按1~25的顺序依次指出其位置，同时诵读出声，并记录所用时间。数完25个数字所用时间越短，专注力水平越高。当专注力水平达到5×5格子用时稳定在25秒内，可考虑升级训练6×6方阵，用时小于36秒时再次升级。

10	16	11	21	8
24	9	1	15	25
14	4	20	6	19
2	17	12	22	7
13	23	5	18	3

29	8	24	25	9	17
13	27	15	3	32	23
5	33	2	11	26	16
19	10	25	20	7	22
14	30	4	31	35	1
34	12	36	18	6	21

图4-3 舒尔特方格训练

课程思政

1. 查找中国历代有关学习的名言名句5则。
2. 讨论：“学习强国”APP的推出，在推动学习强国、学习强医中有什么作用和意义？

模块练习题四

一、单选题

(1)学习是个体在一定情景下由于经验而产生的行为或行为潜能(　　)的变化。

A. 一般性　　B. 比较持久　　C. 自然而然
D. 随机性　　E. 相对持久

(2)医学生学习的特点包括(　　)。

A. 学习过程轻松毫无压力

B. 医学课程所涉及的知识领域广,学科门类繁多

C. 实践操作无关紧要

D 无需终身学习

E. 孤立学习无需协作

(3)(　　)是直接推动学生学习的内部动力。

A. 学习动机　　B. 学习策略　　C. 学习效果

D. 时间管理　　E. 学习困扰

(4)学习动机的强度和学习效果之间的关系呈(　　)。

A. U 型曲线　　B. 线性正相关　　C. 倒 U 型曲线

D. 线性负相关　　E. 线性相关关系

(5)SMART 目标管理原则不包括以下哪个原则(　　)。

A. 可测量原则　　B. 具体原则　　C. 时限性原则

D. 有效性原则　　E. 相关性原则

(6)在学习策略中,资源管理策略不包括(　　)。

A. 时间管理　　B. 学习环境管理　　C. 努力状态管理

D. 自我调控　　E. 社会支持管理

(7)大学一年级的发展目标和行动计划是(　　)。

A. 新生适应与职业探索期　　B. 职业定向　　C. 职业技能提升

D. 实现毕业目标　　E. 进入实习

(8)医学生常见学习困扰的心理成因包括(　　)。

A. 恰当的自我期望

B. 自我认知不足

C. 合理归因

D. 学习内容过于简单导致的无聊心理

E. 掌握了有效的学习策略

二、多选题

(1)根据学习材料与学习者原有知识结构的关系,可以将学习分为(　　)。

A. 接受学习　　B. 机械学习　　C. 意义学习

D. 发现学习　　E. 认知学习

(2)史蒂芬·柯维提出的时间管理理论,把事件分为(　　)。

A. 重要且紧急的事件　　B. 重要不紧急的事件

C. 不重要不紧急的事件　　D. 不重要但紧急的事件

E. 零碎时间可以做的事件与固定时间可以做的事件

(3) 大学生需要的职业能力大致分为哪三种(　　)。

A. 功能性或可迁移性能力　　B. 特定行业的高级专业操作能力

C. 高度依赖特定资源的能力　　D. 内容性能力

E. 适应性能力

(4) 医学生除了须具备大学生的一般职业能力外,还需具备哪些职业能力(　　)。

A. 职业认同感和高尚的职业道德素质

B. 不断学习的能力

C. 良好的职业人格

D. 充足的体力

E. 合理的知识结构

三、案例分析题

(1) 小李是某医学院临床医学专业四年级学生,平时的学习和生活充实且有规律,在医院见习期间,见习和学习安排比较满,学业负担较重。小李希望自己能一如既往地表现优秀,于是对自己提出了更高的要求,在见习课下经常抓紧时间复习见习内容。今年春夏之际,小李根据提前制定的计划,着手开始复习考研内容,每天见习完成后都利用午休和下午下班后的时间看书复习,周末也尽量留在医院看书。在这几个月中,小李推掉了跟同学的逛街聚餐,减少了跟男朋友的约会,甚至和父母每周视频的时间都"缩水"了,但小李发现自己的考研复习虽然已经进行了一段时间,但是复习进度始终没有赶上原计划,尽管已经利用了所有时间去复习,但学习效率却没有以往高。这种状况使小李很着急,但越着急越感觉状态更差,学习一旦被打断则很长时间都无法再次进入状态,因此心情也不好。家人和男朋友也暗示过她,说她最近情绪不好,很容易生气。小李很苦恼,她觉得自己最爱的人都不理解自己,自己复习也进入不了状态,觉得自己非常没用,很苦恼也很难受。她找了闺蜜和老师倾诉,她们也只是开导了一下她,小李觉得还是没有解决问题。

小李的问题主要是什么原因引起的?如果你是小李的好朋友,你会建议小李怎么做呢?

(2) 小雅是某高校护理专业二年级学生,由于高考失利,按照父母的要求上了某高校的护理专业。小雅是一名非常有上进心的学生,虽然对所学专业并不感兴趣,但她知道掌握专业知识和技能的重要性,学习也很努力。对英语和文学有着浓厚兴趣的小雅,在专业学习方面缺乏信心,认为自己悟性不够,怎么努力都没有办法掌握专业知识和技能的学习技巧,导致考试成绩平平,自己的付出与回报不成正比,因此,她产生了焦虑情绪,并且开始考虑自己是否真的适合从事护理这一专业。临近考试,她对任何事物都提不起兴趣,不愿意看书,注意力也无法集中,处于一种被动学习的状态。

问题:请根据上述案例分析,小雅目前被动、消极的心理状况与她的人格特征有关系吗?与她的家庭因素又存什么关系呢?

请你设计一份心理训练计划,帮助她走出困境,摆脱困扰。

心理图书和视频资料推荐

1. 图书《如何高效学习》

“学神”斯科特·扬应用自己发明的学习方法，完成了10天搞定线性代数，1年学习4年MIT课程的“不可能任务”。该书就是对他学习方法的全面介绍，其中包括整体性学习策略的核心思想和具体技术，详细介绍了快速阅读法、流笔记法、比喻法、内在化等七大方法，并为高效学习提供了从生活到时间管理的整体解决方案。跟随作者，你也将成为高效学习的超级学霸。

2. 图书《认知天性：让学习轻而易举的心理学规律》

该书是11位认知心理学家历时10年的科研心血。以罗迪格教授为主要负责人的团队在项目上投入了10年时间，首次提出人类认知规律和学习之间的紧密联系，透彻解读人类普遍的学习过程规律。根据脑神经科学研究成果，推导出的最有利于大脑的简单学习法则。

3. 电影《垫底辣妹》

该片讲述了学年垫底的女高中生用一年半的时间将偏差值提高40，并考入庆应大学的故事。不同于一般励志片，《垫底辣妹》大量描写了沙耶加学习时候的场景，多到甚至会让人犯困——但这或许也正是影片想要表达的一种观点：努力本身就是很无聊很枯燥的，所以它结出的鲜美果实，永远都只属于少数人。

图4-4 《如何高效学习》封面

图4-5 《认知天性》封面

图4-6 《垫底辣妹》海报

人际关系与社交心理

▶ 模块学习目标

(1)掌握人际交往产生的心理基础,了解人际交往对大学生心理健康的重要影响;
(2)了解大学生常见的社交心理和普遍存在的人际交往问题;
(3)学会运用人际交往中的心理学效应增加人际交往的技巧;
(4)学会与人相处的方法;
(5)学会使用人际交往量表。

▶ 模块学习导图

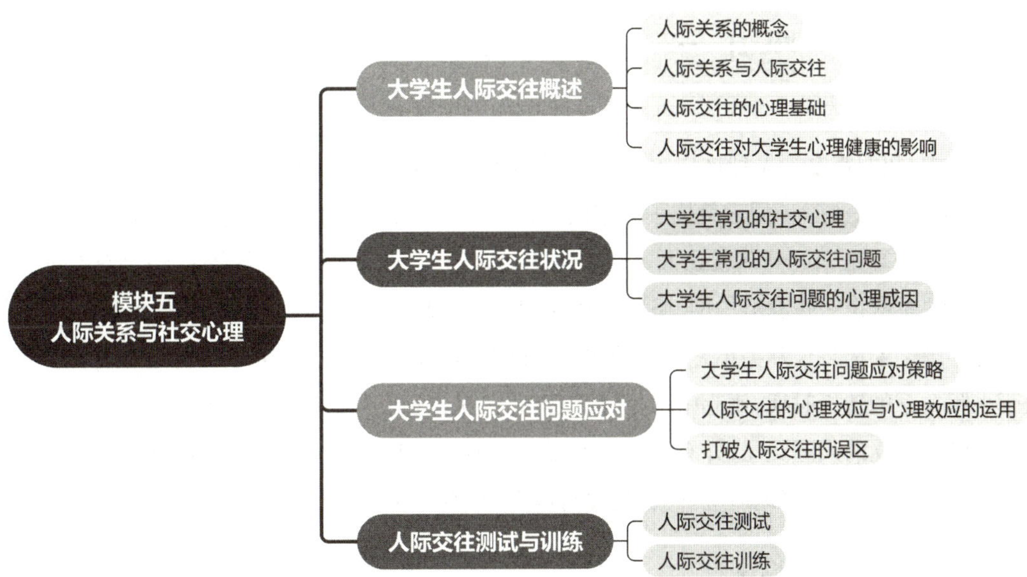

某同学小A，女，二年级本科生，性格内向，班级存在感较弱；同宿舍成员大都是班委或社团成员，乐于参加学校各种活动。在一次争取文明宿舍的竞选中，需要宿舍全员录视频介绍自己对宿舍的贡献，舍友怕小A不善表达，主动帮她写了介绍语，并陪她一起练习，在录制过程中，小A突然说自己不想参与这件事，说她们胁迫她做自己不想做的事情，退出了录制。之后，小A不愿与舍友交流，她觉得住在一个都是班委的宿舍对自己来说太难了，她只想完成最基本的学业，不想过多参与其他活动，由于舍友平时在宿舍时间较少，与小A交流有限，慢慢地小A认为大家嫌弃她，便故意在宿舍其他人休息的时间里打电话、洗漱，有意无意制造冲突，并指责他人，与舍友隔阂加重，而且认为自己不配生活在这个优秀的宿舍里。久而久之，小A感到孤独和自卑，逐渐逃避现实，沉迷于网上聊天，不去上课，自暴自弃，出现了极端想法，后经过诊断确诊为中度抑郁。

小A同学的问题是典型的由于人际交往不良而引发的心理障碍，希望大家引以为戒，能够正确认识自我，学会与人相处，建立和谐的人际关系，在班级和学校中交到朋友，获得集体归属感，度过一段充实的大学生活。

项目一　大学生人际交往概述

生活中，我们常常会见到这样的情形：有人独来独往，有人三五成群；有人在班里一年了还是个“小透明”，有人入学一周后就成了大家的“开心果”；有人是气氛担当，周围人的情绪都能照顾到；有人是“破坏王”，一句话就让大家兴致全无；有人一生都与孤独为伴，有人遇事总有贵人相帮。人际关系就像一张隐形的网，坚固时让我们免于心理危机，脆弱时让我们失去最后的缓冲。国内外心理学家都将人际关系是否和谐作为评价个体心理健康水平的重要指标之一。大学生正处于人际关系的转折时期，比起中学生，大学生的人际关系更具社会性，随着自我意识的发展，他们开始尝试独立的人际交往，并有意识地发展交际能力。和谐的人际关系能够促进大学生心理的健康发展，有利于更好地适应社会，建立自信心；而不良的人际关系会导致心理疾病的产生。

一、人际关系的概念

人际关系是人与人之间在交往过程中产生和发展的心理关系，涉及情感、认识和行为三方面。情感成分是对交往的评价态度，反映了双方在情感上满意的程度和亲疏关系，是人际关系的基础；认识成分反映个体对人际关系状况的认知和理解，是人际知觉的结果，是理性条件；行为成分是双方人际交往的外在表现和结果，是表现个性的外在行为。

人际关系的建立主要取决于以下几个方面：①互动双方的社会需要是否得到满足；②能否现实地认识自己，正确认识别人；③相互交往是否有满足感；④能否维持自己的完整；⑤是否相互吸引。

其中，时空上的接近和人际的相互吸引是两个基本条件。由接近而相识，因交往频率高而相互了解，再加以相互吸引，彼此相悦，就能形成亲密的友谊。而相悦和相互吸引取决于两个因素：①一般的相似性。在理想、信念，价值观，或在性格、气质、能力、兴趣、职业、地位乃至年龄、经历等方面相似，就容易产生共鸣，形成密切关系。②需要的互补性。心理特征相反的双方，其需求会因互补作用而使彼此得到满足，形成互相依赖、和睦相处的人际关系。

二、人际关系与人际交往

人际交往是指人与人通过一定的方式进行接触，从而在心理上和行为上发生相互影响的过程，是人与人之间最基本的交往活动。人际关系是在人际交往的过程中建立起来的人与人之间的各种关系的总和，包括亲属关系、朋友关系、同学关系、师生关系、同事关系、网友关系等。由此可见，人际交往强调的是“过程”，是动态的；而人际关系强调的是“结果”，是静态的，两者都是人际能力的体现。

良好的人际交往能力有助于建立和谐的人际关系，使人感到愉悦、充实，产生自我悦纳感和集体归属感。大学生正处于青年时期，思维活跃、情感丰富，对人际交往的需求极为强烈，良好的人际关系是大学生心理正常发展与个性保持健康的必然要求。

心理知识链接

当代大学生“社交恐惧”的真与假①

2022年的初春，乍暖还寒。为了招揽贤才，各用人单位已经开始紧锣密鼓地筹备“春招”。准毕业生们也陆续返校。他们有的已经在秋招中找到了满意的工作，有的则蓄势待发，希望春招奋力一搏。

其中，有这样一个群体，他们害怕见人，在面试官前抬不起头，只想迅速逃走；抗拒当众发言，在公开场合总会呼吸急促、声音颤抖、出汗眩晕；小组讨论的时候不敢提出反对意见，甚至无法正常交流……这是被社交恐惧症裹挟的一群人。就业，尤其是面试环节，让他们备受折磨。

什么是社交恐惧症？自称“社恐”的人真的患有社交恐惧症吗？当我们谈论“社恐”的时候，我们在谈什么？今天，我们就来探讨这个话题。

在采访过程中，林晓霜提到最多的词就是“自卑”。在她看来，自己的成长就是一个自卑然后迎合的过程。

---

① 张赟芳，《中国教育报》，2022年3月9日，有删减。

"小时候，我的小伙伴活泼开朗、说话洪亮，而我文静腼腆、轻声细语。第一次见老师，别的孩子大大方方向老师问好，我总是很安静，也不说话。我的妈妈总是说'你看看人家，多大方，不怕生，你说话像蚊子似的'。所以，我越来越自卑，为了迎合妈妈的喜好，我会逼迫自己社交，努力让自己看起来善于交流。"林晓霜说。

但是这种迎合并没有让林晓霜感受到社交的魅力，反而给她带来了持续性的心累，对社交的恐惧和排斥在逐渐生长。

林晓霜认为，遗传也是导致自己患上社交恐惧症的原因之一。据介绍，她母亲的话总是非常少，不太愿意去跟别人沟通，回避和人打交道。

在教育专家看来，社交恐惧症不仅是心理问题，还是教育问题、社会问题。熊丙奇指出，大学生"社恐"与他之前的生活习惯和成长环境都是直接相关的。

由此可见，心理冲突、学校教育经历、父母养育方式、现实环境等因素都会让人患上社交恐惧症。那么社交恐惧症需要治疗吗？

华南师范大学教育信息技术学院教授钟柏昌认为，对大学生"社恐"的救助，除了常规的心理健康辅导，还特别需要社交"引路人"。"引路人"可以是同班同学，也可以是相近专业的学长，能够和"社恐"学生真正交朋友，走进他的生活和学习，获得其信任，在心理活动层面提供安慰和鼓励，在社会交往方面建立示范和样例，慢慢引导其走向正常社会交往状态。

各高校也在积极发力，对大学生予以心理健康上的贴心关怀。据罗湘衡介绍，东北师范大学会定期组织心理健康讲座，还会开展针对学生的心理测试，根据测试结果对学生进行回访追踪。遇到有心理问题的学生，会组织学校专任心理教师和学生进行深度交流，为学生宽心解惑。

华东师范大学心理健康教育与咨询中心也开展了独具特色的心理健康教育活动，力图给学生带来心理健康正能量。例如，组织"阳光伙伴"朋辈心理辅导训练营，开展心理健康普及活动和朋辈互助技能训练，发现学生身边隐藏的心理问题；开办书虫读书会，阅读《自控力》《社会心理学》《情种起源》等书籍，理性面对人际交往等方面的困惑；"时光机—重返童年计划"尝试以唤醒童年记忆为手段，改变学生固有的封闭的认知图式，打破禁锢自我的高墙，使其敞开心扉，做一名有激情的当代大学生。

三、人际交往的心理基础

人在社会生活中为什么需要进行人际交往？人际交往的心理基础是什么？心理学家通过研究发现，人类个体进行社会交往的心理动因，即从产生行为动机的心理需要来看，可以分为三个方面：本能需要、合群需要和自我意识发展的需要。

（一）本能需要

人际交往是人的生物本能，就像人需要吃饭、睡觉一样。人类的祖先古猿的自我保护能力很低，与许多野兽相比，它们的体力较弱，奔跑的速度较慢，没有尖利的爪子和牙齿来抵御外敌，古猿必须采取集体行动，依靠大家的力量来抵御外敌的侵害，依靠集体的智慧来保证种族的繁衍和发展。这样，经过漫长的进化和演变，古猿逐渐形成了集群的习性，并通过种族繁衍遗传给后代。人际交往是个体在发展进化过程中逐渐形成的适应社会生活的一种能力，它会通过遗传直接传递给后代，因此人们天生就有与别人共处、与别人交往、与别人保持良好关系的本能需要。

来自人类个体的研究结果提供了这方面的证据。个体出生不久，就表现出社会交往的倾向。在婴儿阶段(0 岁 ~3 岁)，就已产生与其他人交往的强烈愿望。大量的研究表明，人类个体早期的社会交往是以后适应社会生活的基础，也是个体的人格发展的基础。在儿童与其抚养者的积极交往中，儿童逐渐理解了社会行为规范，形成了良好的社会行为，如与人分享、谦让、合作、团结、同情、关心、帮助他人、尊敬长辈、文明礼貌等。也正是在与抚养者的积极交往和相互作用中，儿童习得了最初的社会交往技能并积累了社会交往经验。只有在与别人的正常交往中，保持一定的情感联系，形成亲密的人际关系，人才会有安全感。

无论是灵长类动物还是人类，都表现出与其他个体进行交往的本能需要，而且，这种本能需要的满足，还进一步影响和制约了个体的健康成长和发展。人类天生就有与别人共处、与别人交往的需要，也只有在与别人的正常交往中，与他人保持一定的情感联系，形成亲密的人际关系，才会有安全感。

(二)合群需要

比较心理学表明，群居动物多有合群倾向。人对交往的需求是人类合群倾向的表现之一，这种需求是稳定的且不能改变的。心理学家沙赫特(S. Schachter，1959)曾经做过一项实验，探讨处于孤独状态下的个体的合群需要。研究者先将被试分为高恐惧组和低恐惧组，在高恐惧组条件下，主试告诉被试，他们将参加一项电击实验，电击会很厉害，很痛，但不会留下永久性伤害，而且这项研究是为了获取有关人类发展的某些有用的资料；在低恐惧组条件下，被试被告知，电击时只是有点痛，感觉有些轻微的震动，不会有任何伤害性后果。然后，在被试等待接受电击的时间里，研究者逐个询问他们，是愿意独自等待，还是想与其他人一起等待。结果发现，当个体对周围环境缺乏了解和把握，当个体心情紧张、有高恐惧感时，他们倾向于寻求与他人在一起，倾向于寻求他人伴同。而处于低恐惧的情况下，这种合群的需要并不那么强烈。可见，与人交往能增加人的安全感，降低恐惧感。

我们在日常生活中也表现出了这种倾向，当我们面对未知的事物时，总会寻求其他人的陪伴；当要做出重要的决定时，也喜欢征求身边人的意见。当你发表的言论被他人反驳时，你会产生沮丧感和恐惧感，但当你发现也有人持同样的观点时，你的沮丧感和恐惧感会降低，同时也会获得安全感。人际交往是获得安全感最为有效的途径，在社会生活中，每个人都具有合群需要。

(三)自我发展的需要

我们每个个体对自身的了解都来源于社会学习过程，当婴儿随着自身生理方面的成熟，随着对周围环境的认识加深，逐渐能够区分开自己与周围环境的关系时，能够区分开自己与他人的关系，他们就有了了解、认识自己的需要，也就是产生了自我意识。但是个体对自己真正的了解，离不开与他人的交往。在20世纪初，社会学家库利（C. H. Cooley，1902）发现，个体对自己的认识是先从别人的评价开始的。别人对个体的评价、态度，包括对待他们的行为方式就像一面镜子，使个体从中了解自己，界定自己，并形成相应的自我概念。例如，一个人被他的父母所钟爱，被他的老师所重视，被他的朋友所尊重，大家都愿意和他交往，那么这个人就一定会认为自己是一个具有某些令人喜爱的品质的人。如果有一个人常常被老师和同学推举担任某项工作，大家有难题时也都愿意向他请教，那么这个人一定会认为自己是一个在某些方面具有才能的人。

如果个体从出生起就没有接触过人类社会，没有与他人正常交往的机会，那么，尽管他各方面的生理机能可能发展正常，但他的自我概念发展却会受到抑制，就像“狼孩”“猪孩”一样。所以，在社会生活中与他人进行有效的交往，了解别人对自己的态度和评价，可以使我们更好地了解自己，确立自己在群体中的地位，并树立相应的可行的奋斗目标。诚如马克思所言：“一个人的发展取决于和他直接或间接进行交往的其他一切人的发展。”①在现代社会，个体只有在重视人际交往，充分借助群体的力量和智慧，学会与他人合作的情况下，才能获得更好的发展。

四、人际交往对心理健康的影响

（一）积极影响

1. 人际交往满足了个体的需要

美国心理学家马斯洛认为，人的需要像阶梯一样从低到高按层次分为五种，分别是：生理需要、安全需要、归属与爱的需要、尊重需要和自我实现需要。乍一看，在需要层次理论中似乎没有交往需要。可实际上，每一种需要的满足都离不开交往活动。这五大类需要既不能在个体自我的范围内取得满足，也不能单凭一己之力从外界求得满足。以人类比较低级的需要——生理需要和安全需要为例，这两种需要涉及物质（如衣食住行）的获得，就不能脱离同他人的关系。归属与爱的需要则是交往需要的核心表现，这一层次的需要包括两个方面的内容。一是友爱的需要，即人人都需要与伙伴、同事保持融洽的关系，保持友谊和忠诚；人人都希望爱别人，也渴望接受别人的爱。二是归属的需要，即人人都有一种归属于一个群体的需要，希望成为群体中的一员，并相互关心和照顾，这两种需要都属于人际交往的需要。只有满足了归属与爱的需要，人才能获得幸福感，才能学会爱人爱己；而缺乏人际交往的人往往会因为没有感受到身边人的关怀，而认为自己活在这个世界上没有价值。相比生理上的需要，感情上的需要对个体人格的形成有着更重要的影响。

2. 人际交往促进个体人格发展与完善

愉快、广泛而深刻的人际交往可促进大学生的人格发展与心理健康。若大学生长时间缺少

① 《马克思恩格斯全集（第三卷）》，人民出版社2002年版，第515页。

积极、向上的人际交往，没有稳定、良好的社会支持，则有可能出现一定的人格缺陷。同时，个体的心理健康水平越高，与别人的交往越积极，越能扮演好自己的社会角色，越能与他人建立深刻的关系。人际交往与大学生的心理健康水平相互作用，相互促进。

3. 人际交往促进个体自我认识的深化

歌德说过，一个人只有在人群中才能认识自己。人对自己的认识总是在与他人的交往中来完成的，通过与他人的比较，通过他人对自己的形象的反馈来认识自己。例如，一位同学说了脏话，周围人都对他的行为表示了厌恶，那么下次他就会注意自己的言行，以免再次发生类似事件。大学生在人际交往的过程中，常常会从同龄人对自己的反应、态度和评价中发现自己的优势和不足，找到自己在社会中的合适位置，以保证自己的行为更符合社会期待。

4. 人际交往提升个体社会适应能力

人具有社会属性，我们需要获取社会知识，适应社会文化，从而使自己可以适应社会生活，顺利地在社会中发展。每个人的社会化进程都是在人际交往中进行的，人际交往是个人社会化的起点和必经之路。良好的人际交往可使大学生有机会接触到更丰富的信息，加强与社会的联系，建立强大的社会支持系统。

（二）消极影响

1. 不良人际交往产生自卑感

社会生活中，每个人都渴望得到别人的认可和接纳，以此来寻求成就感和归属感，良好的人际交往是个体建立自信的基础。相反，不良的人际交往会大大降低个体的自我评价，使个体产生自卑感。当个体在人际交往中被否定时，会产生自我怀疑、自我贬低的现象，许多活动不敢参加，事事谨小慎微，不敢在人前大声说话，害怕自己的行为引起他人的排斥，对他人的态度、评价等表现得特别敏感，在交往中处于被动地位，认为自己一无是处。

2. 不良人际交往产生社交恐惧

社交恐惧是指人们在社交情境下因为过于害怕、紧张而出现的情绪反应，甚至产生回避社交的行为。多次不顺利的人际交往会使大学生产生社交恐惧，社交恐惧一方面可能使他们变得更加孤僻，对与人交往常常怀有胆怯心理；另一方面可能使他们产生受挫感，如在某一公开场合受过打击，则会在日后类似的情况下出现同样的恐惧情绪。部分大学生过分关注他人对自己的评价，因为别人对自己的负面评价而耿耿于怀，因此产生了自我防御心理，也更加削弱了进行人际交往的积极性。

总而言之，人际交往是否顺利，与大学生的心理健康息息相关。良好、积极的人际交往可以促进大学生心理的健康发展，而被动、消极的人际交往则可能会导致正处于身心较敏感时期的大学生的心理状况出现问题。所以，鼓励大学生采用正确的人际交往方式，可以更好地促进大学生心理的健康发展，为他们日后走出大学校园、走向社会奠定基础。

项目二 大学生人际交往状况

人与人的交往不是单一的,一个人往往要同时与多人进行双向交往,因而不可避免地会因为各自的认知水平、思维方式、价值观、语言风格、生活习惯等方面的差异而出现一些冲突。在当今的大学生群体中,也存在着许多不容忽视的人际交往问题。有些同学成绩优异,便自负自傲,常常贬低他人,不懂得与人交往,使自己变得孤独寂寞;有些同学有着过人的智商,却不懂得管理自己的情绪,经常与别人发生争吵;有些同学有着超人的推理能力,却不了解自己,虚度了美好的大学生活。

一、大学生常见的社交心理

(一)自我中心

自我中心是儿童心理学家皮亚杰(Jean Piaget)提出的概念,指婴幼儿的判断和行为有受自己的需要与感情强烈影响的倾向,他们只从自己的经验和角度去认识事物,很少理会旁人的意见,对客观事物的认识带有强烈的主观性。一般来说,儿童在逐渐成长的过程中会发现这种认知状态的缺陷,并逐渐摆脱这种自我中心状态。如果成年时仍旧认为自己是无所不能的,认为整个世界都应该按照自己的想法来改变,那就说明个体出现了心理发展的停滞,无法适应成年人的社会交往,从而导致人际交往问题。

以自我为中心的学生在人际交往中往往只愿意表达自己的观点,无法接受他人意见,认为别人应该无条件接纳、尊重、认可自己,强调自己的利益而忽视他人的要求。他们只从自己的经验角度去认识人和事,不能意识到别人对同一事物的看法和观点,对人和事的看法带有强烈的主观性,只强调社会应理解自己,喜欢指责他人,抨击社会。自我中心的学生都会表现出自私自利的特征,只关心自己的需要是否得到满足,不去考虑对方的感受,难以设身处地为他人着想。

这种自我中心的交往方式在大学生中是比较普遍的。有些家庭经济条件好的学生会有一种莫名的优越感,在团队作业的时候对他人指手画脚,在学校无视规则,随意旷课,在争取荣誉时不择手段,要求老师、学校给自己提供方便。这种自我中心的心理让自己远离了其他人,也让其他人远离了自己,久而久之,人际关系就会出现问题,影响个人的生活和学习。

(二)恐惧心理

恐惧是人的本能情绪,当我们面对未知的事物和陌生的人群时,恐惧反应会自然而然产生;随着对人群和环境的熟悉度增加,这种感觉会逐渐消失。在人际交往中,恐惧心理也无时无刻不存在,新同学的第一次见面,舍友的第一句交谈,都伴随着恐惧。有些同学性格比较内向,不善言辞,在与人交往时常显得手足无措,前言不搭后语,久而久之,则担心达不到别人的评价标准而被人取笑,不愿意在公共场合露面、接触他人或者参加集体活动,重者还会出现一些生理症状,如脸红、心跳加快、呼吸急促、身体抖动等。这在心理学中被称为“社交恐惧症”。患有社交恐惧症的大学生常常焦虑、痛苦、自卑，严重影响身心健康和日常交往。

（三）自卑心理

自卑是一种消极的情绪体验，有自卑感的人总是认为自己不如别人，自我评价过低。自卑心理在大学生中非常常见，有些同学因为长相而自卑，有些同学因为学业成绩而自卑，有些同学因为经济条件而自卑。自卑心理是人际交往的一大障碍，有自卑感的同学不敢主动与人交往，害怕失败，从而孤立、离群，抑制自信心和荣誉感。这种错误的认知方式会对个体产生消极的心理暗示，形成恶性循环。当受到周围人的轻视、嘲笑或侮辱时，这种自卑心理会大大加强，甚至以畸形的形式，如嫉妒、暴怒、自欺欺人的方式表现出来。

（四）嫉妒心理

嫉妒心理是对他人胜过自己而产生的一种不健康的情感与心理状态。在人际交往中，嫉妒发生的重要原因之一就是在与他人的比较中，发现自己的才能、名誉、地位、成绩或境遇等方面不如别人，因而产生了一种不如人又不甘心的痛苦体验。这种情绪很容易转化为对所比较对象的不满和怨恨，因而在行为上对其冷嘲热讽，甚至不惜采取不道德行为，通过打击对方达到自我心理上的暂时平衡。嫉妒最终会导致人际冲突和交往障碍。

大学生对于成功都有很强烈的渴望，希望能超越他人。部分大学生对优于自己的同学会产生不服气、不甘心的情绪，但又无可奈何，于是会借助一些不合情理的批判对抗他人的言行，甚至打击、报复他人，以此在心理上缩小彼此之间的差距。但这样敌对、非友好的言行易引发他人的反感和对抗，给人际交往带来不小的麻烦。

有嫉妒心理的大学生在交往中会表现出强烈的排他性，对他人的成绩和进步心怀不满，不服气，总希望别人比自己差，甚至会产生诸如中伤、怨恨、诋毁等嫉妒行为；对别人的失败和不幸则表现为幸灾乐祸，不给对方同情和安慰。嫉妒心理不仅会严重影响大学生良好人际关系的建立，而且也给嫉妒者本身带来痛苦，影响自己的身心健康。

（五）猜疑心理

猜疑心理是一种由主观推测而产生的不信任的复杂的情感体验。人们在交往过程中大都免不了猜疑，只是程度不一。猜疑心重的人往往整天疑心重重，或是无中生有，总以为别人在议论自己，瞧不起自己，算计自己，认为人人都不可信，人人都不可交。有这种心理的大学生对别人总是持不信任的态度，不肯讲真话，戴着假面具与人交往。一些人由怀疑他人到怀疑自己，失去信心，变得自卑、怯懦、消极和被动，人际交往陷入困境。

（六）孤僻心理

孤僻是指因缺乏与人交流而产生的孤独、寂寞的情绪体验，孤僻者往往处于一种离群索居的心理状态。在大学校园中，我们常常会看到这样一类人，他们身边很少出现同伴，他们缺乏与人

交往的热情，不愿意向别人敞开交往的大门，也不相信别人会理解他们。久而久之，往往表现出萎靡不振，并产生不合群的悲哀，从而影响正常的学习、交际和生活①。

二、大学生常见的人际交往问题

（一）宿舍人际交往问题

大学生宿舍人际交往问题是指大学生与宿舍其他成员在相互接触、交往的过程中，因自身价值观、性格特点、生活习惯、成长环境、家庭观念等因素，导致彼此之间产生冲突、人际关系恶化的过程，具体表现为冷漠、疏远②。

B同学，女，大二学生，生活作息时间和宿舍同学不一致，别人都睡觉了她还在大声地视频聊天，卫生习惯也很差，从不打扫宿舍卫生，自己的垃圾桶也几天都不倒，难闻的气味影响了宿舍环境，其他人实在看不过只好帮她倒掉。有一次，在大家午睡的时候她又大声打电话，这引起了其中一人的不满，跟她争执了几句。此后，B同学便开始公然与宿舍其他同学作对，在宿舍里用最大音量放音乐、打游戏，甚至凌晨三点还继续外放阅读电子书的声音，其他同学实在忍无可忍向学院反映，最后学院只好让B同学单独住一间宿舍，问题才算解决。

心理知识链接

青少年网络偏差行为或源自人际困扰③

在网络用户低龄化趋势明显的当下，是什么导致了青少年的网络偏差行为？3月下旬，记者从山东聊城大学了解到，该校教育科学学院教师陈彦垒及其团队对1120名中国青少年进行深入研究后发现，现实生活中的人际困扰和网络社会支持可以显著增加青少年的网络偏差行为，而网络道德则可显著降低这种行为。上述研究成果发表在近日出版的国际学术期刊《自然》旗下《人文与社会科学通讯》上。

防治网络偏差行为迫在眉睫

“青少年价值观不稳定，受暗示性强，易冲动，抵御外界不良信息能力差，更容易产生网络偏差行为。”陈彦垒表示。

据了解，网络偏差行为包括网络欺凌、网络欺骗、网络滥用、网络攻击等网络环境中的不良行为；而网络道德是指人们在网络空间中的行为所应遵循的道德规范和准则。在研究中，陈彦

① 吴琦、孙丹、李文辉：《大学生人际交往中常见的心理问题及解决策略》，《社会心理科学》2013年第28期。

② 周文娜、吴曾晗：《大学生宿舍人际交往问题研究》，《当代教育实践与教学研究》2019年第10期。

③ 王延斌、陈升磊，《科技日报》，2024年04月12日。

垒团队发现网络道德对人际困扰与网络偏差行为之间的关系存在一种“U型”的中介调节作用。也就是说，对于道德水平高且人际困扰程度较低的个体，网络道德能够抵消人际困扰对网络偏差行为的影响；当人际困扰超过某一临界值时，网络偏差行为会激增，特别是在网络道德水平较高的个体中。这也意味着，道德对偏差行为的控制作用只在一定范围内有效。

在我国，网民低龄化已成为一大趋势。共青团中央维护青少年权益部、中国互联网络信息中心等部门共同发布的《第5次全国未成年人互联网使用情况调查报告》显示，2022年我国未成年网民规模已突破1.93亿，未成年网民规模不断扩大。2018—2022年，未成年人互联网普及率从93.7%增长到97.2%，基本达到饱和状态。

在为数众多的青少年网民中，网络偏差行为时有发生，以至于青少年的网络偏差行为成为当前教育心理研究的热点。

“当个体在现实世界中遇到人际关系问题，互联网可能是其寻求解决方案的突破口。”陈彦垒表示，在现实世界中遭遇人际困扰的个体可能会试图在网络中满足自己需求，因此在现实和网络中表现出明显的双重人格特征。

该团队发现，网络社会支持在遭遇人际困扰与网络偏差行为产生之间发挥着中介作用，而网络道德能够负向调节网络社会支持对网络偏差行为的影响。这意味着，现实的人际困扰会诱发网络偏差行为，网络的社会支持又会进一步加速网络偏差行为的产生。

基础教育应加强网络素养培养

网络社会支持是指个体在情感及交流中感受到理解和尊重，并因此而获得认同感和归属感的程度。“大多数研究认为网络社会支持是心理健康的一个积极因素。”然而，陈彦垒团队的研究发现，青少年通常期望拥有自己的网络空间，那里充满了支持他们的追随者，这可能会鼓励网络偏差行为。

“与高中生相比，大学生的网络偏差行为更多。”陈彦垒团队的这一发现与国内现有研究的结论矛盾。之前，有研究认为，整个教育过程中，低年级学生比高年级学生表现出更高的网络偏差行为。陈彦垒认为，“与高中生相比，大学生的网络偏差行为更多”现象的产生，是因为高中严格控制手机的使用。然而，一旦他们进入大学，互联网无处不在，手机不仅给他们一种对世界的控制感，而且促进了只有在虚拟世界中才可能产生的对经验现实的重建。同时，父母、老师关注度不足和同伴之间的模仿都导致对网络偏差行为缺乏监督和控制。他建议：“从这个角度来看，网络素养的培养应该提前在基础教育中进行，而高等教育的教学方法和评估体系需要调整。”

“城市青少年比农村青少年表现出更严重的网络偏差行为。”陈彦垒表示，这是因为城市青少年更频繁地使用互联网，但也因为中国目前的互联网文化以城市文化为中心，而农村文化的曝光率、吸引注意力率和点击率都较低。

据了解，这项研究从现实与虚拟网络的综合视角出发，为各界理解青少年网络偏差行为的产生机制提供了新的视角。

（二）网络虚拟交往问题

在网络和自媒体发达的今天，人与人的交往变得越来越便捷容易，各种聊天软件和交友平台渗透进我们生活的方方面面，虚拟交往以它独有的自主性与随意性赢得了大学生的青睐。很多同学在现实中沉默寡言，在网上却异常活跃，他们热衷于网络交友，在网络上打造一个光鲜亮丽、温柔健谈的虚拟自我，从而摆脱现实交往受阻的苦闷和烦恼，享受精神排解和情绪释放的快感。因此，有的人甚至会扮演多种角色，在网上与他人进行虚假的交往，以便满足自己在现实中无法满足的被尊重感。久而久之，他们对网络交往的依赖性越来越强，而对于现实中的交往越来越回避，处理人际关系的能力越来越差，最终因沉迷虚拟的交往而与现实脱轨，阻碍他们的成长。

C同学，女，大三学生，大一刚入校时在网上认识了一个在校外培训机构教英语的老师，两人相谈甚欢，该老师认为C同学英语很有天赋，建议去他的机构做兼职老师，C同学在这位老师的鼓励下，决定周末去做兼职。自从C同学开始兼职后，慢慢地与宿舍同学交流的时间越来越少，但与培训机构老师的关系却越来越亲密，两人一有空就在网上聊天，有时上课也聊，甚至宿舍同学凌晨两点还看到小C在微信聊天。最后C同学挂了好几门课，但她却满不在乎，大三时，因为挂科太多而留级了。

（三）其他类型的人际交往问题

1. 拒绝型人际交往问题

有些同学从小形成了“学业高于一切”的观念，认为学习才是最重要的事情，人际交往是在浪费时间，他们把所有时间都用于学习，拒绝与人交往。有些同学高中时学业成绩优秀，受到老师和同学的礼遇，上了大学后发现自己不像原来一样出类拔萃，心理落差严重，出现自我怀疑和自我否定的想法，严重者对优秀的学生心存怨念，出现强烈的嫉妒心和报复心理，整日郁郁寡欢，自我封闭、孤芳自赏，但又特别敏感，心理承受力差，独往独来，不愿抛头露面，拒绝与人交往。

2. 焦虑型人际交往问题

所谓焦虑型人际交往是指与人交往的时候，不舒服、不自然、紧张甚至恐惧的情绪占主导。一般来说，交往中的适度焦虑属于正常焦虑，它能激发潜能，充分展示优势。然而，如果焦虑的程度过于严重，就变成了惧怕，人的主观感觉就变得紧张不安，影响与人交往的质量。焦虑型人际交往有不同的表现形式，有的学生自卑敏感、自我封闭，害怕参加集体活动，不敢当众讲话，不敢与异性交往，常采用回避的办法减少与人接触，减少社会交往，选择孤独的生活方式。如果这种焦虑发展到极端就会出现社交焦虑症。

3. “停滞型”人际交往问题

进入高校之后，大部分学生有着强烈的人际交往的欲望，但在交往中又常常感到困难，他们对人际交往的追求带有强烈的“停滞感”，即以过去的友谊为标准来衡量现在的交往，他们津津乐道于过去的事情与过往的友谊，渴望与大学同学建立起像发小、高中好朋友那样的人际关系。以友谊的理想模式为标准来衡量生活中的人际关系，导致高期望值与高挫折感并存。这种“停滞型”的人际交往理念让他们对目前的人际交往强烈不满，阻碍了正常的人际交往。

4. 功利型人际交往问题

有些大学生在进行人际交往时，只考虑自己在这段关系中能否获利，只结交能给自己带来益处的同学而不是真诚付出，只重视物质利益层面的交往，而忽视精神层面的吸引。还有些同学不注重平时的交往积累，只有自己需要帮助时才去“临时抱佛脚”，人际交往的目的越来越功利化。

5. 缺乏技巧型人际交往问题

有的大学生不善言辞，生性木讷，在交谈中过于生硬、书生气太足，不会表达感激之情。有些同学不注意沟通方式，在劝说、批评、拒绝他人时不讲究艺术，言语太过直接，令对方不悦。有些同学不注意交往的原则，开玩笑不注意场合，不懂得给人留面子，或出言粗鲁伤害对方的自尊心，或不尊重他人的风俗习惯，等等。这些缺乏沟通技巧的人际交往问题在大学生中普遍存在。

三、大学生人际交往问题的心理成因

人际交往能力从根本上是由个体自身的心理因素，如认知、情绪、人格等决定的。认知包括对自己的认知、对他人的认知和对交往本身的认知三个方面。无论哪一方面的认知，都会影响到人际交往，正确的认知会促进人际交往，而错误的认知则会妨碍人际交往。在人际交往过程中，情绪反应应该是适度的，与引起情绪反应的原因及情景相吻合，并随客观情况的变化而变化。情绪反应过分强烈，会给人一种轻浮不实的感觉；情绪反应过分冷漠，会让人感到难以相处；而情绪变化太快，则会有感情用事之嫌。人格因素也是影响大学生人际交往的重要因素。一般说来，人们都不愿意同那些具有不良人格特征的人交往。因为，不良的人格容易给人以不良的评价、不愉快的感受，甚至会使对方产生一种危险感。具体表现有以下五个方面：

（一）消极的个性与待人态度

心理学认为，一个人成长的家庭环境、父母教养方式、成长的早期经历等深深影响着其成年后的思想行为模式、性格特征以及待人接物的反应方式。先天遗传决定一个人的气质类型，后天环境塑造一个人的性格特征。内向、沉默、易内疚、常自责的人，更容易在人际关系中出现内心的冲突和矛盾。多疑、过度敏感、爱钻牛角尖的人，难以拥有良好的人际关系。

（二）缺乏人际沟通技能

有的同学缺乏人际沟通技能，造成人际交往失败。例如，不知道如何与他人开展话题，不懂社交礼仪，不注意交往的尺度和分寸，不了解他人的心理等。甚至有同学认为人际沟通能力是天生的，而对学习与掌握人际沟通技能缺乏信心。

（三）消失的人际界限

人际界限好比“细胞膜”，起着保护人际关系的作用。合理的人际界限使每个人都能保有独特性，既不会疏离，又不会过分纠缠。有的同学与他人交往时界限不清楚，或完全没有边界，从而失去自我。有的同学与他人关系过于紧密，阻碍了双方的自我发展。还有的同学与他人建立了僵硬的界限，彼此间缺乏感情，处于疏离状态，体验不到人际交往的乐趣。

（四）错误的人际比较

人际交往中，很多同学会将自己与他人比较，且往往是用自己的弱点与别人的优点比较，这种非合理比较会让人或妄自菲薄，或妄自尊大，心理上会产生严重失衡感。

（五）交往误区的存在

误区一：人际交往能力是天生的。许多同学认为人际交往能力是天生的，而自己不擅长与人交往，因此也回避人际沟通。这是不对的，不可否认，天性开朗、豁达的人更容易和人建立良好的人际关系，但人际交往能力也可以通过后天的训练与学习获得。

误区二：无论何时何地，真实展现自我个性是真诚的表现。人际互动中，既保持自我，勇敢做自己，又能愉悦地与他人相处，体验与他人交往的乐趣，一直是我们提倡的最佳状态。但是，随性自我展现也会造成人际相处的麻烦。讲话做事要分场合、看对象，内容和方式要有所不同，这样不仅遵守了社会规范，而且也会赢得他人的好评，维护自己的自尊。

误区三：性格内向的人搞不好人际关系。常常听到一些性格内向、沉默寡言的同学苦恼于不知如何处理好人际关系，但实际上性格并无好坏之分，内向的人并不是缺少人格魅力，沉默寡言也并不代表人缘不好。

误区四：赞扬他人是阿谀奉承。用一双发现美的眼睛去发现别人的亮点，真心赞扬他人，这是一种良好的心态，但很多同学却认为这是在讨好别人，有伤自尊，很虚伪。这是因为无法辨识真诚赞扬和虚伪奉承的不同，前者是建立在真诚、尊重、平等、互利的基础之上，而后者却没有这些原则作保障。从出发点来说，前者是发自真心的，而后者则是从自己的利益考虑。

误区五：人际交往真诚就好，无须“印象管理”。印象管理指通过自觉调控自己的仪表、体态、言谈等，从而间接影响或控制他人的知觉和感受的过程。印象管理是一种有效的人际交往手段，例如：外表整洁美观，给人以善意的微笑，善于倾听，会赞美他人等。①

心理知识链接

医学院校大学生宿舍人际关系对抑郁情绪的影响分析②

王雷霞、尹小兰等人采用了流调用抑郁自评量表（CES－D）测量了医学院校大学生的抑郁

---

① 秦莉：《西部高校大学生常见人际交往问题及对策探析》，《西部素质教育》年 2015 第 12 期。

② 王雷霞、尹小兰等：《医学院校大学生宿舍人际关系对抑郁情绪的影响分析》，《现代预防医学》2022 年第 49(13) 期，第 2409 ~ 2412 页，有删减。

情绪。结果显示，医学生抑郁情绪检出率为24.5%，高于对普通大学生群体的调查结果(16.7%)。如果不良情绪长期得不到有效缓解，严重者可能会出现抑郁症。因此，对抑郁情绪的早期阶段进行干预，可有效防止医学生抑郁情绪的进一步演变和恶化。

大学生宿舍人际关系是大学生人际关系的重要组成部分，同时也是大学生获得社会支持的重要来源，良好的宿舍人际关系有助于大学生树立健康、积极、乐观的心态。本研究通过宿舍亲密度、宿舍信任度和宿舍氛围3个维度来评价大学生群体的宿舍人际关系状况，结果表明，有抑郁情绪的大学生宿舍人际关系得分普遍低于无抑郁情绪者。这提示我们要关注大学生的宿舍人际关系，尤其是已存在抑郁情绪的大学生，同时高校可以以宿舍为单位举办相关的讲座和活动，提高大学生宿舍人际交往能力，不仅有利于促进大学生心理健康，同时有助于提高大学生的综合素质。

年级是大学生抑郁情绪的影响因素，且年级与大学生抑郁情绪得分呈现负相关，大一、大二等低年级的大学生抑郁情绪得分较高，可能的原因是，低年级的同学刚入校不久，在适应新的生活环境、学习方式和人际关系方面，面临着一定的压力和挑战。提示高校应重点关注低年级学生(尤其是新生)的心理健康，面向新生开设"心理门诊"，开展相关的心理健康教育、心理辅导活动，帮助新生顺利适应大学生活。

另外，家庭所在地也是大学生抑郁情绪的影响因素，农村地区的大学生抑郁情绪得分较高，更容易出现抑郁情绪。与既往研究结果一致。可能的原因是，农村大学生生活环境的改变，感受到自己与周围同学的差距，出现较大的心理落差，继而引发自卑、自我否定等消极情绪，加之自我调适能力较差，容易出现抑郁情绪。因此，高校辅导员应多关注来自农村地区的大学生，适时开展心理辅导，加以引导，帮助农村大学生调节不良情绪。

项目三 大学生人际交往问题应对

森林中的刺猬

森林里，几只刺猬被寒风吹得瑟瑟发抖，当它们想紧靠在一起互相取暖时，又不得不弹开了，因为刺猬身上都长着尖刺，靠在一起就会刺痛对方。但经过几次尝试后，刺猬们终于找到了既不刺痛彼此又能相互取暖的适当的距离。

就像刺猬因为彼此保持了适当的"距离"才能相互取暖一样，生活中，我们无论做什么事，都得讲究一个“度”。在人际交往方面也是一样，这个“度”就表现为各种交往策略与交往技巧的总和。

一、大学生人际交往问题应对策略

（一）改变自我中心的认知模式，遵循平等的人际交往原则

在人际交往中，一个人对他人的态度和行为，常常是以对自己的认知和评价为基础的。能否建立起正确清晰的自我表现意识，关系到人们能否建立良好的人际关系。如果某人觉得自己是个没本事的人，他会非常在意别人的否定性评价，而当听到有人称赞他很有组织能力时，他会说：“每个人都做得到，没什么特别的”或者“哪里，差得远呢”，或是认为别人说的不一定是真的，不过是当面说好话而已，因而对这些信息不予重视。相反，如果他自认为是一个有能力的人，他就会寻找能强化这一感觉的信息，对负面的批评置之不理。人们在自我认知中对自己做出定位，在之后的待人接物中往往会不由自主地表现出这些特征。

正确认识自我是人际交往的前提和基础，只有正确认识自我，不自负不自卑，交往才能遵循平等尊重的原则。“你希望别人如何对待你，你就那样去对待别人。”这是美国心理学家埃利斯（Albert Ellis）提出的一条人际交往黄金法则。在人际交往中，很多人对别人和周围环境持有绝对化、不合理的要求，比如，“我对你怎样，你就必须对我怎样”“别人必须喜欢我，接受我”等，而他们自己却做不到“必须喜欢别人”。这类绝对化的要求难以实现时，常常会对别人产生愤怒和敌意等情绪。因此，如果能按照黄金法则与他人相处，看待周围的人和事，就会发现其实人与人的相处并没有那么复杂。

（二）学会建立成熟、互助的人际交往模式

古人云“己欲立而立人，己欲达而达人”，其实帮助别人就是在帮助自己。人只有相互支持，团结合作，才能共同进步。美国心理学家哈里斯（W. T. Harris）根据研究，提出了人际交往的四种不同类型：“我不行，你行”，“我不行，你也不行”，“我行，你不行”，“我行，你也行”。在“我不行，你行”的自卑怯弱与“我行，你不行”的狂妄自大的态度之下，人际交往必然是“有输无赢”，在“我不行，你也不行”的悲观绝望的心态下，人际交往很可能出现“双败”局面，只有在“我行，你也行”的积极乐观的心态下，人际交往才会“双赢”。因此，我们需要学习建立的是第四种“我行，你也行”的关系模式，这种交往模式涵盖了理性、理解、宽容、接纳等品质。具有这种心态的人相信自己也相信他人，爱自己也爱他人，能客观地悦纳自己和他人，正视现实，并努力去改变自己能改变的事物，善于发现自己、别人和外部世界的光明面，从而保持一种积极、乐观、进取、和谐的精神状态。人际交往中的互助与合作也是社会主义核心价值观的重要体现，人与人之间互相尊重、互相关心、互相帮助，和睦友好，才能形成社会主义的新型人际关系。

（三）培养良好的人格品质，增强人际吸引能力

1969 年，美国心理学家安德森（Anderson）绘制了一张表，列出了 550 个描写人的形容词，他

让大学生们指出他们最喜欢的品质和最不喜欢的品质。调查结果表明，在人际关系中，最受欢迎的10项人格特质，依次排序是：真诚、诚实、理解、忠诚、可信、可依赖、聪慧、关怀细心、体谅、热情。最不受欢迎的10项人格特质是：不友好、古怪、恶意、恶毒、不诚实、不真实、不善良、不可信赖、冷酷、贪婪。

根据安德森的人际吸引表格（见表5-1），大学生应该培养负责、热情、真诚、善良的品质，应该努力提升自身能力和个性品质，成为具有人际吸引力的人。应主动参加班级、学校和社会组织的各种实践活动和团体活动，培养自己的责任感和集体荣誉感，增强社会融入性；扩大理论学习的深度和广度，让自己富有思想，能明辨是非，正确评价自己和他人，提高自我认知能力。

表5-1 安德森的人际吸引表

高度喜欢的品质			中性品质			高度厌恶的品质		
真诚	诚实	理解	固执	刻板	大胆	古怪	敌意	饶舌
忠诚	真实	可信	谨慎	反叛	孤独	自私	狭隘	粗鲁
聪慧	负责	有头脑	易激动	文静	好冲动	自负	贪婪	不真诚
体贴	可靠	热情	好斗	腼腆	不明朗	恶毒	冷酷	不善良
善良	友好	快乐	易动情	羞怯	天真	邪恶	不可信	不真实
开朗	幽默	可依赖	好动	空想	追求物欲	虚伪	不诚实	令人讨厌
不自私	信任别人		追求完美	依赖别人		说谎	不友好	

（四）学会人际交往的技巧

1. 知己知彼

知己知彼是人际交往的前提和基础，“知己”是指对自己有正确的定位，了解自己的优势，知晓自己的问题，在人际交往中既不自负也不自卑，以平常心待自己，不过分夸大自我的重要性。“知彼”是指正确地认知他人，不能仅凭一面之词去评判他人。知己知彼，才能使人际关系顺畅。

2. 交往有度

“度”是衡量一个人社会生活是否成熟的重要标志。一般说来，有效的交往应该是适度适量的。孔子曾说过：“事君数，斯辱矣；朋友数，斯疏矣。”意思是说如果你有事没事总是跟在君主（领导）旁边，虽然表示亲近，但离自己招致羞辱就不远了，你有事没事总是跟在朋友旁边，虽然看起来亲密，但离你俩疏远也就不远了。《论语》告诫我们，无论对朋友还是对领导，都不能太过亲密，都要保持一定的距离，掌握好亲疏的分寸。

有的同学在交往中，关系好时形影不离，不分你我；一朝不和，即互相攻击，老死不相往来，这对双方的心理健康和人际关系都不利。对于人际交往，不必短期全线出击，炙热烫人；也不必利益稍有冲突，霎时势不两立，而应该疏密有度，在交往中要保持一定的距离，把握一定的交往程序，发展健康良好的人际关系。

3. 自我表露

人际交往过程中包含着情感的交流，而情感交流是与自我表露分不开的。所谓自我表露（self-disclosure）就是我们常说的“敞开心扉”，即把自己的信息、内心的思想和情感暴露给对方。良好的人际关系是在交往双方的自我表露逐渐增加的过程中发展起来的。自我表露可以增加对方对你的喜欢，给他一个强有力的信号：你对他（她）相当信任，愿意有进一步的交往。而且自我表露是双向的持续的循环过程，可以增进相互理解，相互信任。一般来说，表露的范围和深度是随着关系的发展而逐步增加的。当然，自我表露也必须注意分寸，过分的表露会让人不舒服。

4. 学会赞美

马斯洛需要层次理论认为，人都有被尊重和被肯定的社会需要。赞美往往能够很好地满足这一需要，赞美可以成为人际交往中有效的润滑剂，在别人取得进步、获得荣誉、用心打扮、上台表演时，如果能够进行恰当而真诚的赞美，很容易赢得他人的好感，人际交往也会变得格外顺畅。

二、人际交往的心理效应与心理效应的运用

人际交往的心理效应会影响人际交往的效果与深度，恰当地运用心理效应可以更好地开展人际交往。

（一）首因效应

扫码随时学

首因效应，也叫“第一印象效应”。首因效应由美国心理学家洛钦斯（A. S. Lochins）首先提出，指交往双方形成的第一次印象对今后交往关系的影响，也就是“先入为主”带来的效果。虽然这些第一印象并非总是正确的，但却是最鲜明、最牢固的，并且决定着以后双方交往的进程。如果一个人在初次见面时给人留下良好的印象，那么人们就愿意和他接近，彼此也能较快地相互了解，并会影响人们对他以后一系列行为和表现的解释。反之，对于一个初次见面就引起对方反感的人，即使由于各种原因难以避免与之接触，人们也会对之很冷淡，在极端的情况下，甚至会在心理上和实际行为中产生与之对抗的状态。由于受到首因效应的影响，在交往过程中人们很容易从一时的表象出发产生错误的判断，形成对客观现象本质的认知偏差，这往往会对人际交往产生不利的影响。

在日常交往过程中，尤其是初次交往时，要注意给人留下美好的印象。首先，要注重仪表风度，一般情况下人们都愿意同衣着干净整齐、落落大方的人接触和交往。其次，要注意言谈举止，言辞幽默，侃侃而谈，不卑不亢，举止优雅，给人留下好的印象。

（二）晕轮效应

扫码随时学

晕轮效应，又称光环效应、成见效应，是指在人际知觉中所形成的以点概面或以偏概全的主观印象，是美国心理学家凯利（H. Kelly）提出来的。晕轮是指当月亮被光环笼罩时产生的一种模糊不清的现象。凯利认为，人对事物和他人的认知和判断

往往是从局部出发，然后扩散而得出整体印象。就像晕轮一样，这些认知和判断常常都是以偏概全的。日常生活中，“晕轮效应”往往在悄悄地影响着我们对别人的认知和评价。比如，在追星时，明星通过完美的外形特征让我们产生了强烈的好感，并认为他样样都很完美；有的老年人对青年人的穿衣打扮看不顺眼，就认为他们一定没出息。

晕轮效应是一种以偏概全的主观心理臆测，其错误在于：第一，它容易抓住事物的个别特征，习惯以个别推及一般，就像盲人摸象一样，以点代面；第二，它把并无内在联系的一些个性或外貌特征联系在一起，断言有这种特征必然会有另一种特征；第三，它说好就全都肯定，说坏就全部否定，这是一种受主观偏见支配的绝对化倾向。总之，晕轮效应是人际交往中对人的心理影响很大的一种认知障碍，我们在交往中要尽量地避免和克服晕轮效应的副作用。

心理知识链接

俄国著名的大文豪普希金曾因晕轮效应的作用吃了大苦头，他第一次见到被称为“莫斯科第一美人”的娜塔丽娅，就狂热地爱上了她，并且和她结了婚。在他看来，一个漂亮的女人，在出众的外表下，也必然具有非凡的智慧和高贵的品格。然而，娜塔丽娅虽然容貌惊人，但与普希金志不同道不合。当普希金每次把写好的诗读给她听时，她总是捂着耳朵说：“不要听！不要听！”相反，她总是要普希金陪她游乐，出席一些豪华的晚会、舞会，普希金为此丢下创作，弄得债台高筑，最后还为她决斗而死，一颗文学巨星就这样过早地陨落了。

（三）刻板印象

刻板印象是指人们对某一类人或事物产生的比较固定、概括而笼统的看法，即使对从未见过面的人，也会根据间接的资料与信息而产生刻板印象。比如，我们经常说上海男人温柔顾家，山东男人有大男子主义，东北人豪爽。刻板印象的形成，主要是由于我们在人际交往过程中，没有时间和精力去和某个群体中的每一成员都进行深入的交往，而只能与其中的一部分成员交往，因此，我们只能“由部分推知全部”，由所接触到的部分，去推知这个群体的“全体”。这种模式能使我们很快地对一个人进行归类，判断出他的典型特征。但是，当人们用一种固定模式去认知事物，而这种模式并不能反映事物的本质时，就很有可能形成刻板印象。刻板印象会阻碍对人的全面具体的了解，造成人际交往中的不良影响。

（四）投射效应

投射效应指以己度人，把自己的感情、意志、特征投射到他人身上并强加于人的一种认知现象。比如，心地善良的人会以为别人都是善良的，经常算计别人的人就会觉得别人也在算计他，对自己喜欢的人或事越看越喜欢，越看优点越多，对自己不喜欢的人或事越看越讨厌，越看缺点越多,因而表现出过分赞扬和吹捧自己所喜爱的人或事,过分指责甚至中伤自己所厌恶的人和事。这种把自己的感情投射到交往对象身上,进行美化或丑化的心理倾向,失去了交往中认知的客观性。

三、打破人际交往的误区

知人者智,自知者明,能否正确把握人际知觉,关系到人际交往能否顺利进行。要走出对他人认知的心理误区,要特别注意以下几个方面:

(一)不以第一印象作为取舍判断的标准

第一印象得之于较短时间的接触,又无以往的经验作参照,它的主观性、片面性较强。所以,一定要注意其消极的一面,既不能因第一印象不好而全盘否定,又要防止被表面的现象所迷惑。需要在长期的相处中全面、正确地认识和了解他人。

(二)不因"光环"来评价人

"借一斑而窥全貌"并不总是适合于一切人和事,个别和局部并不一定能反映全部和整体。在人的诸多行为或性格特征中抓住某个好的或不好的,就断定他是好人或是坏人,无疑是幼稚的。恰当地、全面地认知他人,就要克服说好全好、说坏全坏的绝对化方法。

(三)打破刻板印象

刻板印象虽与某些人的特征相吻合,但绝不是个个如此,还要"具体问题具体对待",人如其面,各个不同,不能用概念来衡量人,不能把人简单化。

(四)避免投射效应的影响

投射效应会使我们用自己的感受去揣度别人,缺少了人际沟通中认知的客观性,从而造成主观臆断并陷入偏见的深渊。因此,在人际交往中,要客观地认清别人与自己的差异并尊重差异,不断完善自己,克服潜意识和惯性思维,让事物的发展规律还原它本来的面目,从而消除这种效应带来的不良影响。

项目四　人际交往测试与训练

一、人际交往测试

为了方便同学们对人际交往能力进行明确的认知,本模块选择两个自评问卷进行介绍,帮助大家评估自己的人际交往状况。

(一)人际关系综合诊断量表

《人际关系综合诊断量表》(见表5-2)是由北京师范大学郑日昌教授编制的,量表从交谈、交友、待人接物、同异性交往等方面全面评估个体当前的人际状况,并给出人际改善建议。

这是一份人际关系行为困扰的诊断量表,共有28个问题。请回答以下问题,在每个问题上,选"是"的打"√",选"否"的打"×"。请你根据自己的实际情况如实回答,答案没有对错之分。

表5-2 人际关系综合诊断量表

序号	内容	是/否	序号	内容	是/否
1	关于自己的烦恼有口难言		15	总是尽力让别人赏识自己	
2	和生人见面感觉不自然		16	暗自思慕异性	
3	过分地羡慕和妒忌别人		17	时常避免表达自己的感受	
4	与异性交往太少		18	对自己的仪表(容貌)缺乏信心	
5	对连续不断的会谈感到困难		19	讨厌某人或被某人所讨厌	
6	在社交场合感到紧张		20	瞧不起异性	
7	时常伤害别人		21	不能专注地倾听	
8	与异性来往感觉不自然		22	自己的烦恼无人可倾诉	
9	与一大群朋友在一起,常感到孤寂或失落		23	受别人排斥与冷漠	
10	极易受窘		24	被异性瞧不起	
11	与别人不能和睦相处		25	不能广泛地听取各种各样的意见、看法	
12	不知道与异性相处如何适可而止		26	自己常因受伤害而暗自伤心	
13	当不熟悉的人对自己倾诉他的生平遭遇以求同情时,自己常感到不自在		27	常被别人谈论、愚弄	
14	担心别人对自己有什么坏印象		28	与异性交往不知如何更好相处	

打"√"的给1分,打"×"的给0分。如果你得到的总分在0~8分之间,说明你在与朋友相处上的困扰较少。

如果你得到的总分在9~14分之间,说明你与朋友的相处存在一定程度的困扰。你的人缘很一般,换句话说,你和朋友的关系并不牢固,时好时坏,经常处在一种起伏波动之中。

如果你得到的总分在15~28分之间,说明你在同朋友相处上的困扰较严重,分数超过20分,则表明你的人际关系困扰程度很严重,而且在心理上出现较为明显的障碍。

以上是从总体上评述你的人际关系。下面将根据你在每一横栏上的小计分数,具体指出你与朋友相处的困扰行为及其可资参考的纠正方法(见表5-3)。

表 5-3 人际关系综合诊断量表计分表

Ⅰ	题目	1	5	9	13	17	21	25	小计	
Ⅱ	题目	2	6	10	14	18	22	26	小计	
Ⅲ	题目	3	7	11	15	19	23	27	小计	
Ⅳ	题目	4	8	12	16	20	24	28	小计	

计分表中Ⅰ横栏上的小计分数,表明你在交谈方面的困扰程度。如果得分在 3~5 分之间,说明你的交谈能力一般。如果你的得分在 0~2 分之间,说明你有较高的交谈能力和技巧。

计分表中Ⅱ横栏上的小计分数,表示你在交际方面的困扰程度。如果你的得分在 6 分以上,则表明你在社交活动与交友方面存在着较大的行为困扰。如果你的得分在 3~5 分之间,则往往表明你在被动地寻找被人喜欢的突破口。如果得分低于 3 分,则表明你对人较为真诚和热情。

计分表中Ⅲ横栏的小记分数,表示你在待人接物方面的困扰程度。如果你的得分在 6 分以上,则往往表明你缺乏待人接物的机智与技巧。如果你的得分在 3~5 分之间,则往往表明你是个多侧面的人,也许可以算是一个较圆滑的人。如果你的得分在 0~2 分之间,表明你较尊重别人,敢于承担责任,对环境的适应性强。

计分表中Ⅳ横栏的小计分数表示你跟异性朋友交往的困扰程度。如果你的得分在 5 分以上,说明你在与异性交往的过程中存在较为严重的困扰。如果你的得分是 3~4 分,表明你与异性同学交往的行为困扰程度一般。如果你的得分是 0~2 分,表明你懂得如何正确处理异性朋友之间的关系。

(二)人际交往能力测试

人际交往能力测试量表(见表 5-4)是我国学者马建青编制的自评量表。该量表共包括30道题,采用五点计分,5 代表完全符合,4 代表基本符合,3 代表难以预判,2 代表基本不符合,1 代表完全不符合。得分越高表示人际交往能力越低,总分超过 120 分则说明社交能力存在很大问题。

表 5-4 人际交往能力测试量表

序号	题目	打分
1	我上朋友家做客,首先要问有没有不熟悉的人出席,如有,我的热情度就明显下降	
2	我看见陌生人常常觉得无话可说	
3	在陌生的异性面前,我常感到手足无措	
4	我不喜欢在大庭广众面前讲话	
5	我的文字表达能力远比口头表达能力强	
6	在公共场合讲话,我不敢看听众的眼睛	
7	我不喜欢广交朋友	
8	我的要好朋友很少	
9	我只喜欢与我谈得拢的人接近	

续表

序号	题目	打分
10	到一个新环境，我可以接连好几天不讲话	
11	如果没有熟人在场，我感到很难找到彼此交谈的话题	
12	如果在“主持会议”与“做会议记录”这两项工工作中挑选一项，我肯定挑选后者	
13	参加一次新的集会，我不会结识多少人	
14	别人请求我帮忙而我无法满足对方要求时，我常常感到很难对人开口	
15	不是不得已，我绝不求助于人，这倒不是我个性好强，而是感到很难对人开口	
16	我很少主动到同学、朋友家串门	
17	我不习惯和别人聊天	
18	领导、老师在场时，我显得特别紧张	
19	我不善于说服人，尽管有时我觉得很有道理	
20	有人对我不友好时，我常常找不到适当的对策	
21	我不知道怎样和嫉妒我的人相处	
22	我同别人的友谊发展，多数是别人采取主动态度	
23	我最怕在社交场合中碰到尴尬的事	
24	我不善于赞美别人，感到很难把话说得亲切自然	
25	别人话中带刺讽刺我，除了生气外，我别无他法	
26	我最怕做接待工作、同陌生人打交道	
27	参加聚会，我总是坐在熟人旁边	
28	我的朋友都是与我年龄相仿的	
29	我几乎没有异性朋友	
30	我不喜欢与地位比我高的人交往，我感到这种交往很拘束，很不自由	

总分大于120分，表明你的社交能力存在很大问题，你不太善于交往，不喜欢社交，社交对你来说是件痛苦或害怕的事。在社交场合，你习惯于退却、逃避，你对自己的社交能力没有信心，你还没学会如何与别人尤其是陌生人打交道。为此，你要走出自我封闭的圈子，尝试去与人交往，不要惧怕失败和尴尬，你会发现人际交往会给你带来许多乐趣和益处。

总分在91～120之间，表明你的社交能力还有待于进一步提高，你对人际交往还比较拘谨。但你是可以与人交往的，如果你更大胆些，更注重培养自己的社交能力，那么你将会从社交活动中获得更大的快乐和成功。

总分在70～90之间，表明你的社交能力尚可。

总分小于70分，表明你是一个善于社交的人，你喜欢交往，能从社交中获得快乐和收获，你能与不同的人相处，能较快地适应环境。

二、人际交往训练

学会称赞别人

活动名称：戴高帽子

活动目的：通过他人的赞美，获取个人的信心

活动形式：做游戏

实施方案：

（1）分组。按宿舍或班级分组（原则是：越熟悉越好）。

（2）赞美。一位同学站在团体的中央，其他成员围成圆圈转动着对中央的同学进行感情轰炸（只说这位同学的优点），每组推荐至少1名代表登台谈个人感受。

（3）体验。为别人戴高帽，这对某些同学来说会是一件困难的事，因为我们民族颂扬谦逊、批评与自我批评、良药苦口利于病。但是，如果我们改变一下自己，别吝啬自己的赞美，我们会发现自己会拥有一个更美好的人际环境。有一句话说得极是：知人则智，自知则明，自信则强。人贵有自知之明。的确，人只有自知之后才能知世事。面对众星捧月般的赞美和盛誉之辞，我们礼貌地表示感谢之后，更要自知。扪心自问：自己真的这么优秀吗？如不是，那就努力吧，争取达到他们所赞美的那种境界。

课程思政

1. 思考："和合"的实质内涵及其在我们为人处世中的意义。
2. 讨论：在人际交往中如何践行社会主义核心价值观中的诚信、友善？

模块练习题五

一、单选题

（1）建立互助的人际交往模式体现了（　　）的社会主义核心价值观。

A. 民主　　B. 文明　　C. 和谐

D. 诚信　　E. 友善

（2）（　　）心理模式有利于建立良好的人际关系。

A. "我不行，你行"　　B. "我不行，你也不行"　　C. "我行，你不行"

D. "我行，你也行"　　E ．"自我中心"

（3）当与他人发生冲突时，以下（　　）方式最有利于解决问题。

A. 避开冲突,不再与对方交流　　B. 坚持己见,让对方妥协　　C. 冷静下来,倾听对方观点
D. 找第三方评判谁对谁错　　E. 用幽默化解紧张气氛

(4)以下(　　)行为最可能破坏人际关系。
A. 经常询问他人的隐私　　B. 在他人需要时提供帮助　　C. 对他人表示真诚的赞美
D. 保持适度的个人空间　　E. 尊重他人的意见和选择

(5)在社交场合中,以下(　　)方式最能体现良好的人际交往能力。
A. 始终主导话题,展示自己的知识
B. 适时倾听他人,给予积极反馈
C. 避免发言,以免说错话
D. 不断打断他人,表达自己的观点
E. 只与熟悉的人交流,避免陌生人

(6)当你发现朋友在背后说你的坏话时,以下(　　)处理方式最有助于维护关系。
A. 立刻质问对方,要求解释
B. 找第三方打听原因,再做决定
C. 冷静思考原因,主动沟通
D. 断绝与对方的来往
E. 在背后说对方的坏话作为报复

(7)在人际交往中,有效沟通的首要条件是(　　)。
A. 语言清晰　　B. 表情丰富　　C. 倾听
D. 身体语言　　E. 身穿正装

(8)人际吸引的基本原则不包括以下(　　)原则。
A. 相似性　　B. 互补性　　C. 互惠性
D. 竞争性　　E. 便利性

二、多选题

(1)人际交往产生的心理学基础包括(　　)。
A. 本能　　B. 合群需要　　C. 发展的需要
D. 自我肯定需要　　E. 社会进步的需要

(2)大学生常见的社交心理包括(　　)。
A. 自卑　　B. 恐惧　　C. 自负
D. 合理的自我认知　　E. 嫉妒

(3)有利于促进人际交往的心理学效应是(　　)。
A. 刻板印象　　B. 亲和效应　　C. 晕轮效应
D. 首因效应　　E. 投射效应

(4)下列哪种行为有助于建立良好的人际关系(　　)。

A. 赞赏别人　　B. 真诚的批评　　C. 合理的建议
D. 随时随地讲真话　　E. 不分彼此

(5)关于自我表露，以下哪个说法是正确的(　　)。

A. 随时随地自我表露　　B. 自我表露应该循序渐进　　C. 自我表露要分场合
D. 自我表露要适度　　E. 人际交往应该尽量减少自我表露

(6)人际关系的建立依赖于人际吸引力，下列(　　)项个人特质能够增加人际吸引力。

A. 有能力　　B. 真诚　　C. 负责任
D. 自私　　E. 可信

三、案例分析题

我是一名大二女生，今年20岁，上高中的时候我学习很刻苦，成绩名列前茅，老师喜欢我，同学羡慕我。只要我想跟其他人玩，她们都会很乐意，我从未在意过人际交往问题。上了大学后，班级里有很多更加优秀的同学，我学习再怎么努力也考不过他们，大一时我是全班第十，没有拿到任何奖学金，我很失望。第二年我学习更加努力，从不浪费时间参与社团和班级活动，每天早出晚归，都在学习，跟宿舍同学也不怎么交流，她们有时候问我复习到哪里了，我也不敢把我的进度告诉她们，怕她们赶超我。不知道是智商问题还是学习方法问题，期末成绩下来，我考得还是不尽如人意。因为长期在自习室，我跟宿舍同学关系很一般，她们经常一起上下课，好像宿舍没有我这个人一样，放暑假的时候，也没有一个人帮我搬行李，我唯一投入的学习也没有取得好成绩，我感到很孤独绝望，不知道以后该怎么办。

问题：你能帮助“我”分析一下，“我”在人际交往中出现了哪些问题吗？“我”能采取哪些策略改变“我”目前的状况呢？

心理图书和视频资料推荐

1. 电影《穿普拉达的女王》

《穿普拉达的女王》是劳伦·魏丝伯格根据自己的经历写的一部同名畅销小说拍摄而成的电影。影片讲述一个刚离开学校的女大学生进入了一家顶级时尚杂志社当主编助理的故事。她从初入职场的迷惑到从自身出发寻找问题的根源，最后成为了一个出色的职场与时尚达人。

2. 电影《牛仔裤的夏天》

电影《牛仔裤的夏天》抒发了穿牛仔裤的女孩儿的情谊，婉转动听，异常温暖。卡门、堤比、莲娜和布莉姬这四个女孩的缘分也许是在她们都在娘胎里就注定的。同在夏末出生的她们性格迥异却从小亲如姐妹。16岁这年夏天，四姐妹第一次面对分离，需要各自渡过一个没有对方的夏天。很神奇的一条牛仔裤变成了她们友情的信物，伴随她们开始各自的旅程，使友谊与勇气在她们之间传递，陪伴她们学着去爱，学着长大。

3. 图书《非暴力沟通》

《非暴力沟通》是美国心理学家马歇尔·卢森堡博士的著作。它提供了一种沟通方式，帮助我们以真诚和倾听的方式与人交流，消除暴力。“非暴力沟通”是一种能够使人们情意相通、互尊互爱、和谐相处的沟通方式。它能够促使人们专注于彼此的观察、感受及需要。在聆听彼此心灵深处的需要的过程中，人们便会发现彼此内心的柔情与善意，从而以全新的眼光看待人际关系。“非暴力沟通”可以建立起人们彼此间的理解、尊重与关爱，并乐于互助。

图 5-1 《穿普拉达的女王》海报

图 5-2 《牛仔裤的夏天》海报

图 5-3 《非暴力沟通》封面

恋爱问题与性心理健康

▶ 模块学习目标

（1）了解自身性心理和生理的发展，认识大学生恋爱心理的特点；

（2）了解大学生在恋爱心理和性心理方面存在的问题，形成对恋爱心理和性心理的正确认识；

（3）了解恋爱心理测试的原则与方法，熟悉恋爱心理训练。

▶ 模块学习导图

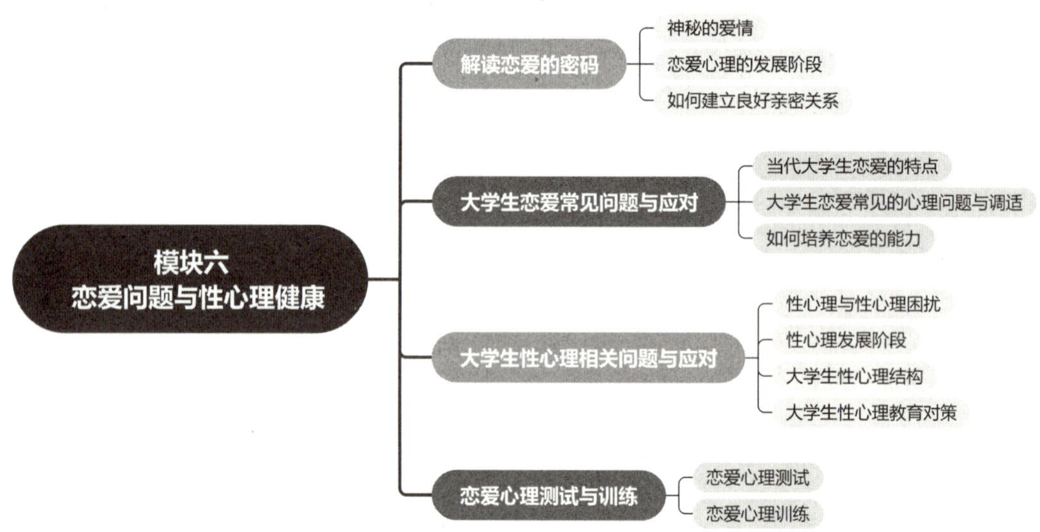

案例导入

在大学校园的各个角落，都弥漫着青春与爱情的气息，就拿林晓和陈宇来说吧，他们是在一场校园社团组织的迎新晚会上相遇的。当时林晓作为主持人，在台上光彩照人，而陈宇则是台下负责灯光调控的一员，不经意间的对视，让爱情的种子悄悄种下。后来两人慢慢熟悉，顺理成章地走到了一起。他们一起骑着单车穿梭在校园的林荫道上，感受着微风拂过脸颊的惬意，春日里在草坪上野餐，分享着彼此带来的美食，互相依偎着看夕阳西下，那些时光满是甜蜜，仿佛整个世界都只剩下他们两个人，让身边的同学都羡慕不已。可恋爱也并非总是这般美好。随着学业压力逐渐增大，林晓要忙着准备各种专业考试，陈宇也加入了科研项目组，两人相处的时间变得越来越少。有时候好不容易约好一起吃饭，却总是会被临时的学习任务或是社团活动给打乱，为此没少闹别扭。而且偶尔也会因为一些小事，像是看什么电影这种小分歧，引发一场不大不小的争吵，两人心里都挺委屈的。

项目一　解读恋爱的密码

一、神秘的爱情

图 6-1　《少年维特之烦恼》插图

爱情是人类亘古不变的永恒主题。德国著名诗人歌德在《少年维特之烦恼》一书中写道：“青年男人哪个不善钟情？妙龄女子哪个不善怀春？这是人道中的至洁至纯。”很多人赞美爱情，从来没有停止过追寻爱情的脚步，甘之如饴；也有很多人饱尝爱情的痛苦，认为失恋是人生苦恼的根源之一，无法自拔。

扫码随时学

（一）爱情的含义

古希腊哲学家苏格拉底讲了一个意味深长的神话来解说人类特有的爱情现象：在远古年代，男女两性合为一体，圆如车轮，有四手、四脚、一头和双面。走起路来，四手四足就向四面张开，像车轮的辐条一样在地面滚动，快如旋风。这种变身的人力大无比，禽兽见了都要躲避。他们在地球上称雄，还想与万神之神宙斯一决高低。宙斯得知后苦思冥想，总算想出一个好主意：将他们一分为二，男女分立，各成一体。分开后智慧体力大为减少的男女两性整天想接肢合体，重温旧梦。“每一半都急迫地扑向另一半，强烈地希望融合为一体”，这种欲念即谓“爱情”。

爱情具有生物性和社会性两种属性，从生物性上来说，爱情的动力是人的性欲，是延续种属的本能。性的成熟使青年男女的内心产生了对异性的向往和渴望，性的吸引是爱情产生的前提和生理基础，是爱情不可缺少的一种属性。而爱情之所以被赞美、被期待，是因为爱情的社会性。首先，爱情包含着理性而有目的的交往。人在漫长的劳动过程和社会关系中逐渐形成了意识，能够根据一定的原则和准则来指导自己的行为，这就使复杂的两性关系具有了高尚的精神；其次，爱情具有道德性，人类可以区分真善美，从而在两性关系中接受道德的约束和调节；最后，爱情内容受社会发展水平的影响。随着社会的发展，时代的进步，爱情价值观也日趋多元化，甚至同性爱情也被越来越多的人所理解和接纳。

（二）爱情的本质

扫码随时学

有人说爱是牺牲，有人说爱是奉献，有人说爱是索取，还有人说爱是给予。究竟什么是爱情？

美国心理学家斯滕伯格运用定量分析与定性分析相结合的研究方法，在进行大量文献综述和实证研究的基础上提出了“爱情三角形”理论，阐释了爱情的本质。按照这一理论，爱情有3种成分，分别是：亲密（Familiarity）、激情（Enthusiasm）和承诺（Promise），斯腾伯格将这3种成分形象地比喻为爱情三角形的顶点，如图6-2所示。

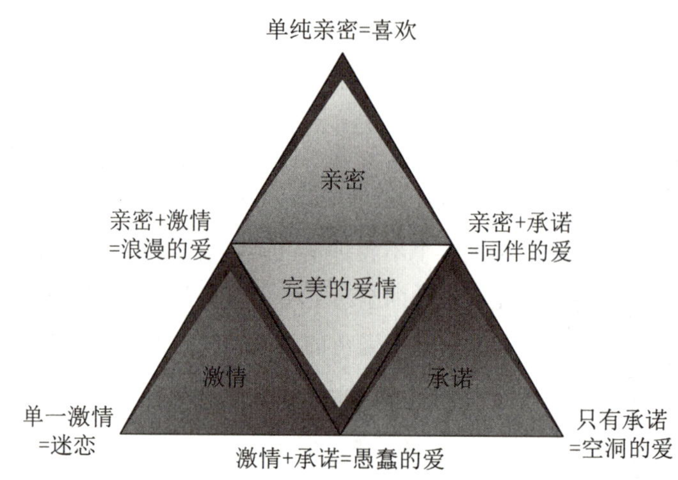

图6-2　斯滕伯格爱情三角形理论

1. 亲密（Familiarity）

亲密指在爱情关系中能促进亲近、联属、结合等体验的情感，它能引起亲近和温暖的情感体验。研究表明，它包括如下内容：改善所爱的人的福祉的愿望；与所爱的人在一起体验到快乐；对所爱的人高度关注；在需要帮助时首先想到所爱的人；双方互相理解；分享自我；接受来自所爱的人的情感方面的支持；对所爱的人提供情感方面的支持；能与所爱的人进行亲密的沟通交流;重视对方在自己生活中的价值。斯腾伯格提出的这一内容也广泛地存在于较深厚的友谊关系中。

心理知识链接

亲密,是两人之间感觉亲近、温馨的一种体验。简单说来,就是能够给人带来一种温暖的感觉体验。

亲密包含10个基本要素:

(1)渴望促进被爱者的幸福。爱方主动照顾被爱方并努力促进他/她的幸福。可能以自己的幸福为代价去促进另一方的幸福,但是也期望对方在必要时同样会这样做。

(2)跟被爱者在一起时感到幸福。爱方喜欢跟自己的情侣在一起。

(3)当他们在一起做事情时,他们都感到十分愉快,并留下美好记忆,对这些美好时光的记忆能成为艰难时刻的慰藉和力量。而且,共同分享的美好时光会涌流到互爱关系中并使之更加美好。

(4)尊重对方。情人必须非常看重和尊重对方。尽管情人可能意识到对方的弱点,却不能因此而减少自己对对方的整体尊重。在艰难时刻能够依靠对方。在患难时刻爱方仍感到对方跟自己站在一起。在危急时刻,爱方能够呼唤对方并能指望对方跟自己同舟共济。

(5)跟被爱方互相理解。情侣应互相理解。他们知道各自的优缺点并对对方的感情和情绪心领神会,懂得以相应的方式互相做出反应。

(6)与被爱方分享自我和自己的占有物。爱方应乐意奉献自己、自己的时间以及自己的东西给被爱方。虽然不必所有的东西都成为共有财产,但双方在需要时应分享他们的财物,最重要的是分享他们的自我。

(7)从被爱方获得感情上的支持。爱方能从被爱方得到鼓舞和支持,感到精神焕发,特别是在身处逆境时尤其应该这样。有时,你感到似乎一切都在跟你作对,但你意识到只有一件事不会出问题——你的配偶始终跟你站在一起。这时你就知道你们的关系具有这一因素。

(8)给被爱方以感情上的支持。在逆境下,爱方应与被爱方在精神上息息相通,并给予感情上的支持。

(9)跟被爱方亲切沟通。爱方能够跟被爱方进行深层次和坦诚的沟通,分享内心深处的感情。当你为自己所做的某件事感到困窘为难时,你仍能推心置腹地跟被爱方交谈,这时你所经历的就是这种沟通。

(10)珍重被爱方。爱方要充分感到对方在共同生活中的重要性。当你认识到你的配偶比你所有的物质财富都更为重要时,就知道你对被爱方具有这种珍重和珍爱。

2. 激情(Enthusiasm)

激情，或称“情欲成分”，是基于浪漫、身体吸引之上的性冲动与性兴奋，是爱情中的性欲成分，是爱情的主要驱动力。激情是爱情关系中能引起浪漫恋爱、体态吸引，以及其他有关现象的唤醒源。它包括一种激烈地渴望与另外一人成为一个统一体的状态。在爱情关系中，性的需要是引起这种激情体验的主导方式。

3. 承诺(Promise)

承诺是爱情中的理智成分，它对情绪和动机是一种控制因素，它包括两方面内容：一是在短期方面，指一个人做出了爱另外一个人的决定；二是在长期方面，指那些能维持爱情关系的担保、投入、忠心、义务感或责任心。但是，这两个方面不一定同时具备。爱的决定并不一定意味着对其承诺的忠守；同样，承诺也并不一定意味着做出决定。事实上，无论是在时间上还是在逻辑上，大多数的情况都是决定成分优先于承诺成分。这一成分大体上相当于我们常说的“山盟海誓”“天长地久”“忠贞不渝”之类，但不是指具体的行为，而仅指认知和态度方面。

总之，亲密、激情与承诺成为对“爱情”进行描述的维度，圆满的爱包含这三个成分。亲密可以看作是大部分而非全部地来自关系中的情感性投入；激情可以看作是大部分而非全部地来自关系中的动机性卷入；决定/承诺可以看作是大部分而非全部地来自关系中的认识性(认知性)的决定与承诺。

心理知识链接

两人相爱后，随着时间推移，了解逐步加深，爱情三因素中的三个部分所占比重会逐渐发生变化，因而，三角形的形状与大小也会随之改变。总的来说，假如三角形的面积越来越大，则说明两人间的爱情越趋于美满。随着三个占比的不同和变化，理论上可以组合成以下 8 种爱情关系：

(1)无爱。三种成分都没有，比如旧时代的包办婚姻。

(2)喜欢。只有亲密，没有激情和承诺，是一种想要亲近的体验，比如异性间的友谊，处于一种普通朋友之上、恋人未满的状态。

(3)空爱。只有承诺，缺乏亲密和激情，比如因依从父母之命媒妁之言受到道德约束而形成的婚姻关系。

(4)迷恋。只有激情，没有亲密和承诺，只停留于被对方的浅表部分所吸引，比如颜值、身材等，但其实并不了解对方，更没有考虑未来发展。

(5)愚昧。激情和承诺均有，但没有亲密的爱情，更多的是靠生理上的激情，全凭激情做出的承诺，没有从根本上建立起该有的亲密。

(6)陪伴。亲密和承诺均有，但没有激情。如果把浪漫的爱比作波涛汹涌，那么这种感情就如同潺潺溪流，绵延不绝，常见于伴侣式的感情，他们认为激情并不是爱情必备的元素，更追求责任、义务和恒久。

(7)浪漫。亲密与激情均有，但缺乏承诺。这种爱情普遍存在于现代社会观念中，重在自我良好体验，不在乎也不过多考虑结果，认为过程才是最重要的。

(8)完美。三者皆有，构成了稳固的三角形，因此被称为完美的爱。现实生活中很少存在，但仍是我们永远向往和追求的目标。

二、恋爱心理的发展阶段

恋爱心理的形成与发展可以分为五个时期：异性敏感期、异性吸引期、异性向往期、择偶尝试期和恋爱择偶期。这五个时期横跨初中、高中、大学三个时代，那么大学生的恋爱心理发展处于哪个时期呢？

(一)异性敏感期

青少年在第二性特征出现后的1～2年内，性意识的觉醒，引起男女性别生理和心理的急剧变化，朦胧地意识到两性差别，并且对性别差异非常敏感，开始在异性面前时常感到羞怯和不安，同时，也开始了对异性的好奇心和求知欲。在此阶段，往往男女同学界限分明、相互回避。

(二)异性吸引期

对异性产生好感与爱慕，女孩一般发生在12～13岁，男孩则在13～14岁以后。女孩开始注意修饰打扮，以引起男孩的注意和喜欢；男孩也开始表现自己，以赢得女孩的好感和青睐。男孩、女孩渴望相互接近，乐于共同参加集体活动，但此时，少男少女们还不懂得怎样与异性相处，他们的接触和交往多半没有专一性和排他性。

(三)异性向往期

13～16岁之后的青少年，进入青春中期，随着性生理的逐渐成熟，性心理开始发展，男女情窦初开。此时的男生、女生在对异性产生好感的基础上，也产生了异性之间的相互吸引，生活中开始特别注意自己的容貌、风度，开始关心周围发生的与“爱情”相关的趣闻轶事，喜欢阅读和观看描写爱情内容的文学作品、影视艺术，借机与异性接触交往，并在众多的交往中，有时逐渐转向对个别异性的好感和依恋。这一阶段的他们，大多数还不倾向于直接以肉体接触来表达恋情，而是用精神的交往方式来显示自己感情的圣洁性。这一阶段的男生女生由于生理和自我意识的不成熟，对异性的向往基本上是泛化的、不稳定的，有人又称此阶段为泛爱期。

（四）择偶尝试期

高中毕业进入大学的青少年，已进入青春中后期。此时的青年显然比青春中期更为成熟，对异性的爱慕和向往有了明确的目标，对爱的内容和需求也较清晰和强烈。他们开始有目的地试着选择对象，并尝试与之建立恋爱关系。

（五）恋爱择偶期

这一阶段青年男女的性心理已逐步成熟，社会阅历在不断丰富，恋爱观开始形成，能够全面考虑择偶的标准和现实可能性，并意识到恋爱的社会责任和义务，懂得衡量自己的分量和位置，此阶段为较为理想的、完善的择偶选择期，多为大学高年级或毕业后走向社会（或研究生）阶段。

目前高校大学生的年龄一般是 18～23 岁，正处于由异性的向往期向恋爱择偶期的过渡阶段，是由不成熟的恋爱心理向成熟的恋爱心理过渡的阶段，因此，大学期间也是大学生恋爱心理的形成和开始走向成熟的重要时期。在大学阶段，如果大学生能够树立良好的恋爱观，学习爱的能力，不仅可以使大学生与异性相处融洽，相互理解、支持和包容，还可以促进恋爱双方对未来的思考和规划。

三、如何建立良好亲密关系

德国哲学家弗洛姆在《爱的艺术》一书中写道："不成熟爱情的原则：我爱，因为我被人爱；成熟爱情的原则：我被人爱，因为我爱人。不成熟的爱宣称：我爱你，因为我需要你；成熟的爱是：我需要你，因为我爱你。"

那么一个成熟的、良好的爱情关系包含哪些要素呢？

（一）爱是给予

人应该用爱去换爱，用信任换取信任。如果你想欣赏艺术，你必须是一个有艺术修养的人；如果你想对他人施加影响，你必须是一个能促进和鼓舞他人的人。

给予不仅仅包含物质的给予，更多的是给予一个人内心有生命力的东西，比如与人分享自己的欢乐、兴趣、知识、悲伤，总之，这里所说的"给予"就是付出，是力量的最高表现。给予体现了自己的力量、富裕和活力，体现了自己的生命力和价值。如果一个人爱着别人，却没有唤起他人的爱，那么他的爱情是软弱无力的。懂得爱的人首先必须是一个能给予、能促进和鼓舞他人的人，这样另一个人才有可能为他的内在品质所倾倒。

打算给予爱的人不应该把对方看作是自己帮助的对象，而应该同对方建立一种真正的、创造性的紧密关系。

（二）爱是关心

关心由爱而生，因为爱，便尽心尽责地关注所爱对象的成长和发展，对所爱者的生命不是消极旁观，而是积极促进。

若我们说自己爱花，却不勤于浇灌，那么谁会相信我们的“爱”？爱情是对生命及所爱之物的积极的关心。爱的本质是创造和培养，爱情和劳动是不可分割的。人们爱自己劳动的成果，人们为所爱之物而劳动，而关心则是这种劳动的实践。

（三）爱是责任心

“责任心”意味着“一个完全自觉的行动”，是一个生命对另一个生命表达出来或尚未表达出来的愿望。“有责任心”意味着有能力并准备对这些愿望给予回答。

爱是我们人生最重要的经验，它使人性的重要方面得到发展，我们不仅关心另一个人的精神需要，我们还为对方的精神成长负起责任。

（四）爱是尊重

尊重对方不是惧怕对方，尊重就是有能力、实事求是地正视对方和认识对方独有的个性。尊重就是要努力地使对方能成长和发展自己，以他自己的方式和为了自己去成长、发展，而不是服务于另一方。没有尊重，责任心就很容易变成控制和奴役别人。爱一个人，就应该接受他本来的面目，而不是要求他成为“我”希望的样子。爱情是自由之子，永远不会是控制的产物。

（五）爱是了解

爱是认识，意味着对自我需要和情感的了解，由此及彼，由己及人。认识表达了我们了解事物和生命之秘密的愿望。人们只有认识对方、了解对方，才能做到真正尊重对方。海伍德说：“爱得匆忙，散得也快。”大多数人无论对自己还是对别人，都只是了解了表面，而没有深入内心。如果不以了解为基础，关心和责任心都会是盲目的，而如果不是从关心的角度出发去了解对方，那么“了解”便是一句空话。

关心、责任心、尊重和了解是相互依赖的。在恋爱心理成熟的人身上可以看到这些态度的集中表现。

心理知识链接

相聚1分52秒，这个“神仙爱情故事”火了！①

网友：被《新闻联播》虐哭

一次1分52秒的相聚火了，它讲述了一个“神仙爱情故事”。

这个故事的名字叫《相约在0点37分》，曾在《新闻联播》中播出。春节期间，两名铁路工作者坚守在各自工作岗位，仅有1分52秒的相聚时间。他与她相约在0点37分……

---

① 央视网，https://tv.cctv.com/2019/02/10/VIDEgHvWbb4ORzpCWnjHDOBP190210.shtml。中青在线，https://shareapp.cyol.com/cmsfile/News/201902/10/web181574.html。

郝康是一名铁路司机，在陕西榆林站跑货运；雷杰做列车乘务员7年，跑往返于西安和乌海西之间的客运。同是陕西绥德人的他们，在四年前从老乡发展为情侣。这两趟都经过榆林的列车帮他们定了情。每次雷杰值乘的车经过榆林，郝康都特别激动。

按照列车时刻表，雷杰值乘的列车会在0点37分驶入榆林站，在站台上停留8分钟。郝康说："（有时）我是能看见她的人影的，但是看见，你还是见不上。我就是通过这个小窗户，她也是那个小门上，也是那个小窗户，窗户对着窗户就过去了。"虽然这样的停靠每周会有四次，但由于郝康的休息时间不定，两人往往几个月才能成功在站台相聚一次。2018年，两人连休假都算上，总共只相聚了一周。

春节期间，雷杰值乘的列车依旧会在凌晨经过榆林站。她上车前给郝康发了信息，然后将手机上交。此时的郝康，正忙碌在包西货运线上。这一次，两人能否见上，充满了不确定性。这一天晚上8点40分，雷杰的车刚过延安，郝康终于下班了，他没有加派的出车任务，两人应该能在榆林站见一面。知道雷杰胃不好，只要有相遇的可能，郝康总会去表姐家给雷杰熬粥。

两人计划今年结婚，郝康这次特意准备了一份新年礼物。

由于部分路段积雪，列车晚点10分钟。原本停靠在榆林站的8分钟变成了5分钟。另外因为硬座旅客较多，上车后，雷杰临时从9号车厢调到了1号车厢，而且由于手机在值乘期间早已上交，她没能通知郝康。郝康只能在站台上到处问，跑过了一个又一个车厢，直到发车铃响，才见到了心上人。

在站台，郝康说："没想到会变成这么突发，还好你们帮我找到了。本来想对她说嫁给我，今年把她娶了，这都没来得及说。"列车驶出车站，郝康抹上护手霜，雷杰给自己戴上戒指……这次匆匆相遇，只有1分52秒。

很多网友都被这1分52秒感动了——

还有网友发现，这一幕就是央视春晚小品《站台》的现实版——相恋的人总盼相守，相守总怕时光匆匆，希望有情人终成眷属！

这对铁路情侣，坚守岗位、坚守梦想，子夜时分的一次短暂相聚，见证了他们的令人动容的爱情故事。我们要把美好的爱情作为生活中遇到困难时的一剂良药、普通平凡岗位上前进的不竭动力，不断实现人生的幸福和目标，为家庭和祖国的未来贡献自己的力量。

项目二 大学生恋爱常见问题与应对

一、当代大学生恋爱的特点

大学生生理、心理正趋向于成熟，此时和异性交往的心理渴望达到顶峰，而大学校园宽松的生活环境也为男女生交往提供了便利的客观条件。随着“校园恋情”的高涨，当代大学生在恋爱方面出现了不少新情况和新特点。

在大学校园里，李明和张悦是不同专业的同学。两人相识于一场知识竞赛的组队筹备中，起初因共同探讨竞赛策略、查找资料而渐渐熟悉起来。他们确定恋爱关系后，甜蜜的时光可不少。一起在校园美食节上品尝各种小吃，互相喂对方一口美食，还会拍照记录；闲暇时，窝在学校的咖啡馆角落，戴着一副耳机共同听喜欢的音乐，享受惬意午后。遇到考试周，他们会相约图书馆的固定座位，互相监督学习，偶尔给对方递个小纸条鼓励加油，让枯燥的备考都变得有趣。不过，烦恼也随之而来。张悦热衷于参加各种校园社团活动，拓宽社交圈，而李明则更希望两人能有更多独处时光，为此两人有了分歧，争吵过几次。而且，面临寒暑假时，分隔两地，只能通过视频聊天维持感情，偶尔信号不好或者一方情绪不佳，也会闹些小别扭，光分手就闹了不知多少次。是不是每对情侣之间都会出现这样的情况呢？

（一）恋爱意识明显，恋爱现象普遍存在

从生理因素来看，大学生度过了性发育阶段而进入了性成熟阶段，对爱情充满了向往与追求。他们不再因性意识而躁动不安和心理不平衡，而是开始萌发出具有道德意义和社会意义的爱情意识，渴望与异性谈恋爱并且交往。

情感的发展也是大学生恋爱现象普遍存在的重要因素。从情感发展上来看，大学生经过十二年寒窗苦读，中学阶段因升学压力而被压抑的青春期情感在步入大学后得到了释放，摆脱了家长的约束，期待与异性交往，恋爱欲望强烈，渴望情感的满足。

此外，受传统文化的影响，我国青少年缺乏性知识教育，男女生之间的正常交往也比较少，给刚刚步入生理成熟期但缺乏社会阅历的大学生带来了极大的影响。青年男女的好奇心在此时驱使着他们去揭开两性之间神秘的面纱，在一定程度上成为大学生恋爱的催化剂。

（二）恋爱观念开放，注重恋爱过程

大学校园宽松和谐，大学生们谈恋爱时也不再遮遮掩掩、羞羞答答，而是激情洋溢、热情奔放，甚至还有“我谈恋爱我骄傲”的心理。当代大学生渴望和追求自由、真挚、纯洁、不受外界干扰的感情，而不再遵循“父母之命”“媒妁之言”等传统思想。

大学生的爱情是在特殊文化环境中萌生的，他们谈论的话题大多是人生、社会、学习等，他们更多追求精神生活，而很少涉及家庭、经济等现实生活问题。因此，当代大学生注重恋爱的过程，而非结果。

（三）性观念开放

社会飞速发展，西方文化的大量涌入，大学生的恋爱观也受到了很大的影响，变得更加开放。随着人性化理念的深入，教育部门对大学生的性约束也相应放宽。大学生婚前性行为的比例有所增加，大学生可以结婚，大学录取没有年龄限制使得成年大学生增多，同时，“性”也不再是大家羞于启齿的话题。有些大学生信奉“性自由”，以玩乐为目的，追求性欲的满足。但也有很多学生并不赞成婚前性行为，认为大学期间学习任务比较繁重，没有过多的精力投向情感问题，过早的婚前性行为可能会给自己或他人带来始料未及的影响。

（四）恋爱动机多元化

由于大学生个人经历及家庭情况的不同，恋爱的动机也不同。当代大学生恋爱动机呈现出多元化的特点。

有些学生出于对婚姻家庭的向往，认为恋爱是婚姻的基础，所以在恋爱问题上比较慎重，认真选择恋爱对象；有些学生出于攀比心理，当看到别人成双入对，自己形单影只，觉得不平衡，于是随波逐流谈起恋爱；有些学生在经历了紧张的高考后，松懈下来，生活缺乏目标，便想寻找一个感情寄托，一个避风港，排除寂寞与孤独；有些学生则害怕毕业后难以找到合适的恋爱对象，认为大学里的感情比较“纯粹”，容易找到“真爱”，否则错过就难以找到志趣相投的人了；还有些学生贪图享受，但受限于自身的经济条件，希望通过恋爱关系来寻找“长期饭票”，以满足自身的物质需求，或者毕业后想留在大城市，把希望寄托在恋爱对象身上。

（五）择偶标准多样化

当代大学生择偶的标准也呈现出多样化，会考虑一定的条件，如道德品质、性格特点、年龄大小、职业性质、兴趣爱好、经济状况及体态容貌等。

二、大学生恋爱常见的心理问题与调适

爱情是一把双刃剑，有时甜蜜，有时也会带来复杂、独特而微妙的情感体验，成为最容易产生心理困扰的领域之一，从而给大学生带来各种心理问题和不良影响。

（一）选择的困扰与调适

大学生恋爱中，常常会面临各种各样的选择，其中较常见的有下列几种情形：

1. 不知道该不该谈恋爱

有些同学可能还不知道该不该谈恋爱,那就说明在你的心里还没有喜欢的异性,只是因为看到许多同学都在谈恋爱,才产生了自己是否也应该谈恋爱的想法。这部分大学生首先应树立对爱情的正确态度。当真正的爱情还没有来到时,不要急着盲目地去寻找爱情,盲目寻找的爱情并不一定是真正的爱情。

2. 不知道自己是不是单相思

要判断自己是不是单相思,要学会分辨对方对自己的情感状态。如果经过仔细的观察或者巧妙的考验,发现对方对自己没有那个“意思”,那就好好隐藏自己的心意,突兀的表白会使对方为难甚至会引起对方反感,影响到两个人之间的正常交往。如果经过观察,发现对方也对自己有一定的感情,就可以大胆地向对方表明自己爱慕的心意。

3. 不知道如何拒绝对方的求爱

面对自己不喜欢的人的求爱时,可以在不伤害对方自尊心的情况下委婉地拒绝;如果对方进一步追求,而你无论如何也不可能接受对方的爱情,那就应该明确地拒绝。重要的是,面对对方疯狂的追求,不要为了害怕伤害对方的自尊心,或者是为了满足自己的虚荣心而盲目接受对方的爱,因为这不但会更深地伤害对方,而且对自己也是一种不负责任、一种伤害。

4. 不知道该如何提出分手

爱情是强求不来的,如果一方发现对方不适合自己而准备结束恋爱关系,也无可厚非。当然,最好是在对方有一定的思想准备下提出分手,对方可能比较容易接受,感觉到的伤害也会少一些,比如,可以用一些暗示性的语言表明两人不合适。

(二)单相思的困扰及其调适

单相思常是初恋的触发点,这一阶段的单相思少有顾忌,并带有很大的盲目性,主要是以感官为基础。如果你正处于一种淡淡的、甜甜的单相思中,不要害羞,同龄人中可能有很多都正在单相思,这是很正常的。我们要达到的目标并不是要你完全断绝单相思,而是要把单相思控制在一个适度的范围内。如果你已被单相思折磨得痛苦万分,简单、安全的选择就是将心事分享给你的密友。当然,如果你有勇气向意中人表达爱慕之情,也是摆脱单相思的一个好方法,如果没有,就尽可能恢复自己的理智与自信。

俄国作家伊萨科夫斯基说过一句话:“爱情,不是一颗心去敲打另一颗心,而是两颗心共同撞击的火花。”单相思的感情固然真挚、强烈,想要斩断缠绵的情思固然残酷,但如果任由情感执着下去,自己将会受到更大的伤害。

对于已经陷入持久的单相思的大学生来说,必须及时调整自己的心态,早日走出单相思的泥沼,只有这样才能拥有健康的人生。

(三)对男友性冲动的困扰与调适

“约会时男友常有性冲动,而自己并不想发生性关系,又不愿伤害男友的心,怎么办?”“为什么更多的男生赞成婚前性行为，而同时又很在乎伴侣的贞洁？”这些问题常常困扰着许多女大学生，使她们在爱与性之间左右徘徊，不知所措。

爱情是双向的，该不该发生性爱，主要看恋爱双方的观念和态度。倘若双方都愿意且有心理准备，那么事前一定要采取正确的避孕、防病措施，尽量避免事后补救。对于女大学生来说，如果没有心理准备，那就要坚定自己的立场，采取一定的方式来保护自己。那么如何巧妙地拒绝男友的性要求呢？

首先，你要理解男友的性要求是正常的。男性常常有通过性行为来释放性紧张的迫切要求，所以你要理解他，要告诉他虽然你拒绝了他的性要求，但你仍然爱他，只是自己没有做好接受性爱的准备。

其次，你们相爱就要尊重彼此。你可以婉言拒绝他的要求，向他说明你并不想未婚先育，不想因意外怀孕而伤害自己的身体等，简要地表明态度即可，不要因此与他纠缠不休。他若爱你就会尊重你的选择。说“不”时要直接、清楚且坚决，不要给对方造成“口是心非”“欲拒还迎”的误会。

男性对视觉和主动触觉的刺激往往比较敏感，只要减少这两方面的刺激量和强度，就可以减少或避免性冲动。因此，女孩欲避免恋爱时发生非意愿的性关系，尽量不要穿暴露的衣服，尽量不要在过于隐蔽的地方约会，最好与男友到公共场合去谈恋爱。

（四）失恋的困扰与调适

面对失恋的打击，如何升华痛苦、悲伤、绝望等情感是检验一个人道德情操的最好尺度，大学生要做到以下几点。

1. 失恋不要失去理智

失恋的痛苦往往来源于不甘心自己的恋情如此结束，不甘心真挚地付出了感情却没有结果。你也许感到痛心，深爱的人已不能再陪伴左右，从此变得陌生，那么遥远，难以触碰。失落、委屈和愤恨，说不出心里是一种什么样的感受。但失恋有时也是一种财富，它能使你认清爱情的另一面，重新认识自己。

2. 失恋不能失志

一旦失恋，如果一味自责，觉得自己不够好，就很难从失恋的阴影中走出。将失恋的教训尘封，及时从狭隘的情感中摆脱出来，恋爱失败了，用学习和工作来补偿失恋的痛苦，“失之东隅，收之桑榆”。你可以向知心朋友诉说你的不幸，从中获得安慰，减轻痛苦；你也可以在群体活动中充实精神，寻找乐趣。当然，你也可以向心理咨询中心求助等。

自古雄才多磨难。经历了失恋磨难的人，一旦重新站起来，将会显示出倍加强大的精神力量！失恋不是失去爱的权利，也不是被爱神永远抛弃。在人生的路途中不乏终身伴侣，在事业的奋斗中更不乏志同道合的战友，只要勇敢地扬起生活的风帆，就一定能够获得更加甜蜜、幸福的爱情。

（五）大学生恋爱中的其他困扰与调适

大学生在恋爱过程中还会遇到其他一些困扰。

1. 自卑

有些大学生总觉得自己没有漂亮的容颜、优渥的家境、完美的成绩单等，简直是见不得人的丑小鸭，有种深深的自卑，认为别人瞧不起自己，认为自己对异性没有吸引力，不敢坦然与异性交往，更怕在异性面前失误，只好回避与异性的接触，以此来保护自尊心。

有这种心理困境的大学生首先应从各个方面发现自己的长处，挖掘和罗列自己能吸引他人的闪光点及特征，以增强自信、悦纳自己。其次，学会辩证地思考问题，所有事物都有两面性，“怎样对异性有吸引力”并不只有唯一答案，也没有标准答案。你是否具有吸引力是因人而异的，你的魅力会因爱而闪闪发光。“迟到的爱”也许是真爱，“早到的爱”也许会提前消失。最后，要大胆地与异性同学交往，多参加有异性同学的集体活动或娱乐活动，了解和观察自己所欣赏的异性同学，同时也了解自己期待恋爱的心理特征，缩短真实自我与理想自我的心理差距，调节好恋爱心理的内部期待与外部期待的矛盾，矫正恋爱动机和恋爱价值取向。

2. 嫉妒

嫉妒之心人皆有之，热恋中的青年男女看到自己的恋人与其他异性有来往时，有时会觉得很不是滋味，这称为嫉妒，也叫“吃醋”。合理范围内的嫉妒可以成为恋人之间的调味剂；但不合理的嫉妒就会变成恋人之间感情升华的严重障碍，并且常会因此而闹出矛盾，甚至导致爱情的破裂。

恋爱中，相爱双方要懂得相互尊重，注重自身的修养，允许对方独自与异性同学、朋友正常交往，自己也要走出狭隘的天地，扩大自己的交往活动范围。即使是相爱、相恋的两个人，也是相对独立的。如果嫉妒心理已经产生，你就要学会控制自己的感情，尊重对方的感情。要知道，你的爱人并不是你的私有财产，他（她）有权与他人交往。

3. 学会拒绝不喜欢的人

大学生渴望得到别人，尤其是异性朋友的肯定和欣赏。但是，如果追求自己的异性是自己不喜欢的人，你该怎么办呢？

如果他（她）是一位不顾你的反应，让你难堪、为难的人，你大可不必给他（她）留面子，可以坚决拒绝，用强硬的语气警告他（她）。如果你面对的是一位有诚意的追求者，你应该尊重对方的人格，爱与被爱都是一种权利。怎么样才能做到既不伤害对方的自尊心，又能体面地拒绝这份感情呢？

（1）明确表示，恰当解释。对那些非拒绝不可的求爱，措辞语气既要诚恳委婉，又要肯定明确，不能使用让对方存有某种希望的语气，不要拖延时间，要讲明这不是对方的错，只是因为自己不能接受，请对方理解自己拒绝的歉意。

（2）好言相劝，让其理解。如果有必要，可以与对方在适当的场合开诚布公地谈一谈，耐心地倾听对方的感受，也向对方道出自己的无奈。

（3）请人协助，书信代言。先找两人共同熟悉的亲友或老师，坦诚相告并通过他们进行劝慰，使对方尽量摆脱痛苦。书信比面谈有着更大的缓冲余地，措辞也能更冷静得体。

（4）逐渐疏远，友好拒绝。尽可能多地与同性朋友在一起，减少与对方单独相处的机会。对方的电话、来信和约会，可寻找借口推托，逐步减少约会次数，态度逐步冷淡，使对方能够明白你的心意。

大学期间，同学友谊是最宝贵的，摆脱不喜欢的追求者一定要注意方式、方法，力争做到既达到目的又不影响友谊的发展，对别人负责，也对自己负责。总之，在拒绝自己不喜欢的人时，态度必须明确、果断，方法却要灵活恰当。

4. 找不到合适的恋人

初次恋爱之所以比较容易，就是因为恋爱双方情感单纯，不存在同以往恋人相比及懊悔与否的问题，只要彼此两情相悦，恋爱关系就比较容易确定。不过，随着恋爱次数的增多，头脑中出现的新旧恋人形象也逐渐增多，新旧恋人的条件比较以及冲突的机会也相应增多，这在客观上对大学生择偶造成不利影响。对大学生来说，最重要的是确立恰当的择偶标准并且牢牢记住：世界上不存在十全十美的人，不恰当的比较只能使你更加患得患失，加重心理上的失落感。

5. 区分爱情与友谊

许多大学生常常会有这样的疑问：我是不是已经在恋爱了？我和他（她）之间的关系有没有进一步发展的可能？为什么我们明明只是朋友，但别人怎么会说我们像是一对情侣呢？诚然，这些问题是不容易回答的。但有一点可以确定：爱情必须以友情为基础，友情却不一定能发展成爱情。友谊与爱情不同，友谊是一种亲近的关系，而爱情却是一种亲密的关系。由亲近发展至亲密毕竟需要一个过程。

6. 网恋

顾名思义，网恋就是通过网络平台进行恋爱。网恋虽然没有花前月下的卿卿我我，却也是虚拟世界中两颗炽热的心在碰撞。然而，网恋终究只是在和自己“想象”中的那个人在谈恋爱，如果网恋双方在现实生活中从未谋面，其恋爱也无法修成正果。此外，网恋还会使大学生与老师、同学之间的交流减少，使大学生不愿意参加集体活动，性格变得孤僻。

三、如何培养恋爱的能力

有人说爱是人类生存问题的全部答案，它使人超越本能，超越自我，超越自然。爱是一件艰难的事情，需要学习，因为爱是一种能力，也是一种艺术。只有具备了爱的能力，才能真正地去爱与被爱，才能够在爱情中体验到甘甜与快乐。

（一）树立正确的恋爱观

爱融会于生活的各个方面，学习和发展爱的能力是贯穿于每个人一生的任务，也是让人受益一生的。当代大学生的生理发育虽然基本成熟，但他们的心理发育尚未完全成熟，人生观和价值观不够稳定，社会阅历相对缺乏，还没有独立的经济基础。

大学生迫切需要爱情，但未必懂得爱情，未必能把握住爱情。在大学生言论中，大概没有什么事情比爱情谈论得更多而理解得更少了。大学生要树立正确的恋爱观，只有找到适合自己的爱情，才会在爱情中感受到甜蜜。

（二）培养爱的能力

培养爱的能力包括培养爱自己的能力、迎接爱的能力、拒绝爱的能力和发展爱的能力。

1. 爱自己的能力

想要爱别人，首先必须爱自己，培养爱自己的能力是为了更好地爱别人。爱自己首先要自尊、自信。爱自己就是要培养一种健康的自我肯定意识。爱自己也意味着积极关心自己的每一个方面。只有当你知道如何关心自己的需要时，才能明白怎样给予别人关爱。只有当你尊重自己的思想和感觉时，你才能将这种尊重施于他人。

2. 迎接爱的能力

其中包括给予爱的能力和接受爱的能力。一个人心中有了爱，在理智分析之后，要敢于表达、善于表达，这是一种爱的能力。一个人面对别人的爱，能及时准确地对爱做出判断，并做出接受、谢绝或再观察的选择，这也是一种爱的能力。

3. 拒绝爱的能力

自己不愿或不值得接受的爱应有勇气加以拒绝。拒绝爱要注意两个方面：一是在并不希望得到的爱情到来时，要果断，勇敢地说“不”，因为爱情来不得半点勉强和将就。如果优柔寡断或屈服于对方的穷追不舍，发展下去对双方都是不利的。二是要掌握恰当的拒绝方式，虽然每个人都有拒绝爱的权力，但是珍重每一份真诚的感情是对他人的尊重，也是对自己的尊重，同时也是对一个人道德情操的检验。因此，要尊重对方并感谢对方对自己的感情；拒绝态度要明确，表达清楚，不拖泥带水；言行要一致，不能语言拒绝，行为举止却仍与对方纠缠不清，使对方产生误会。更不能不顾情面，处理方法简单草率，甚至恶语相加，结果使对方的感情和自尊心受到伤害，这些做法是很不妥当的。

图 6-3　埃里希·弗洛姆像

4. 发展爱的能力

培养发展爱的能力，首先要塑造自己完整与统一的人格，培养无私的品格和奉献精神。弗洛姆（见图 6-3）说：“人必须竭尽全力促成自己完善的人格，形成创造性的心理倾向，否则他追求爱的种种努力注定要付之东流”。其次要不断地学习、创造，美国著名诗人惠特曼说：“爱，不是一种单纯的能力，是我们生活中的一种气候，一种需要我们终身学习、发现和不断前进的活动”。最后要培养善于处理矛盾、化解矛盾的能力，为以后的爱情和婚姻家庭生活打下基础。

心理知识链接

《爱的艺术》

弗洛姆在《爱的艺术》（见图6-4）中指出，爱情不是一种与人的成熟程度无关，只需要投入身心的感情。如果不努力发展自己的全部人格并以此达到一种创造倾向性，那么每种爱的尝试都会失败，如果没有爱他人的能力，如果不能真正谦恭地、勇敢地、真诚地和有纪律地爱他人，那么人们在自己的爱情生活中也永远得不到满足。

弗洛姆进而提出，爱是一门艺术，要求想要掌握这门艺术的人有这方面的知识并付出努力。在这里，爱不仅仅是狭隘的男女爱情，也并非通过磨炼增进技巧即可获得。爱是人格整体的展现，要发展爱的能力，就需要努力发展自己的人格，并朝着有益的目标迈进。

图6-4 《爱的艺术》不同版本封面

(三)培养爱的道德观和责任感

爱情理应是高尚的,这要求大学生必须具有恰当的恋爱道德观。不良的恋爱道德观会危及大学生的身心健康。爱的道德观要求恋爱中的双方尊重彼此的生活方式和生活态度,不强人所难地要求对方去做其不愿意做的事情,理解、信任、宽容对方,不与第三者发生恋爱关系等。爱的责任感要求恋爱中的双方彼此对自己的行为负责,对对方的身心健康负责。

(四)培养恋爱中的挫折承受能力

大学生的恋爱受多种因素的制约,因而在追求爱情的过程中遇到各种挫折是在所难免的。前面提到的单相思、失恋等恋爱心理挫折对大学生的心理承受能力就是一种考验。如果承受能力较强,就能较好地应对挫折,否则就有可能造成不良后果。因此,提高恋爱中的挫折承受能力对大学生的心理健康是非常重要的。当爱情受挫后,可以通过适当的调节、情绪宣泄、注意力转移等方法减轻痛苦,理智地处理自己的感情,分析失败原因,寻找解决问题的方法和途径,认识和实现自己的价值,从而提高自己的心理承受能力。

对失恋的应对方式反映了一个人的心理成熟水平和恋爱观,能够理智地从失恋中解脱出来,往往会使自己变得更成熟。

心动不一定是真爱!

——有趣的恋爱心理效应

1. 首因效应——初次见面很重要

男女双方初次见面时,带来的印象“余波”最深远。精心打扮的你,会给对方传达一种“精致”的印象,即便你以后不常打扮,这个刻板印象在对方的脑海里也很难挥去。第一面的感觉直接决定了对方对你的整体印象。

2. 恋爱中的马太效应——正确的爱情是让对方变得更优秀

马太效应在恋爱中的表现为:强者越强,弱者越弱。当你愿意为自己多付出,不断完善自己,你的个人魅力得到提升,从而提高个人吸引力;而当你一味讨好对方,则会让对方恃宠而骄,你在投入过程中不断“贬值”,对方却在投入过程中不断“增值”。

3. 契可尼效应——为什么初恋总是最难忘的

最懵懂、最青涩的恋爱总是让人印象深刻,最让人刻骨铭心,那种小暧昧的滋生以及情窦初开时的羞涩懵懂,都会让你难以忘怀。西方心理学家契可尼就做过了许多有趣的试验,发现一般人对已完成的、已有结果的事情总极易忘怀,而对那些中断了的、未完成的、未达成目标的事情又总是记忆犹新,这种现象被称为“契可尼效应”。因为初恋大多是没有结果的,所以总会让人记忆犹新，难以忘怀。

4. 投射效应——网恋的原因

投射效应是指以己度人，认为自己在某方面具有特殊性，他人也一定会与自己有相同的特性，容易把自己的感情、意志、特性投射到他人的身上并强加于人的一种认知障碍。在人际认知过程中，人们常常会假设他人与自己具有相同的属性、爱好或是倾向，常常认为别人理所当然地知道自己心中的想法，这也是网恋发生的主要原因。

5. 吊桥效应——心动不一定是真爱

也许你常有这样的感觉：某一瞬间，在某一场景下，会对一个平日里完全没有感觉的人忽然心动，于是你以为自己喜欢上对方了，继而做出无数行为来迎合自己的假想对象。其实这可能就是当时的环境引起了你生理上的紧张、心跳加速，于是你会把这种情况归于对在你身边的人心动。

6. 古烈治效应——男人为什么总喜新厌旧

人类为什么喜新厌旧？见异思迁的特性在很多哺乳类动物身上都有体现，人类作为高等哺乳动物，同样不可避免地保留着这一痕迹。所以每个人的自律性和责任感在此时就显得尤为重要。

7. 互补定律——性格互补的人更容易产生恋情

互补定律是指在具体的内容上能够互相满足，会产生强烈的人际吸引的情况。研究表明，在任何一个团体之中，全是性格相似的人，很容易造成内部不和谐，容易发生争执。这就是因为性格相近的人需求类似，会同时对一个事物产生需求，这个时候大家的利益就会互相冲突。

8. 恋父/母情结——爱上大龄的他(她)

姐弟恋现在并不稀奇，但是有的人喜欢的对象却是自己父母般年纪大的人，这种恋母情结或恋父情结也是很普遍的。在心理学上看来，有恋母情结的人，是因为有跟父亲作对以竞争母亲的倾向，但同时又因为道德伦理的压力，容易产生自我毁灭以解除痛苦的倾向。

（引自《中外女性健康》2013 年第 10 期）

某同学 A，女，大学新生，她发现，刚步入大学，身边的很多同学就开始谈恋爱找男朋友了，班级里的一位女生在生日当天发了一个朋友圈，其内容是这位女生和自己的男朋友在一家酒店庆祝生日，这位女生不仅在朋友圈里上传了自己收到的生日礼物，还在朋友圈配文中说道："今天我从女孩变成了女人。"A 同学与心理委员交流道，虽然发生性行为的事情她是了解的，可还是很难接受仅仅交往月余就高调"晒照"的情况。A 同学也很担心自己在大学时期有了交往对象之后，也会遇到有关性问题的困扰。

项目三 大学生性心理相关问题与应对

大学生已经进入了性生理成熟和性心理逐步构建的阶段。构建完善的性心理有益于大学生形成健康积极的心态。在大学生心理健康教育和心理咨询工作中,经常会遇到关于性心理方面的困惑,那么什么是性心理?遇到有关性心理的困扰后可以通过哪些方式去解决呢?这些都是本部分需要厘清的相关知识点。

一、性心理与性心理困扰

性心理是个体在生理发育成熟基础上形成的与性征、性欲和性行为有关的心理活动,是一种与性生理和性行为相关的心理现象。

大学生常见的性心理困扰有以下几种:第一,性幻想与性冲动带来的困扰。个体频繁或不合时宜的性幻想、性冲动给大学人际交往增加了压力和焦虑,可能会出现回避交往、减少参加集体活动、影响学习等不利影响。第二,自慰困扰。由于在大学前接受性知识教育的程度不同,一些个体对自慰行为存在担忧、畏惧和羞耻感,从而产生了烦恼。第三,性心理偏差行为困扰。譬如,一些大学生有性别认同偏差,不知道该如何调节自己,也不清楚应该怎样与他人交往。

二、性心理发展阶段

大学生的年龄一般为 18 ~22 岁,正处于个体生理发育成熟、性心理逐步成熟的阶段。性心理的发展通常会经历以下两个阶段。

(一)性本能的发展

在个体性生理的发展过程中伴随着性本能的发展。性本能反映出的是生殖本能,是两性的接近与接触。心理学家麦图格教授(Mc-Dougall)在《社会心理学引论》一书中将性本能定义为:“性是复杂的,先天就组织成的,身心两方面都有关系的一种倾向,包括三部分,一是识的,二是感的,三是动的;从神经的功能与结构方面看,一属于传入神经或感觉神经,二属于神经中枢,三属于传出神经或运动神经。”①个体存在识别异性的能力,所带来的反应是如影随形的,最终达到两性有所接近以至于结合的过程。

(二)性心理因素的发展

性发育成熟之后,在恋爱的感情中会产生与此相连的不同情绪。在情绪的作用之下,会产生从满心欢喜到些许失望,从理想化的性欲到混合着多种因素下的性行为后的心理感受,这便是性

① 〔英〕哈夫洛克·霭理士:《性心理学》,国际文化出版公司 2019 年版。

心理因素的发展。斯宾塞(Herbert Spencer)在《心理学原理》一书中认为性爱情绪由 9 种情绪混合：一是生理上的性冲动，二是美的感觉，三是亲密感，四是钦佩与尊敬，五是喜欢受人称许的心理，六是自尊，七是占有的感觉，八是因与人隔阂的消除而取得的一种扩大的行动的自由，九是情绪高涨与兴奋。

三、大学生性心理结构

性心理结构表现在以下几个方面：首先，性需求与性欲望。大学生步入生理成熟期，性欲望逐渐增强，出现了性需求；其次，性知识与性态度。大学生在早期教育的基础上具备了不同程度的性知识，对待性问题也有了不同的态度；最后，两性交往行为方式。健康和谐的两性交往能使个体体验到幸福感，完善个体的人格。

（一）大学生性心理特点

大学生在性心理上的特点集中表现在：性心理不成熟，存在对性行为的要求，在性认知方面有一定差异，性态度有所不同。

1. 性心理不成熟

性心理不成熟表现在大学生对待性问题的心理状态和心理过程的不稳定。遇到性问题时，个体心理状态与过程的波动会对个体的反应存在影响。大学期间，宿舍同学在一起谈论性问题，会对不成熟的性心理有冲击，从而重塑个体的性心理。

2. 性行为的要求

性行为的要求表现在大学生在生理上和心理上对于性行为的一种需求。如今，是否具有性行为已经成为大学生相互交流的一个话题。但要注意的是，即使对性行为产生了一定的要求，也不能沉迷于此，而要理智对待，合理地满足自己的需求。

3. 性认知

性认知即对性相关知识的认知。在大学生群体中，是否了解性知识以及了解程度如何，有着较大的差异。性认知在早期的家庭教育、学校教育中是否蕴含，基础的性教育知识是否在早期环境中以良好的方式开展，都对性认知产生重要影响。

4. 性态度

性态度即对性问题的看法、态度以及情绪体验。例如，大学生对性行为是认同、支持，还是反对、避讳。再如，谈论性问题时，大学生的情绪体验是积极的还是消极的。对待性问题的看法、态度和情绪体验上的差异，会影响大学生的性行为心理和行为方式①。

对大学生性心理特点产生重要影响的因素有性别、地域、年龄、教育等，在分析大学生性心理时，要结合以上要素以及个体情况进行解读。

---

① 许良发：《基于大学生性心理特点的当代恋爱观塑造》，《荆楚学术》2016 年第 6 期。

四、大学生性心理教育对策

（一）开展性心理团体辅导活动

开展 8 ~ 10 人一组的团体辅导活动，通过“恋爱扑克牌”的游戏介入，引导学生的讨论和分享。团体辅导小组中，男女生人数均衡，在活动中能体现出两性对待性问题的不同观点，通过团体活动的方式打开两性交流的渠道。多元化的观点交流后，这些观点会对参与团体辅导的大学生起到启发、答疑、思考的作用。

（二）开展性心理教育活动

在大学生校园生活中，接受性教育的方式对大学生如何看待性，是否采取安全的性行为，以及能否妥善处理性生活后的一些心理、生理、经济、社会因素等问题，有着很重要的影响。

1. 普及知识，树立健康的性观念

在发生性行为之前得知相关的科学知识，对预防传染性疾病、避免意外妊娠等有很大帮助，学校可以通过科普讲座、微信公众平台、自媒体号等渠道，向大学生普及性心理知识。

2. 研讨活动，科学释放性冲动

研讨活动可以激发大学生参与讨论的热情，让不同观点进行交流与碰撞，从而达到深入思考的目的。譬如，在性道德教育中，通过研讨活动，能加强大学生对性道德的重视，培养良好的性道德规范意识，使个体去思考是否能负起相应的责任。大学生也可以在集体活动中接触异性、了解异性，采用更多元的方式去体验情感与情绪。

（三）提供心理咨询

如果大学生产生了性心理困扰，但无法通过自我排解来解除困扰，可以选择进行心理咨询。各高校的大学生心理健康咨询中心可以对大学生心理问题提供专业帮助。咨询中心应该让学生全面了解到咨询的方式、咨询的过程、咨询师的选择以及咨询的相关制度，可以采取电话、微信、QQ 等便捷的预约方式，将心理咨询服务送到学生身边。

心理咨询具有保密性，心理咨询师会对来访者的咨询予以保密，这一特性，在解决大学生性心理咨询方面有着一定的优势。

（四）朋辈心理指导

朋辈心理指导即同班或同龄人对于有心理指导需求的同学能够给予心理开导、安慰、支持的相关活动。朋辈心理指导通常由班级心理委员开展，同学之间相同的生活学习环境、相似的朋友圈以及同理心，能拉近彼此之间的距离，一些苦恼、困扰和比较私密的话题，在朋辈之间能更深入地交流。

朋辈心理指导不仅限于一对一的交流，还可以通过特定的形式开展朋辈团体心理辅导活动。通过多人参与的方式开展性心理主题的活动，可以打开同龄人之间交流该问题的通道。

项目四　恋爱心理测试与训练

一、恋爱心理测试

下面是一个主题为爱情价值观的测试(见表6-1),同学们可以根据自己的情况对项目进行排序。在这个心理测试中,同学们可以根据自己的排序,重新审视这16个项目在心中的重要程度。这个测试能反映出自己在异性交友中最在意的是哪些方面,也可以与自己进行一次深入的交流,提高在异性交友过程中的理性思考能力。

表6-1　恋爱心理测试

序号	项目	顺序
1	可以和他(她)分享生活中的点点滴滴	
2	可以因他(她)而扩展生活领域	
3	可以和他(她)相知很深	
4	可以和他(她)共同建立一个家庭	
5	可以因他(她)的提携和激励而成长进步	
6	可以多一个工作伙伴	
7	可以获爱和支持的感觉	
8	可以享有和他(她)的美好性生活	
9	可以有他(她)随时随地陪在身边	
10	可以和他(她)一起赚很多钱	
11	可以享有照顾和爱他(她)的感觉	
12	可以因他(她)而生活更有变化	
13	可以有他(她)照顾生活起居	
14	可以和他(她)一起生儿育女	
15	可以因他(她)而增加生活乐趣	
16	可以因他(她)而获得安定感	

二、恋爱心理训练

爱是人的本能,爱的能力是指与他人建立亲密关系的能力,爱的能力可以通过学习、体验等方式得以提高。爱的能力强就能爱自己、爱他人,并从中体验到快乐和幸福。从爱的选择、表达、接受和拒绝等方面可以衡量一个人是否具备爱的能力。斯滕伯格的爱情三因素理论中,亲密、激情、承诺这三种成分会形成不同的爱情关系组合。

在日常的大学生心理健康教育中，结合“爱的能力”“爱情三因素理论”等理论基础，进行恋爱心理的训练，可以提高大学生解决情感问题的能力。

（一）训练一

活动名称：爱情秘密

活动目标：认知两性在恋爱中选择、表达、接受等方面的差异；认知两性在恋爱中对亲密认知、激情认知、承诺认知方面的差异。

团体规模：可在班级同学中开展活动

实施方案：

班级同学分为两组，男生一组，女生一组；

男生拿蓝色纸张，女生拿红色纸张；

所有同学想一个最想问的话题，分别写在纸上；

折叠成纸飞机，两个组的成员将不同颜色的纸飞机投向对方小组；

当两组同学都随机拿到对方投来的纸飞机后，大家一起打开，进行小组讨论。

（二）训练二

活动名称：恋爱三十六计

活动目标：帮助大学生认知两性在恋爱中选择、表达、接受等方面的差异；帮助大学生认知两性在恋爱中对亲密认知、激情认知、承诺认知方面的差异。

团体规模：可在班级同学中开展活动

实施方案：

参与学生可按照8～10人一组，分为不同“战队”，给自己的队伍命名；

活动教师随机抽取“恋爱三十六计”卡，参与队伍抢答卡片上的问题，给出答案最多的一组获胜；

譬如，抽到题目为“第一次约会，带给心仪对象的第一份礼物应该是什么?”，参与队伍对这个题目进行抢答，一分钟之内，说出不重复的合理的礼物最多的一队可加分；

得分最多的队伍获得“最具恋爱技巧团队”的称号；

在活动进行到最后的时候，启发大家谈论刚才所问的题目，谈谈参与的感受。

课程思政

1. 思考：周恩来和邓颖超、李富春和蔡畅、举行“刑场上的婚礼”的周文雍和陈铁军等革命伴侣，这些真实的婚恋爱情事迹，对我们有何启迪?

2. 讨论：中国传统婚恋观中，有哪些值得我们继承和发扬?

模块练习题六

一、单选题

(1)“喜欢就是喜欢,一看到丽丽就心动,她是我心中的女神。”从大学生李强的描述中可以看到爱情中的(　　)部分。

A. 友好　　B. 亲密　　C. 激情

D. 承诺　　E. 信任

(2)大学时期的恋爱发展正处于(　　)阶段。

A. 对异性的敏感期

B. 对异性的向往期

C. 恋爱择偶期

D. 对异性的向往期向恋爱择偶期过渡的阶段

E. 择偶尝试期

(3)根据斯滕伯格的爱情三因素理论,(　　)是指恋人之间相互关系、呵护、照顾、终日厮守的愿望。

A. 亲密　　B. 激情　　C. 承诺

D. 责任　　E. 信任

(4)关于爱是什么,不恰当的说法是(　　)。

A. 爱是给予　　B. 爱是尊重　　C. 爱是责任心

D. 爱是关心　　E. 爱是感觉

(5)大学生的恋爱动机不包括(　　)。

A. 随波逐流　　B. 提升成绩　　C. 体验浪漫

D. 情感慰藉　　E. 生理需要

(6)下列(　　)行为不属于爱他人。

A. 尊重所爱的人　　B. 共同成长　　C. 学会付出

D. 被动了解　　E. 给予对方信任

(7)拒绝爱时有一些问题需要注意,以下(　　)是不恰当的,

A. 选择恰当的时机,在双方情绪稳定时提出

B. 不推卸责任

C. 尽可能含糊其辞、模棱两可

D. 言行一致

E. 尊重对方的情感,得体表达拒绝

(8)以下行为本身不会带来害处的是(　　)。

A. 性自慰

B. 沉溺于性幻想

C. 迷恋黄色视频

D. 对性自慰感到恐惧、羞愧和罪恶

E. 为满足他人需求而强迫自己发生性行为

(9)根据斯滕伯格的爱情三因素理论,只有激情和承诺的爱情是属于(　　)的爱情。

A. 陪伴式　　B. 浪漫式　　C. 愚蠢式

D. 完美式　　E. 空洞式

二、多选题

(1)不平等的爱只在乎自己的感受,下列(　　)行为是不平等的爱的表现。

A. 被关爱　　B. 被呵护　　C. 被特别关注

D. 不断满足自己的需求　　E. 只相信自己

(2)爱情三因素理论认为爱情包含(　　)成分。

A. 激情　　B. 友好　　C. 亲密

D. 承诺　　E. 尊重

(3)大学生如何正确对待失恋(　　)。

A. 冷静分析原因　　B. 及时调节情绪　　C. 合理进行宣泄

D. 积极乐观面对　　E. 坚持寻求复合

(4)下列(　　)行为不是解决恋爱问题的好的方式。

A. 任性　　B. 争吵　　C. 冷战

D. 沟通　　E. 暴力

(5)大学生常见的性心理困扰有(　　)。

A. 性焦虑障碍　　B. 性冲动　　C. 性身份障碍

D. 性幻想　　E. 性功能障碍

三、案例分析题

浩然和诗涵是一对大学生情侣,两人恋爱三个月。恋爱期间,浩然习惯在各种节日和纪念日为诗涵精心准备礼物,消费较高。而诗涵觉得恋爱不一定要通过昂贵的礼物来表达心意,日常的陪伴更重要,她认为浩然的消费行为给两人带来了不必要的经济压力,两人因此产生多次争吵。

问题:(1)从消费心理和恋爱价值观层面,分析浩然和诗涵产生矛盾的深层原因。

(2)如果你是他们的同学,你会如何引导他们进行有效沟通,解决消费观念差异带来的矛盾?

(3)在大学生恋爱中,如何平衡恋爱支出与个人经济能力,建立健康的恋爱消费观?

心理图书和视频资料推荐

1. 图书《傲慢与偏见》

英国女作家简·奥斯汀的代表作，以 18 世纪末到 19 世纪初英国乡绅阶层的日常生活为背景，讲述了伊丽莎白与达西之间因傲慢与偏见产生的爱情纠葛，同时也描绘了当时社会的婚姻观念和人际关系。在曲折的爱情故事中，展现了爱情与理智、偏见与误解的冲突与和解，让读者领略到经典爱情故事的魅力和深刻内涵。

2. 电影《西雅图不眠夜》

《西雅图不眠夜》是一部美国爱情电影。影片将一见钟情和浪漫演绎到了极致，一个丧偶的中年设计师一直沉浸在思念已故妻子的悲痛之中，这份执着与深情因为电台的采访而得以表达，深深地吸引了女主，女主对男主虽未谋面却已心有戚戚，并假借采访之名不远万里飞赴心灵之约，两人一见倾心，终成眷属。

3. 电影《泰坦尼克号》

影片以 1912 年泰坦尼克号在其处女航时触礁冰山而沉没的事件为背景，讲述了处于不同阶层的两个人——穷画家杰克和贵族女露丝，抛弃世俗的偏见坠入爱河，最终杰克把生存的机会让给了露丝的感人故事。露丝如果选择未婚夫，那她确实可以享受荣华富贵，但代价是个性与追求被永远抹杀，在爱情与面包之间，露丝勇敢地选择了爱情，追随杰克有趣的灵魂，也因此塑造了更好的自己。这不但是露丝的选择，也可以是所有追求自由的灵魂的选择。

图 6-5 《傲慢与偏见》封面

图 6-6 《西雅图不眠夜》海报

图 6-7 《泰坦尼克号》海报

行为问题与情绪管理

▶ 模块学习目标

(1)熟悉大学阶段的生活习惯与学习习惯;

(2)了解时间管理的重要性,学会管理时间;

(3)了解大学生不良行为的表现和成因,改变常见的不良行为;

(4)熟悉情绪管理的理论知识,并学会管理自己的情绪。

▶ 模块学习导图

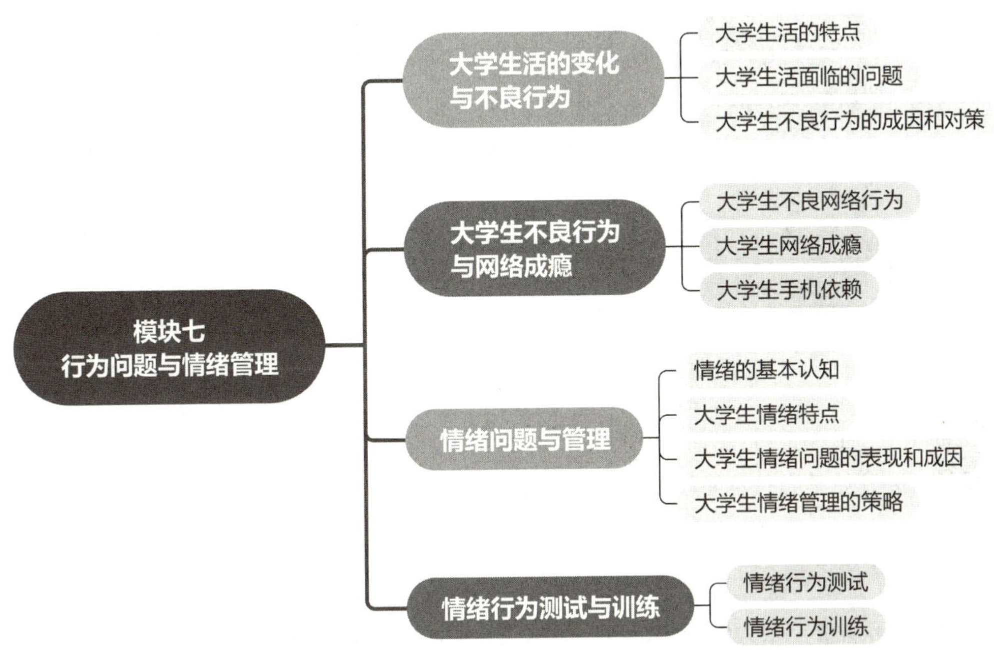

某大二男生，20 岁，来自山东某小城市。平时性格内向，自幼多受大人夸奖，聪明懂事，小学、中学学习成绩名列前茅，美术、打篮球也很出色，母亲是中医医生，父亲是基层领导干部。母亲总以孩子优秀为荣，极力教育他听大人的话，要求他懂礼貌，以求得人们的夸奖。他考进西安某大学，首次离开父母，到校后孤独感严重，生活、学习、人际关系等方面不知所措。与在家时不同，总感到学习负担过重，认为主观努力与客观要求已超出自己的能力及限度，学习效率大不如前；老师、同学与自己关系紧张，感到受歧视；对所学专业无兴趣；很难适应学校环境，感到衣、食、住、行等都不能称心。从他给家长的信中可以看出他变得固执、胆小、敏感、多疑、以自我为中心，在学习、人际交往、生活中也渴望独立自强，却又过分依赖家庭。在别人看来，他的个人条件很不错，但他认为自己很失败，常说自己活得太累，心理常处于紧张焦虑状态。实际上，他的家庭环境优越，身体健康。

最近，家长接到学校通知，说孩子已处于劝退的边缘，父母大感吃惊。父母到学校后，孩子却什么也不说。听学校介绍，第一学期他各门功课都过了，第二学期 3 门不及格，这学期找各种借口不到教室去了。后经辅导员耐心与其谈心，他总算讲了一点，原来，第一学期因为不适应，出现过失眠和孤独感，就开始到网吧玩游戏，看网络小说。辅导员问其不到教室上课的原因，他说："因为夜间失眠才到网吧去，白天就在宿舍睡觉。另外，到了教室，同学们均以歧视的眼光看我，所以我也不愿意见他们……"

（鲁龙光等：《网络成瘾的心理疏导》，东南大学出版社 2012 年版）

项目一　大学生活的变化与不良行为

上大学后，生活环境有了很大的变化，没有了父母、长辈的悉心照料，许多事情要开始学会独自处理了，可以说，真正的独立生活开始了。

一、大学生活的特点

大学生活环境有了很大的变化，没有了父母、长辈的悉心照料，许多事情要开始学会独自处理了，可以说，真正的独立生活开始了。大学生活有如下特点：

（一）大学生活的集体性和自理性

大学生要学会适应集体生活，理解和包容来自不同地域、具有不同口音和不同风俗的同学，尊重他人在饮食起居和个人生活习惯方面的差异，并主动沟通，寻求彼此都能接受的集体生活规律；同时，要学会安排管理好日常生活，比如准时起床、运动，整理床铺，收拾房间，洗涤衣服，合理开销等，积极培养生活自理能力。

（二）课余生活的丰富性和多样性

虽然学习依旧是大学生活的基本内容，但课外生活的作用和范围得到极大拓展，各种比赛、晚会、讲座层出不穷，校内、校外活动丰富多彩，大学生要主动“走出去”，拥抱这种变化，学习更多的东西。

二、大学生活面临的问题

（一）缺乏独立生活能力

学生在高中阶段的大部分时间和精力都用在学习上，生活中的饮食起居等大多数事情都由父母代劳，有的家长甚至每天给孩子收拾床被、整理书桌等，把孩子照顾得无微不至，这也使得孩子缺乏生活自理能力。对于大部分学生来说，上大学是他们第一次离开家开始独立生活，衣食住行、学习活动等方方面面都需要自己独立应对解决，这对于缺乏独立生活能力的大学生是个很大的挑战。

（二）难以适应新的变化

许多学生对大学有一种不切实际的幻想，但当深入了解后，他们发现现实生活并不如曾经想象的那样美好，理想校园与现实生活的矛盾无法解决，这种反差容易导致失望、消沉、迷茫、情绪低落和彷徨迷失等心理不适。

（三）不良生活习惯的侵蚀

（1）晚睡晚起。现在很多同学每天晚上熬夜玩到很晚，早上不按时起床，有的甚至通宵玩游戏，去娱乐场所，第二天不上课而在宿舍睡觉。这种生活方式在学生中确实不少见，作息不规律会带来很多健康问题，比如记忆力和智力减退、代谢紊乱、失眠等。长期如此，学业也会荒废掉。

（2）饮食无规律，不科学。很多同学因熬夜早上经常不起床吃早饭，一些同学来不及去食堂吃饭，经常吃面包以及各种垃圾食品。很多女同学为了减肥而不吃饭，只吃水果和饼干。还有很多同学不爱喝开水，而喜欢喝各种饮料。这些不科学的饮食习惯影响了学生正常摄取各种营养物质，导致身体出现健康问题，最常见的就是胃病。

（3）电子产品过度使用。笔记本电脑已经属于大学生的标配，但很多同学大部分时间不是利用电脑来学习，而是用来玩的。男生熬夜玩游戏，女生熬夜追剧刷视频。睡前玩手机，且把手机放在枕边，这些都容易危害健康，导致失眠。

（4）吸烟、酗酒。人人都知道吸烟对身体有百害而无一利，但很多男生现在却烟不离手。在大学时期，生日聚会、聚餐很流行，很多同学参加聚餐便学会了喝酒，并且酒量还逐渐增大。这些不良的习惯严重影响了身心健康，也会给学业带来一系列问题。

(5)缺乏运动。现在学生大多不喜欢运动,没课时喜欢在宿舍上网或玩游戏,缺乏运动,体能较差,很容易感冒发烧,体质较弱。

(6)不讲卫生。部分男生没有养成良好的卫生习惯,不注重个人卫生,也不打扫宿舍卫生,宿舍环境差,容易滋生细菌,导致疾病。

三、大学生不良行为的成因和对策

分析、探讨大学生不良行为形成的原因,是研究和解决大学生不良行为问题的首要问题。大学生不良行为形成的原因是多方面的,也是比较复杂的,综合起来看主要是大学生的自身原因、学校原因和社会原因,具体而言,主要体现在六个方面:第一,社会不良风气的侵蚀是大学生实施不良行为的直接诱因。第二,高校教育管理存在缺陷是大学生实施不良行为的重要原因。第三,存在不健康的心理因素是大学生实施不良行为的主要原因。第四,大学生痴迷网络及其网上不良行为是影响大学生现实不良行为的潜在原因。第五,对自身要求的放松是大学生实施不良行为的根本原因。第六,家庭教育的偏差是导致大学生出现不良行为的深层原因。

如果放任不良行为,将不能有效实现高校的办学目标,严重影响大学生健康成长,因此,对大学生在校期间的不良行为一定要高度重视,认真对待。要想矫正大学生的不良行为,需要多方面的力量,而且要形成向同一方向努力的合力,同时,必须采取一定的措施,让学生充分认识到要为自己的不良行为付出成本代价,从而规范自身的言行。首先,要养成良好的生活习惯,遵守集体作息制度,树立集体生活观念,多为他人着想;其次,集全校力量,根据大学生身心特点,及时掌握学生思想动态,实现全员育人、全程育人、全方位育人。第三,建立预警机制,减少大学生不良行为的发生。第四,培养健全人格,提高大学生的自我控制能力。第五,开展心理健康教育,提升大学生的心理健康水平。最后,加强校园文化建设,为大学生营造一个良好的行为规范的环境。

项目二　大学生不良行为与网络成瘾

大学生出现行为问题的原因是多方面的,主要体现在:社会不良风气的侵蚀是大学生实施不良行为的直接诱因。高校教育管理存在缺陷是大学生实施不良行为的重要原因。存在不健康的心理因素是大学生实施不良行为的主要原因。大学生痴迷网络及其网上不良行为是影响大学生现实不良行为的潜在原因。对自身要求的放松是大学生实施不良行为的根本原因。家庭教育的偏差是导致大学生出现不良行为的深层原因。以上涉及的大部分行为问题均在其他章节做了介绍,在此,我们着重探讨因网络因素引发的常见行为问题,并给出应对方法。

一、大学生不良网络行为

(一) 大学生网络行为的特点

大学生网络行为是指大学生在互联网上表现出的体现自我思想意识的活动，是大学生在网络环境中所进行的社会行为，包括网络资源共享、网络学科互动、网络搜索引擎、网络信息传播、网络人际交往、网络娱乐休闲、网络消费交易等形式，简单来说，就是大学生网络使用的行为。大学生网络行为对其成长成才发挥了积极影响，有利于其巩固专业知识、舒缓自身压力、拓展人脉关系等。

作为网络“原住民”的当代大学生是网络用户中最活跃的群体，受到网络全方位、深层次的影响。一方面，网络为大学生的学习、生活、交往带来了极大便利，提高了学习效率，增强了参与意识，拓展了世界眼光，促进了全面发展；另一方面，网络上一些无用的、不良的信息的出现，势必会影响大学生甄辨是非的能力，特别是对于思想不够成熟、意志不够坚定的大学生，更加容易造成深远的影响，从而诱发一些网络不良行为。

(二) 大学生不良网络行为的影响

第一，耽误时间，影响学业。一些大学生为从网上寻求精神寄托，把大部分时间花在欣赏影视剧、看直播、聊天和玩游戏等娱乐消遣上，从而影响了正常学业。一些大学生因上网次数过多、时间过长，学习成绩下降甚至导致留级、退学。

第二，消极避世，有碍交往。大学生情感的成熟需要通过社会生活的实际体验，而长时间上网极易阻断大学生的社会情绪体验。部分大学生沉迷于虚拟的网络空间，与现实生活产生了距离感，从而产生紧张的情绪体验，甚至陷入自我封闭的不良状态，产生消极避世的心理。

第三，网络成瘾，影响身心。调查发现，一些网络成瘾者由于长时间坐在电脑前上网，极易产生腰背痛、头脑胀等现象，甚至患上颈椎和眼部疾病。长时间浏览信息还会使人精神疲惫，甚至产生心理问题。

第四，涉足色情信息，有害健康。面对网络上的色情信息，一部分自制力强的大学生能够自觉抑制，但有的会身陷其中，不能自拔，还有的大学生不但自己观看而且还下载色情信息并传播给同学和好友，影响大学生健康成长。

第五，诚信不足，道德失范。网络空间虽是虚拟的，但人们的网络行为却是真实的，久而久之便会影响他们的道德责任感和诚信。

二、大学生网络成瘾

网络成瘾是随着信息技术的发展而新出现的一种成瘾行为，是指在无明显成瘾物质的作用下，过度使用网络并无法控制自己的上网冲动，对个体的身心、学习、生活和工作等各方面造成负面影响的行为。上网者由于长时间和习惯性地沉浸在网络时空当中，对互联网产生强烈的依赖，并达到痴迷程度而难以自我解脱,主要包括依赖社交网络、浏览色情网站、盲目在线购物以及从事网络赌博活动等方面。

(一)问题和特点

随着经济社会环境的高速发展,网络越来越普及,但过度使用网络不仅会耽误学生的学习,还会对其身心健康产生许多消极影响,医学院校的大学生呈现出某些特点。

1. 孤独

网络成瘾的大学生长时间将自己关在室内与电脑独处,足不出户,与身边同辈群体的交往时间大大减少,同时也减少了很多进行社会比较和社会适应的机会。当他们从虚幻、热烈的交流气氛中回归到平静而又单调的现实生活中后,强烈的心理反差使得他们不可避免地陷入了“现代孤独”。有些大学生本打算通过上网交友、聊天、娱乐等活动来排遣现实中的孤独感,但这往往只能是图一时之快,当下网后,一切又回到从前,孤独依旧。此类患者往往易陷入一种恶性循环之中,即孤独—上网排解—下网后孤独升级—延长上网时间—下网后孤独感再度升级。如此恶性循环会导致严重的、难以排解的孤独感,并因此沉迷网络而无法自拔。

2. 网络依赖型人格问题

一些大学生在网上交际或玩网络游戏时,经常扮演与自己实际身份、性格特点悬殊,甚至完全相反的虚拟角色,拥有多个分别代表着不同身份和性格特点的网名,男扮女、女扮男的现象也非常普遍。在这种情况下,他们经常面临虚拟生活和现实生活之间多重角色差异和角色冲突。当多重角色之间的冲突达到一定程度或角色转换过频时,就会出现心理危机,可能导致双重或多重人格障碍。有些性变态患者,为了逃避现实生活中可能被绳之以法或遭到舆论谴责的行为,往往借助于虚幻的网络来幻想对异性的蹂躏。正是由于这一原因,在大学生网民中迷恋色情、暴力、恐怖行为的现象有愈演愈烈之势。这些人平时待人彬彬有礼,或较为腼腆,可一上网就原形毕露,甚至穷凶极恶。此类患者只要稍稍控制不住其化作实际行动的心理张力,便可能给社会带来危害,严重扰乱社会秩序。

3. 社会适应不良

社会适应不良表现为个体行为逃避、社会退缩、社会生活遭到严重影响等。社会适应不良的大学生在遭遇压力、挫折时,不是采取积极的行动去应对,而是采取消极的方法,趋向于逃避现实。为了防止或降低焦虑及压力,使自己不致受到压力过度的冲击,往往采用一些习惯性的适应行为来保护自己。而互联网的便捷性、匿名性及逃避性,正好给学生提供了一个逃避现实的机会。例如,来自农村的大学生王某,进入大学后,难以适应大学生活,过去引以为豪的成绩变得不再受到重视,在生活中由于口音重遭歧视,不擅长人际交往、缺乏体育和文艺才能,远离家乡和亲人,各种因素的影响使得他出现焦虑、抑郁等情绪,而又缺乏解决问题和适应社会的能力,自从某次上网聊天以后,开始迷恋网络,并逐渐加重。每天花费大量时间逃课,上网,不参加学校内的社会活动。和同学们越来越疏远,更加无法融入集体生活,最终导致退学。

4. 自我约束力降低

大学生正处于可塑性强的青春期,抵抗力和辨别力较差,容易受到外界的不良影响。虚拟世界的价值观、道德观与现实世界不同,长期生存于虚拟世界中,混淆了虚拟世界和真实世界之间的差别,把所有规章制度全部抛于脑后,导致自我约束力降低,产生了许多不良后果,如放纵欲望,吃喝玩乐,忽视学习,不积极参加学校内的社会活动和公益活动,从而损害了自己的主要社会功能;无视校纪校规,随意旷课,打架斗殴,考试作弊;与学校产生对立情绪;更甚者无视法律甚至触犯法律,导致严重后果。

5. 医学生的特点

医学院校大学生相对于其他院校大学生,课程任务繁重,就业压力大,容易沉迷于网络,呈现的主要特点有:①医学院校男性大学生网络成瘾发生率高于女性大学生。医学院校中,男生使用网络多是为了释放被压抑的能量,实现现实生活中无法获得的权力欲和控制欲,满足自尊;女生使用网络更多是为了建立一种亲密的人际关系,在其中得到认同感、归属感。②医学院校大学生家庭教养方式与网络成瘾关联显著,健康的民主型教养方式下子女的网络成瘾率较低,而不健康教养方式下子女网络成瘾率较高。③在医学院校中,非医学专业的大学生网络成瘾发生率更高。由于非医学专业学生的专业思想不稳定,就业压力大,专业满意度低,更容易陷入网络成瘾中。

(二)原因和干预

1. 大学生网络成瘾的原因

网络成瘾是一种复杂的社会和心理现象,社会、心理和生理各方面因素交互影响,环境因素是网络成瘾的外因,环境、生理因素总是和心理因素一起共同调节着个体的行为。

(1)网络特征因素。网络具有匿名性、方便性和逃避现实性等特点,“去抑制性”是网络导致用户沉溺的最根本特性。个体在网络社会中,会受某种外加因素的影响出现抑制作用的减弱,因而其网络行为比现实生活中更不受约束。尽管网络本身具有的某些特点容易使人上瘾,但我们不能将成瘾行为只归咎于网络本身,网络所带来的好处要远远多于它的不利因素,并且很多网络使用者并没有出现成瘾行为,因此是否形成网络成瘾主要取决于使用者。

(2)生理因素。生理理论认为人脑中有“快乐中枢”,当网络成瘾者上网时,大脑会受到化学反应刺激,释放出多巴胺,从而使人产生快感。如果这种刺激是经常性的,大脑会强化自身的这种化学反应,从而产生成瘾行为。美国匹兹堡大学心理学教授基姆伯雷博士的一份研究资料表明,网络成瘾的发生机理是由于沉溺者上网时间过长,使得大脑相关的高级神经中枢持续处于高度兴奋状态,并使血压升高,然后则令人更加颓废和消沉。

(3)心理因素。青少年尤其是大学生,比其他群体更容易产生诸如网络成瘾等问题行为。这与他们的心理特点有关,首先是认知因素,非适应性认知是影响病理性网络使用的核心因素,涉及关于自我的认知和关于世界的认知两方面,关于自我的非适应认知主要包括自我怀疑、较低的自我效能感及否定的自我评价等，关于世界的非适应认知则认为网络给了自己一切，而自己在现实中则一无是处；其次是情绪与个性因素，有孤独感、抑郁与焦虑的个体对网络的依赖性更强，上网时间越长。低自尊、缺乏动机、寻求外界认可、害怕被拒绝等人格特质可能是导致网络成瘾发生的原因，个性心理因素是影响青年学生网络成瘾的最主要因素。

（4）社会因素。大学生网络成瘾的社会因素，主要涉及家庭、社会支持和负性生活事件影响几方面。调查发现，在有网络成瘾倾向的大学生中，多数人的父母对他们管教严格，惩罚严厉，操纵、控制他们的倾向较为明显，这说明过于严厉的家庭环境可能是网络成瘾的一个影响因素。非理性网络使用者在遇到矛盾、冲突或不愉快的负性生活事件时，不善于向别人倾诉，而是通过网络寻求安慰，导致社会支持不足和对社会支持的利用不足。

2. 大学生网络成瘾的干预

国内外主要采取心理干预、药物干预和综合干预的方式应对大学生的网络成瘾。这里主要介绍心理干预和综合干预。

（1）心理干预。首先，评估网络成瘾者对于网络的使用模式。其次，要了解网络成瘾者的早期经历，特别是重大生活事件对成瘾者的影响，探究其不良性格和负向情绪的根源，并与网瘾者一起客观全面地分析。再次，协助网络成瘾者恢复生活规律，恢复生物钟，转移对网络的注意力，引导他们寻找有益的兴趣生长点，帮助他们在现实生活中发展优越感。最后，对于严重网络成瘾者要辅以适当的心理治疗技术，可以采用传统的心理治疗方法，以行为矫正法为主，也可以采用焦点短期疗法、家庭疗法、团体辅导、认知疗法。

（2）综合干预。第一，加强网络知识的教育，使学生认清网络的本质，并养成科学正确的网络生活习惯；第二，培养大学生健全的人格，提高大学生的理性自觉认知能力；第三，提高大学生的人际交往能力，构建并完善大学生的社会支持系统；第四，培养大学生对现实生活的价值感和自我效能感；第五，优化大学生成长的群体氛围；第六，不断完善校园大学生心理咨询工作，为大学生及时提供心理辅导。

三、大学生手机依赖

当今社会，手机已然成为大众的必需品，给人们的生活带来了翻天覆地的改变。而大学生群体也是手机使用的主导人群，在学习、生活、人际交往之中更是不可或缺的存在。手机的使用一方面带来了各种各样的便利，比如人际沟通、新闻阅读、知识获取、支付使用等；另外一方面也产生了一些潜在的危害，其中手机依赖问题尤为凸显。

（一）定义和表现

1. 大学生手机依赖的定义

手机依赖指的是过度地滥用手机而导致手机使用者出现生理或心理上的不适应的一种病症，也被称为“手机成瘾”“手机综合征”等。该群体往往在无法使用手机或者无法正常使用手机的某些功能时就会出现负面情绪，比如焦虑、抑郁、心情低落等。

2. 大学生手机依赖的表现

通过对大学生手机使用的程度进行调查，手机依赖主要有以下几个症状：①外出时忘记带手机就会心烦意乱，怅然若失，总是想回去拿回手机；②若连接不上信号或不能上网便开始心情烦躁不安；③手机不能离开自己触手所及的地方，不时检查一下手机，即使因故不能看手机也要把手机放在近处；④经常控制不住地看手机，即使什么事情也没有，在规定不能看手机的场合也忍不住偷看；⑤经常会有自己手机在震动或响铃的幻觉；⑥如果长时间没有朋友或工作伙伴使用手机进行联络，会出现不适感；⑦与人交流沟通时能发短信或打电话就不会选择面对面交流，会感觉自己丧失了一部分社交能力。

严重的手机依赖者忘记携带或无法使用手机时，情绪甚至会急转直下，突然焦虑烦躁或者情绪低下。大学生手机依赖与抑郁之间存在显著相关，大学生手机依赖的倾向性越高，其抑郁程度越重。手机的使用会对人体健康甚至是生命安全存在一定程度的威胁——使用手机的时间过长可能会造成手指僵硬、腕部红肿等“手机病”。大学生手机依赖对其睡眠质量有一定程度的影响等。

（二）原因和干预

1. 大学生手机依赖的原因

（1）个体心理需求。第一，社交需求。大学生处于青春期后期，对社交有强烈渴望。手机提供了便捷的社交平台，如微信、QQ 等，能让他们随时与朋友、家人保持联系，扩大社交圈，满足归属与爱的需求。第二，自我表达与展示需求。大学生希望展现独特个性和自我价值。通过在微博、抖音等平台上发布内容，获得他人关注、点赞和评论，能增强自我认同感和满足感。第三，娱乐需求。大学课余时间相对较多，手机游戏、短视频、音乐等娱乐功能丰富多样，能帮助大学生快速缓解学习压力，放松身心。

（2）认知与行为因素。第一，信息获取便捷。互联网信息海量，手机使大学生能随时随地获取学习资料、新闻资讯等，满足求知欲。长期依赖这种便捷的信息获取方式，会导致他们在认知上对手机产生依赖。第二，行为成瘾机制。手机中的游戏、社交媒体等应用具有即时反馈和奖励机制。例如，游戏中的升级、获得成就，社交媒体上的点赞、评论等，会刺激大脑分泌多巴胺，让人产生愉悦感，逐渐形成成瘾行为。

（3）家庭与学校环境。第一，家庭教养方式。如果家庭中父母溺爱或过于严厉，都可能影响大学生的心理发展。溺爱型家庭可能使孩子缺乏自我控制能力，容易沉迷手机；严厉型家庭可能导致孩子通过手机来逃避现实压力。第二，学校教育与管理。部分大学课程设置不合理，教学方法单一，无法吸引学生注意力，使他们容易借助手机打发时间。同时，学校对学生手机使用管理不严格，也会助长手机依赖现象。

（4）社会环境因素。第一，科技发展与社会潮流。现代社会科技飞速发展，手机功能日益强大，成为人们生活中不可或缺的工具。作为对新事物接受能力强的群体，大学生更容易受到科技潮流的影响，过度依赖手机。第二，社会支持系统。当大学生在现实生活中遇到困难或挫折时，如果缺乏良好的社会支持系统，如朋友、老师、家人的理解和帮助，他们可能会转向手机寻求慰藉，在虚拟世界中寻找情感支持。

2. 大学生手机依赖的应对

（1）个人层面。第一，自我认知与规划。大学生要充分认识到手机依赖的危害，可通过自我反思、心理测试等方式了解自己的依赖程度。同时，制订合理的学习和生活计划，明确目标，将注意力转移到提升自我上。比如，设定每天的学习时间和目标，参加社团活动、学术竞赛等。第二，培养兴趣爱好。积极参与各种兴趣活动，如运动、绘画、音乐等。兴趣爱好能丰富大学生的生活，转移对手机的注意力，还能提升个人素养和幸福感。以运动为例，参加篮球、足球等团队运动，既能锻炼身体，又能增强社交能力。第三，自我约束与训练。运用时间管理技巧，如番茄工作法，规定自己在一段时间内专注学习或做事，不碰手机。也可以通过设定手机使用规则，如在学习时将手机调至静音或关机状态，逐步减少使用时间。

（2）学校层面。第一，加强教育引导。开设心理健康教育课程和讲座，普及手机依赖的危害及应对方法。同时，将合理使用手机纳入学生综合素质评价体系，引导学生正确对待手机。第二，优化课程设置。丰富课程内容，采用多样化教学方法，提高课程的趣味性和吸引力，让学生在课堂上集中注意力。例如，运用案例教学、小组讨论、实践教学等方式，激发学生的学习兴趣。第三，营造良好氛围。开展丰富多彩的校园文化活动，鼓励学生积极参与，减少学生对手机的依赖。如举办科技文化节、艺术展览、志愿服务活动等，为学生提供更多现实交流和互动的机会。

（3）家庭和社会层面。第一，积极沟通。家长要与孩子保持良好的沟通，了解他们的学习和生活情况，给予关心和支持，以身作则，树立良好榜样，让孩子感受到家庭的温暖，避免通过手机逃避现实。第二，加强宣传引导。媒体和社会机构应加强对合理使用手机的宣传，通过公益广告、宣传活动等方式，提高公众对手机依赖危害的认识，营造健康使用手机的社会氛围。

项目三 情绪问题与管理

某医科大学三年级学生，女，22岁，因临近期末考试而紧张、害怕、失眠，前来咨询。该生为独生女，走读但不与家人同住，家族无精神病史，其父母皆为工人，均无人格障碍和神经症，经济条件一般，家庭和睦。该生向来成绩优秀，以577分考入临床医学专业(一类本科)学习，第一、二学年均获一等奖学金，专业排名分别为第4和第6。大三下学期期末考试有7门课程，最后3天分别是诊断学、医学影像学、针灸学和中医学考试。一次诊断课上老师提问，有个以往比她成绩差的女生对老师的5个问题对答如流，而她只对其中3个问题有把握。她回家后，当晚复习效果很差，睡觉时想到同学复习得这么好，自己却这么差，很紧张，出现手抖、心慌和多汗，当晚哭泣，失眠。后来几天，感觉复习时无法进入状态，反复看几遍也记不住。她曾尝试告诉自己不去想，可控制不住，越想越紧张，越无法进入复习状态，心烦意乱，不能集中注意力。考试前需要记忆和理解的知识点较多，有同学熬夜复习，她也熬夜，但复习效率不高，睡觉又睡不实。眼看考试越来越近，担心自己再这样下去就真的会不及格，奖学金无望，非常焦急。

(严军英:《医学生考试焦虑心理咨询案例报告》,《新校园》2015年第6期)

一、情绪的基本认知

每个人在生活中都会体会到不同的情绪，如快乐、忧愁、厌恶、羞愧、惊奇、愤怒等，人们就是在这样多彩的情绪世界里体验着人生百态。

扫码随时学

(一)情绪的定义和类型

1. 情绪的定义

情绪是对一系列主观认知经验的通称，是多种感觉、思想和行为综合产生的心理和生理状态。情绪心理学家斯托曼曾这样定义情绪：“情绪是感受，是与本身结构有关的身体状态，它是粗糙或经过精细化的行为，并发生于特定的情景之中。”主观体验、生理唤醒和外在行为是情绪的三个组成部分，在评定情绪时缺一不可。

情绪是有意识的体验，反映一个人的主观感受，如愉快、悲伤、喜欢、厌恶等体验，情绪的产生依靠知觉，个体通过知觉进行意识层面的加工，形成不同的内心体验。但是这种加工和体验带有浓厚的主观色彩,所以在研究情绪或了解他人感受的时候,通常会使用自我报告的方法,即通过个体的自我描述表达内心的感受。

情绪是人对客观事物的体验,是主观对客观的一种感受,一个人的情绪被唤醒的同时身体也被唤醒。任何情绪都伴随着一系列的生理变化,涉及一系列生理活动过程,如神经系统、循环系统、内分泌系统等。人在焦虑状态下会感到呼吸急促、心跳加快等,这就是情绪的生理唤醒。

情绪指导我们的行动,也会直接反映到人的外显行为上,包括表达性反应和工具性反应。表达性反应是指个体通过面部表情、肢体动作和声调语气等方式来表达自己的感受;工具性反应是指可以提高个体对环境适应性的反应,如因为害怕危险而逃跑,因为忧虑而哭泣等。

2. 情绪的类型

情绪本身是十分复杂的,对其进行准确的分类比较困难。从生物进化的角度,可以把情绪分为基本情绪和复合情绪。基本情绪也称初级情绪,是人们与生俱来的情绪,是人类和动物所共有的;复合情绪又称次级情绪,是由两种及两种以上的基本情绪所派生出来的情绪,它表达了人与客观事物之间极其复杂的相互关系。

基本情绪从不同的角度可以进行不同的划分,比如“爱、喜悦、惊奇”是正面(积极)情绪,“愤怒、悲伤、恐惧”是负面(消极)情绪;此外,还可以从3个维度对这6种基本情绪进行区分:评价(正面或负面)、强度(强或弱)、活动(唤醒程度高或低),比如“惊奇”是一种正面的、强的、高唤醒的情绪,如表7-1所示。

表7-1 情绪的分类

强度低	基本情绪	强度高
兴趣	期待	警觉
宁静	快乐	狂喜
接受	信任	赞赏
忧虑	恐惧	恐怖
分心	惊讶	惊愕
忧伤	悲伤	悲痛
厌烦	厌恶	憎恶
生气	愤怒	狂怒

5岁女儿播下"积极"的种子

美国著名心理学家赛利格曼在他《希望回路》(*The Hope Circuit*)一书中说,在担任美国心理学会主席(1996年)数月后的一天,与五岁的女儿在园子里播种。他的女儿叫尼奇。赛利格曼虽然写了大量有关儿童的著作,但实际生活中与孩子并不算太亲密,他平时很忙,有许多工作要完成,其实种地也只想快一点干完了。尼奇却手舞足蹈,将种子抛向天空。赛利格曼叫她别乱来。女儿却跑过来对他说:"爸爸,我能与你谈谈吗?""当然。"他回答说。"爸爸,你还记得我五岁生日吗?我从三岁到五岁一直都在抱怨,每天都要说这个不好那个不好,当我长到五岁时,我决定不再抱怨了,这是我从来没做过的最困难的决定。如果我不抱怨了,你可以不再那样经常郁闷吗?"

赛利格曼产生了一种闪电般的震动,仿佛出现了神灵的启示。他太了解尼奇的成长,太了解自己和自己的职业。他认识到,是尼奇自己矫正了自己的抱怨。培养尼奇意味着看到她心灵深处的潜能,发扬尼奇的优秀品质,培养她的力量。培养孩子不是盯着他身上的短处,而是认识并塑造他身上的最强,即他拥有的最美好的东西,将这些最优秀的品质变成促进他们幸福生活的动力。

这一天也改变了赛利格曼的生活。他过去的50年都在阴暗的气氛中生活,心灵中有许多不高兴的情绪,而从那天开始,他决定让心灵充满阳光,让积极的情绪占据心灵的主导。

二、大学生情绪特点

(一)丰富性与复杂性

随着自我意识的不断发展,大学生的需求不断增加,情绪日益丰富。这主要表现在大学生自我情感的多样化,如对自我认识的态度体验、对爱情的情绪体验等。从人生发展阶段来看,大学生正面临着学习、交友、恋爱等方面的选择。大学生是特殊的群体,处于心理"断乳期",生理基本成熟而心理尚未完全成熟,易受到外界的干扰;对新鲜事物十分好奇,对人、事、社会等各种现象特别关注,对友谊与爱情执着追求,对学业和未来充满信心,朝气蓬勃、积极进取,拥有积极情绪。同时,人际困扰、恋爱挫折、就业压力甚至天气变化等都可能会导致消极情绪的产生。因此,大学生的情绪既丰富又复杂。

(二)易感性与波动性

人生中感情体验最强烈的时期往往就是大学时期。大学生易受感染,情绪来得快,平息得也快。一场精彩的演讲会让学生热血沸腾,一场扣人心弦的球赛就可让学生废寝忘食。很多事件都会影响大学生的情绪,使他们的情绪摇摆不定,时而激动,时而悲观消沉,表现出极大的波动

性。刚刚还在波峰，也许转瞬就会跃入谷底，这种情绪的极端形式就是情绪的两极性。

（三）激情性与冲动性

大学生兴趣广泛，对外界事物较为敏感，加之年轻气盛，有从众心理，因而在许多情况下，情绪极易被激发，做事会不计后果，有很大的冲动性。随着认知水平的提高，他们的情绪控制能力比中学时期有所增强，但在激情状态下，也常会发生因情绪失控而造成的冲动性行为。

（四）自尊性与敏感性

自我意识的发展使大学生强烈需要肯定自己、发展自己，希望能得到别人的重视和尊重，他们普遍对自己的期望、要求都较高，自尊需要普遍较强。因此，大学生特别喜欢表现自己，希望能引人注目。如故意在某些事情上做得与众不同，以引起他人的注意；对某一件事高谈阔论，发表主张，提高自己的声望；通过各种比赛来展示才华，希望能博得别人的好感和青睐。由于大学生的自尊心较强，因此大学生对涉及"我"的事物或与"我"相关联的事物都非常敏感，并会产生强烈的情绪反应。

（五）阶段性与层次性

各个年级的大学生情绪和情感特点不同，呈现出阶段性和层次性特点。初进大学时，很多新生自视过高，渴求别人的认同、关注，表现为自信、自负，但也有不少学生由于各种主客观原因，陷入被动状况。新生自豪感和自卑感混杂，放松感和压力感并存，新鲜感和恋旧感交替，情绪波动大。同年级的大学生，由于社会、家庭及自身要求、期望的不同，能力、心理素质有差别，也会表现出不同的情绪状态和层次的差别。二、三年级学生已经适应了学校生活，情感比较稳定，独立性、主动性得到了发展。进入高年级，面临着升学、就业等压力，容易出现焦虑、抑郁等不良情绪。

（六）内隐性和外显性

取得了好的成绩、获得了好的评价，大学生的喜悦之情会溢于言表。大学生对外部刺激反应迅速、敏感，喜怒哀乐表现得充分而具体，由情绪引起的内心变化与外部表现是一致的，具有外显性特点。他们有时会有意识地掩饰自己内心的真实感受，如对于事物的看法、内心的秘密，是说还是不说，是多说还是少说，都会以时间、地点、条件为转移。但大学生的外部表现与内心体验有时并不完全一致，在某些状态下甚至会出现相反的表现，尤其是在对异性的态度上，明明喜欢某个人，却有意无意地表现出不关心和冷漠。

三、大学生情绪问题的表现和成因

（一）大学生情绪问题的表现

大学生的情绪问题一般是指大学生的消极情绪，是一种因生活事件引起的悲伤、痛苦、焦虑等长时间持续不能消除的状态。情绪问题一方面会导致大学生大脑神经活动功能紊乱，情绪中枢部位的控制力减弱，使其认识范围缩小，自制力、学习效率降低，不能正确评价自我，甚至会产生某些失去理智的行为，造成心理障碍和心理疾病；另一方面，情绪问题又会降低大学生身体的免疫功能，导致其正常生理平衡失调，引起心血管、消化、泌尿、呼吸、内分泌等系统的各种疾病。

大学生最突出的不良情绪问题是失落和焦虑，其他不良情绪问题按比重由高到低依次是孤独、自卑、恐惧、痛苦和嫉妒等不良情绪。

（二）大学生情绪问题的成因

大学生生理、心理及思想处于变化时期，心理状态及情绪状态处在不稳定时期，缺乏社会生活的磨炼，心理承受能力相对薄弱，易产生焦虑、抑郁、愤怒、嫉妒等情绪问题，产生这些情绪问题的原因有如下几个：

1. 社会环境

就业的竞争、生活节奏的加快给社会阅历浅、心理应对和承受能力弱的大学生带来了很大的冲击，由于对自己信心不足，面临严峻的就业竞争和选择时，不少学生会出现过于焦虑和担心的情绪。

2. 学校环境

学校为了适应社会需要，提高办学水平，对学生的学习、综合素质等方面提出了教育的要求，并制定了完善的考核标准。大学生稍有松懈就会在竞争中失利，学业与就业的双重压力严重影响着大学生的情绪。

3. 家庭方面

家长对子女过高的期望或要求，“望子成龙”的迫切心态，会加重子女的心理负担，使之产生焦虑不安等消极情绪。部分学生害怕不能满足家长的要求或不能为家庭增添光彩，产生高度焦虑和极度苦闷的情绪反应。个别学生体验不到家庭的温暖，或感受不到教师、同学对他的关爱和体贴，也极易产生消极的情绪体验和反应。

4. 不能正确地评价自我

大学生一般都比较自信，对前途和未来怀有美好的向往，成就动机强，自我期望值高。每位大学生在中小学阶段都有一段“辉煌的历史”，但是来到群英荟萃、人才济济的大学校园后，部分学生会发现自己不再那么优秀，现实状况不尽如人意，常常会感到失落和挫败，变得不知所措，逐渐产生了自卑感，如果经过一段时间的努力仍不能实现自己的愿望，就会感到理想破灭了，一遇到苦难和挫折，就很容易萎靡不振，情绪低落。相反，部分学生会过高地评价自己，滋生骄傲自满的情绪体验，但一遇到挫折，也会一蹶不振、自暴自弃。

因此，每位大学生都需要正视现实，重新认识自我，正确评价自我，摆正位置，寻找新的起点，不要一味沉溺于过去，不要让自卑自负等消极情绪影响自己的生活和学习。

5. 依赖性与自主性的矛盾

大学的生活环境较为自由和开放，大学生独立意识增强，凡事都想依靠自己的力量，渴望在各个方面取得成功，愿意参加校内外各种活动，力求处处显示个人的能力，表现出了较强的自主性。但是，部分大学生心理不够成熟，认知能力落后于活动能力，长期形成的依赖心理难以克服，经济方面尚不能完全独立，特别是独生子女，生活自理能力较弱，缺乏社会经验和独立生活能力，面对生活学习中的各种事务常常会不知所措，缺乏必要的心理准备。这种自主性和依赖性的矛盾容易使大学产生适应障碍，产生悲伤、抑郁等情绪。

6. 恋爱受挫引起的情绪波动

大学生对感情的欲望逐渐加强，渴望与异性交往，追求美好爱情。但部分大学生的性格尚未定型，心理尚未完全成熟，情绪有较大波动性，承受挫折的能力不够，对爱情的理解又过于浪漫而不切实际，一旦遭受感情挫折便难以接受，情绪消沉，变得灰心丧气、一蹶不振，严重者甚至会走向极端而采取毁灭行为。

7. 人际交往的受挫

一些大学生对人际交往具有浓厚的理想主义色彩，对友谊的人际交往的期望值过高，一旦期望值难以达到，就容易采取消极冷漠的人际交往态度。部分学生或多或少有封闭心理，担心自己在社交场合不善言谈，担心缺少社交风度和气质，不被人重视接纳；部分学生生性内向，过于腼腆，虽想与人正常交往，但又存在思想顾虑，因而游离于校园交际圈之外。这些类型的学生很容易陷入紧张、焦虑情绪之中，久而久之，消极情绪会成为心理困扰，如果这些困扰无人诉说或无法排解，就可能引发心理问题。

8. 重要丧失

大学期间的重要丧失会对大学生的情绪产生重大影响。一是与大学生活有关的重要丧失，如考试、学业、考研等失利；二是与大学生自我发展有关的荣誉的丧失，如入党、评优、“推研”等失利；三是情感方面的重要丧失，如失恋、好友失和等；四是重要他人的丧失，如亲人去世、家庭发生重大变故；等等，都对大学生的情绪构成影响，特别是负性生活事件对大学生不良情绪的滋长与蔓延起着不容忽视的作用。如果不及时调整，容易引发情绪问题。

四、大学生情绪管理的策略

扫码随时学

相关调查研究表明，大学生情绪智力的总体表现为积极向上的趋势，但消极情绪的表现也有上升趋势，主要表现为孤独、焦虑、不满、茫然和失落等情绪。大学生如果经常处于孤独、焦虑、不满、茫然、失落等消极情绪状态中，就可能导致身心疾病，影响正常的学习兴趣，造成学习能力降低，产生社会适应不良。因此，高校要重视培养大学生情绪认知和情绪管理能力，及时引导并消除大学生出现的消极情绪，避免大学生产生心理障碍。

（一）情绪管理的定义

情绪管理是对自我情绪的把控与调节，通过对良好情绪与不良情绪的协调与处理达到较好的心理状态的行为。情绪管理是通过较为专业的方式和相应的技巧，使个体有意识地察觉情绪，理性地认知、辨别情绪，科学地控制、调节情绪，进而促成个体与社会环境的和谐互动。同时,在自身的协调中努力找到心理的平衡点,使个体维持正向积极的情绪状态,有效纾解负向情绪带来的精神困扰,不断培养自身驾驭情绪的能力和对他人情绪做出适宜反应的能力。

每个人都会有情绪体验,大学生的情绪体验是对外界世界正常的心理反应。大学生的生理和心理都处于成长的高峰期,情绪、情感特别丰富,因其特定的年龄阶段,容易受情绪感染,并具有强烈的冲动性、爆发性和不稳定性的特点,能否有效管理情绪,对大学生的学习、生活、人际交往及身心发展都具有重要意义。

(二)情绪管理的 ABC 理论

1. 何为情绪管理的 ABC 理论

情绪管理的 ABC 理论(见图 7-2)是由美国心理学家阿尔伯特·艾利斯于 1955 年创建的一种重要的心理治疗技术,在该理论中,A(activating event)指诱发事件,B(belief)指个体在遇到诱发事件后随之产生的信念,即个体对这一事件所持有的看法、判断、解释和评价,C(consequence)指某些特定情境下,个体产生的情绪及行为反应的结果。一般情况下人们认为:诱发事件 A 直接引起个体的情绪及行为反应 C(发生了什么事就引起了什么情绪体验);ABC 理论则指出诱发事件 A 只是间接原因,而个体对该事件所持有的信念、看法、解释、评价,也就是 B,才是引起情绪及行为结果 C 的更直接原因。因此,在该理论的应用上,最核心的内容是个体必须对头脑中的不合理信念进行分析、辩论,从而找到情绪根源,再树立起新的合理的信念,由此过程来改变情绪及行为的结果。

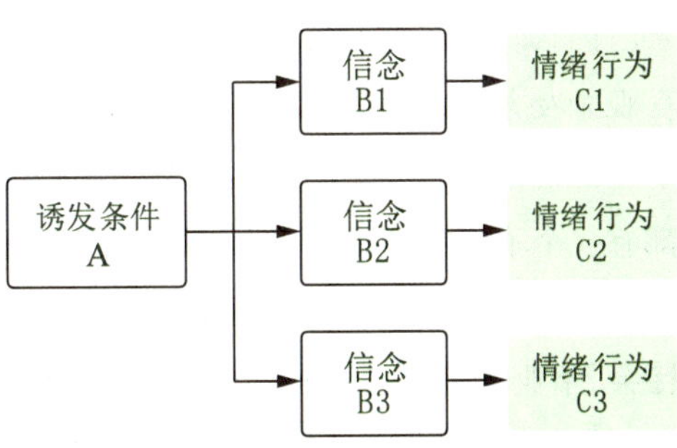

图 7-2 情绪管理的 ABC 理论

2. 如何运用情绪管理的 ABC 理论

在 ABC 理论的指导下,我们可以帮助大学生通过树立合理认知来面对问题、解决问题,有效克服负向情绪的困扰,从而提升自身的情绪管理能力。不合理认知的特点主要有:绝对化要求、过度概括化、情况恶劣化、仓促下结论以及情绪推理,这些也是在日常生活的不同情境中导致大学生产生不合理思维模式、引发不良情绪的主要动因。所以,以 ABC 理论为指导,在具体实践过程中探索改变大学生认知 B 的有效方法,可以帮助其准确地察觉情绪、有效地控制情绪,进而以新的、合理的认知 B 来指导情绪和行为 C。具体操作过程如下:

(1)了解大学生常见的不合理信念。绝对化的观念是指个人以自我意愿为出发点,认为某些事情必定会发生或者必然不会发生的一种观念。例如:“大学生活一定是非常轻松的”,“我一定会成功”,“在高中我是受人喜欢的,到大学肯定所有人也都会喜欢我”,“不顺利的事情一定不会发生”,等等。这些绝对化的观念会对大学生的情绪造成不利影响,因为绝对化的观念是不科学的，而且一旦形成就很难改变。过度概括化是由一个偶然事例得出一种极端信念并将之不适当地应用于不相似的事件或情境中。如在与他人的交往中，容易把别人的缺点或不足无限放大，导致沟通不畅，甚至互相产生敌意；对于部分社会不公平现象，容易放大到整个社会，从而产生厌世、恐惧、绝望等情绪。

（2）分析大学生产生不合理信念的原因。第一是社会因素。我国正处于经济社会发展的转型时期，社会价值观念的多元化正在对大学生产生越来越深刻的影响。大学生的思想还不是很成熟，对社会各种文化观念未能完全理解，面对多重价值观念难以适从，所以很容易产生各种心理冲突或社会适应不良，这些都可能导致他们情绪波动过大，出现情绪困扰。第二是家庭因素。家庭是个人价值观念及情绪状态塑造的第一环境。家庭结构的稳定性、家庭的教育观念及方式、家庭的氛围、父母的关系、父母的文化程度、父母对子女的期待等等都会对大学生的情绪状态及发展产生深刻的影响。据统计，在心理或情绪上有严重困扰的大学生基本都有一个不太好的家庭成长环境。第三是学校因素。学校是大学生生活与学习的主要场所，学校的环境、校风、学风等对大学生的思想与情绪的影响是直接而迅速的。学校也是一个小社会，学业压力、人际沟通不畅都会影响学生的情绪。现在大部分高校都开设了心理健康教育课程，其中有一部分是关于情绪管理的，但是教学方法主要是理论讲授，缺乏实践教学，教学效果一般，学生情绪自主管理能力仍有待提高。影响大学生情绪的因素是多样的、复杂的，但最核心的是大学生的认知水平及认知模式。

（三）大学生常见不良情绪的调适

对不同情境中的负性情绪可以采取不同的方法进行自我调节和控制，并需要结合实际情况来进行，以下 10 条原则和 5 个步骤有一定的指导意义。

调控不良情绪的 10 条原则是：①培养积极乐观的人生观。②培养广泛的兴趣爱好。③广交朋友，与他人建立良好的人际关系。④时常以赞赏的眼光看待自己。⑤不以过高的标准要求身边的每一个人。⑥学会忘记过去的失败和别人对自己的伤害。⑦避免过分的自责。⑧当负性情绪袭击时，尝试用其他事情来分散和转移注意力。⑨不要随意夸大事情的严重性，尽可能做到“大事化小，小事化了”。⑩学会忽略某些对自己不利的事情，以避免因此而引起负性情绪体验。

出现不良情绪可以采取如下 5 个步骤积极调整。

（1）学会识别不良情绪。情绪是人类正常的生理反应，是一种让人们更为深刻地了解自己的方式。情绪具有波动性，偶尔的不良情绪是正常的。当发现自身的不良情绪时，首先要察觉自己出现了何种不良情绪。

（2）摆正心态，接纳自我。成长是一个不断发现、吸收、修正和调整的过程，不论是在大学校园里，还是在今后的人生道路上，都会面对各种沮丧、挫败和拒绝的事件。面对各种正面和负面的情绪体验，都要以包容的心态接纳。

(3)找出不良情绪的成因。能够察觉到自己的不良情绪并找到引起不良情绪的原因是很重要的。要客观分析不良情绪出现的原因,不能把一切都归因于外界,这会导致个人自负,也不利于问题的解决;也不能全部归因于自身,这会使自己丧失自信,陷入自卑。比如,在社交中遭到拒绝,可以反思一下自己是否真的适合与对方交往,对方的性格、兴趣爱好、职业或对未来的预期是否与自己合拍。大学生可以主动参加社团,寻找更适合自己的团体,恢复自身的社交支持,减轻愤怒和攻击性的冲动。大学生还应正确对待孤独感,丰富自己的内心世界。如果因为失恋而产生挫败感和自卑感,就要不断地肯定自我价值,重建受损的自尊。

(4)自我调适,提高情绪管理能力。注重情绪调适可以促进心理健康。心理学认为,当有悲伤和抑郁等不良情绪时,不要尝试压抑不良情绪,而要通过适当的方法勇敢地发泄出来。调节方法有:①宣泄法,如大声地哭泣、大声歌唱和为自己购物等;②转移注意力法,如到大自然中陶冶性情,参加感兴趣的社交活动和体育运动等;③放松训练法,如进行肌肉放松训练、冥想放松训练和呼吸放松训练等。此外,可以制订新的学习计划,学习新的技能,投入到新事物中去,提高个人自信并加强自身内心修养。总之,大学生可以通过不同的方法调节情绪,探索出适合自己的情绪管理方法。

(5)积极寻求外界帮助。在自我调适过程中,人们通常会对某些痛苦的经历进行反复的思考,以获得领悟和振奋的力量,从而走出那段痛苦的经历。但在个人反复回忆和思考痛苦事件时,有可能会陷入不良情绪的反刍,这样不仅没有得到情感的释放,反而加剧了情绪的困扰。因此,当通过自身的情绪调节仍旧无法从不良情绪中摆脱出来时,就需要主动向家人、朋友、心理辅导老师寻求帮助,将内心的恐惧、焦虑暴露在可信任的朋友和家人面前,最大限度减少不良情绪对潜意识的破坏。值得注意的是,不良情绪应尽早调节,不应该被抑制,这样可以避免情绪恶化。但是,当发现自己遭受了严重的心理伤害时,情绪调节往往无法奏效,那么就需要找专业的心理健康专家或心理医生来寻求治疗。

项目四 情绪行为测试与训练

一、情绪行为测试

(一)大学生手机依赖量表

下面列出的问题(见表7-2)没有对错之分,请根据您的实际情况进行填写,请仔细阅读每一项,然后在最符合您的情况面前打上√。1—从不、2—偶尔、3—有时、4—经常、5—总是。

表 7-2　大学生手机依赖量表

序号	题目	选项
1	你被告知你在手机上花的时间太多了	1 2 3 4 5
2	你的朋友和家人抱怨过你对手机的使用	1 2 3 4 5
3	你试图向别人隐瞒你在手机上花了多少时间	1 2 3 4 5
4	你发现自己使用手机的时间比预期的长	1 2 3 4 5
5	你花在手机上的时间总是不够	1 2 3 4 5
6	你尝试减少使用手机但没有做到	1 2 3 4 5
7	因为花时间在手机上而导致你失眠	1 2 3 4 5
8	一段时间内，你全神贯注地想着错过了一个电话	1 2 3 4 5
9	如果一段时间没有检查消息或打开手机，你会感到焦虑	1 2 3 4 5
10	你发现要关闭自己的手机非常困难	1 2 3 4 5
11	没有手机你会不知所措	1 2 3 4 5
12	当你感觉孤立时，会用手机跟其他人通话	1 2 3 4 5
13	当你感觉孤独时，会用手机跟别人打电话	1 2 3 4 5
14	当情绪低落时，你会玩手机让自己感觉好一点	1 2 3 4 5
15	当自己需要做其他事情的时候常常还忙于玩手机，而这会引发问题	1 2 3 4 5
16	你使用手机的时间太多，直接结果是你的创造力下降	1 2 3 4 5
17	有时你宁愿玩手机也不愿意去处理更加紧急的事情	1 2 3 4 5

“手机依赖量表”（MPAI）是由 Leung 等学者修订，常用于检验大学生的手机依赖程度，量表一共 17 道题，每题都有 5 个等级的评分，总分为 85 分，所得分数越高即表明手机依赖的程度越高。该量表包含四个维度：失控性、戒断性、逃避性和低效性，如表 7-3 所示。失控性指使用者在手机上花费大量时间而不能自控，戒断性指无法正常使用手机时出现挫败的情绪反应，逃避性指利用手机回避一些现实问题，低效性指过度使用手机影响到日常生活学习的效率。

表 7-3　手机依赖各维度对应题目

手机依赖各维度	题目
失控性	1、2、3、4、5、6、7
戒断性	8、9、10、11
逃避性	12、13、14
低效性	15、16、17
筛选题（>5）	3、4、5、6、8、9、14、15

(二)情绪稳定性自测量表

情绪稳定性是衡量一个大学生心理是否健康的重要因素之一,情绪极不稳定者容易罹患神经症。英国著名心理学家艾森克运用因素分析的方法对情绪稳定性进行了因素分析,编制了情绪稳定测试表(见表7-4),被业内人士广泛认可和采用,它可以被用于诊断自身是否存在抑郁、焦虑、强迫症、依赖性、疑心病观念和负罪感,适用于诊断大学生的情绪稳定性。

请仔细阅读表7-4中所示的30道题,每道题都有三种不同答案,请你从中选择出与自己的实际情况最接近的一种答案,在作答过程中不得漏题,在同一题上不得斟酌太多时间,请根据看完题后的第一反应回答。

表7-4 情绪稳定性自测量表

序号	项目	A	B	C
1	看到自己最近一次拍摄的照片,你有何想法?	觉得不称心	觉得很好	觉得可以
2	你是否想到若干年后会有什么使自己极为不安的事?	经常想到	从来没有想过	偶尔有想到过
3	你是否被朋友、同事、同学起过绰号、挖苦过?	这是常有的事	从来没有	偶尔有
4	你上床以后是否经常再次起来一次,看看门窗是否关好?	经常如此	从不如此	偶尔如此
5	你对与你关系最密切的人是否满意?	不满意	非常满意	基本满意
6	在半夜的时候,你是否经常觉得有什么值得害怕的事?	经常有	从来没有	偶尔有
7	你是否经常因梦见可怕的事而惊醒?	经常	从来没有	极少有
8	你是否曾经有过多次做同一个梦的情况?	是	否	记不清
9	是否有一种食物使你吃后呕吐?	是	否	记不清
10	除去看见的世界外,你心里是否有另外一种世界?	是	否	偶尔是
11	你心里是否时常觉得你不是现在的父母所生?	是	否	偶尔是
12	你是否曾经觉得有一个人爱你或尊重你?	说不清	否	是
13	你是否常常觉得你的家庭对你不好,但你又确知他们的确对你好?	是	否	偶尔是
14	你是否觉得没有人十分了解你?	是	否	说不清
15	在早晨起来的时候,你最经常的感觉是什么?	忧郁	快乐	讲不清楚
16	每到秋天,你经常的感觉是什么?	秋雨霏霏或枯叶遍地	秋高气爽或艳阳天	不清楚
17	在高处的时候,你是否觉得站不稳?	是	否	偶尔是
18	你平时是否觉得自己很强健?	是	否	不清楚
19	你是否一回家就立刻把房门关上?	是	否	不清楚
20	当你坐在房间里把门关上时,是否觉得心里不安?	是	否	偶尔是

续表

序号	项目	A	B	C
21	当需要你对一件事做出决定时，你是否觉得很难？	是	否	偶尔是
22	你是否常常用抛硬币、玩纸牌、抽签之类的游戏来测凶吉？	是	否	偶尔是
23	你是否常常因为碰到东西而跌到？	是	否	偶尔是
24	你是否需用一个多小时才能入睡，或醒得比你希望的早一个小时？	经常这样	从不这样	偶尔这样
25	你是否曾看到、听到或感觉到别人觉察不到的东西？	经常这样	从不这样	偶尔这样
26	你是否觉得自己有超越常人的能力？	是	否	不清楚
27	你是否曾经觉得因有人跟你走而心里不安？	是	否	不清楚
28	你是否觉得有人在注意你的言行？	是	否	不清楚
29	当你一个人走夜路时，是否觉得前面潜藏着危险？	是	否	偶尔是
30	你对别人自杀有什么想法？	可以理解	不可思议	不清楚

以上各题的答案选 A 得 2 分，选 B 得 0 分，选 C 得 1 分，然后相加得到总分。

得分越少，说明情绪越佳，反之越差。总分 0—20 分，表明你情绪稳定，自信心强，具有较强的美感、道德感和理智感。你有一定的社会活动能力，能理解周围人的心情，顾全大局，你一定是个性格开朗，受人欢迎的人。总分 21—40 分，说明你的情绪基本稳定，但较不深沉，对事物的考虑过于冷静，处事淡漠消极，不善于发挥自己的个性，你的自信心受到压抑，办事热情忽高忽低，瞻前顾后，踌躇不前。总分 41 分以上，说明你的情绪极不稳定，日常烦恼太多，使自己的心情处于紧张和矛盾之中。如果你得分在 50 分以上，则是一种危险信号，请找心理医生进一步诊断。

（三）正性与负性情绪量表

这是一个由 20 个描述不同情感、情绪的词汇组成的量表（见表 7-5），请仔细阅读每一道题并根据自己最近一两个星期的实际情况作答：每一道题包含 5 个选项，即“A. 几乎没有”“B. 比较少”“C. 中等程度”“D. 比较多”“E. 极其多”，请从中选择一个更适合你的答案。在作答过程中不得漏题，在同一题上不要斟酌太多时间，要根据看完题后的第一反应进行回答。

表 7-5　正性与负性情绪量表

序号	项目	选项	序号	项目	选项
1	感兴趣的		4	心神不宁的	
2	心烦的		5	劲头足的	
3	精神活力高的		6	内疚的	

续表

序号	项目	选项	序号	项目	选项
7	恐惧的		14	备受鼓舞的	
8	敌意的		15	紧张的	
9	热情的		16	意志坚定的	
10	自豪的		17	注意力集中的	
11	易怒的		18	坐立不安的	
12	警觉性高的		19	有活力的	
13	害羞的		20	害怕的	

本表全部都是正向计分，几乎没有、比较少、中等程度、比较多和极其多，分别计分1、2、3、4、5分，分别统计正性情绪分和负性情绪分，正性情绪为第1、3、5、9、10、12、14、16、17、19题，负性情绪为第2、4、6、7、8、11、13、15、18、20题。

正性情绪分数值越大，情绪越积极，负性情绪分数值越大，情绪越消极。正性情绪分高表示个体精力旺盛，能全神贯注，是一种快乐的情绪状况，而分数低表明淡漠。负性情绪分高表示个体主观感觉困惑，是一种痛苦的情绪状态，而分数低表示镇定。

（四）抑郁自评量表

抑郁自评量表（Self-Rating Depression Scale，简称SDS，见表7-6）用于衡量抑郁状态的轻重程度及其在治疗中的变化。本评定量表共有20个项目，请仔细阅读每一条目，然后根据最近一星期以内你的实际感受，选择一个与你的情况最相符合的答案。A表示没有该项症状，B表示比较少的时间有该症状，C表示相当多的时间有该症状，D表示绝大部分时间或全部时间有过这类症状。请根据自己的真实体验和实际情况来回答，不要花费太多的时间去思考，顺其自然，根据第一印象作出判断。

表7-6 抑郁自评量表

序号	项目	选项	序号	项目	选项
1	我感到情绪沮丧，郁闷		*11	我的头脑像往常一样清楚	
*2	我感到早晨心情最好		*12	我做事情像平时一样不感到困难	
3	我要哭或想哭		13	我坐卧不安，难以保持平静	
4	我夜间睡眠不好		*14	我对未来感到有希望	
*5	我吃饭像平常一样多		15	我比平时更容易激怒	
*6	我的性功能正常		*16	我觉得决定什么事情很容易	
7	我感到体重减轻		*17	我感到自己是有用的和不可缺少的人	
8	我为便秘烦恼		*18	我的生活很有意义	
9	我的心跳比平时快		19	假若我死了别人会过得更好	
10	我无故感到疲劳		*20	我仍旧喜爱自己平时喜爱的东西	

表7-5中，未标＊的题目正向计分，选A、B、C、D分别计1、2、3、4分，标＊的题目反向计分，选A、B、C、D分别计4、3、2、1分，然后将各项分数相加，再乘以1.25得到最后的总分。

总分的分界值为53分，53～62分为轻度抑郁，63～72分为中度抑郁，72分以上为重度抑郁。

二、情绪行为训练

（一）情绪识别和整合训练

1. 关注当下情绪

以一天为例，把发生的事情罗列出来，尝试用前面学过的情绪词汇进行标记，按1－10分打分，并把此时此刻的想法写下来，填入表7-7中，最后教师进行总结。

表7-7　我的情绪体验

时 间	我经历的事件	我当时的情绪	我的情绪分值
上午			
下午			
晚上			
总分			
我的想法			

2. 追踪过往情绪

以一个月或一年或更长时间作为回顾的周期，想象一下当时的各种情境，按如下格式把你的情绪体验标记出来，感受情绪的复杂性和丰富性，预判如果发生变化自己的情绪会怎样，最后教师进行总结。

当__________，我感到高兴，假设__________，我会感到__________；

当__________，我感到生气，假设__________，我会感到__________；

当__________，我感到难过；假设__________，我会感到__________；

当__________，我感到害怕；假设__________，我会感到__________；

以此类推。

3. 情绪觉察和表达训练

（1）捕捉表情动作。准备一些基本情绪和复合情绪的卡片，让学生自由抽取，并上台展示，让其他同学猜测，然后让大家分组练习，自行选择某些情绪词汇，交叉表演给小组同学，让大家猜测，了解自己和他人表情动作的特点，并讨论如何才能恰当地感受他人和表达自己的喜怒哀乐等各种情绪，最后教师进行总结。

（2）感受语言文字。准备一些文字、图片、音乐或视频资料，将学生分成小组，播放资料后，让大家用语言和文字把自己的情绪反应表达出来，并在组内交流，最后各组派代表进行发言，并讨论产生情绪变化的原因。

(3)体会行动力量。现场分成若干组，每组分配不同的行动计划，设置三种情境：抬头看天花板/低头看脚尖/看对方脸，面无表情/面带微笑，遇人不说话/遇人点头/遇人握手/遇人心中说感谢的话/遇人口中说感谢的话，自由组合情境形成自己的行为方式，先在小组内练习，再在组间练习，并分享感受，最后引导大家讨论看到别人对自己不感兴趣有什么感受？当别人做出或你做出积极的行动时又是什么感受？为什么会有不同的感受？给我们的启发是什么？

4. 情绪放松训练

放松训练又称松弛训练，是行为疗法中使用最广的技术之一，是一种通过训练有意识地控制自身的心理生理活动、降低唤醒水平、改善机体紊乱功能的方法，通过训练求助者，使其能随意地把自己的全身肌肉放松，以便随时保持心情放松的状态，从而缓解紧张、焦虑情绪等。常用的方法有呼吸放松、肌肉放松、想象放松等。例如，想象下面这样一个关于海滩的场景：

我静静地躺在海滩上，周围没有其他人，蓝天白云，蔚蓝的大海，岸边是高大的椰子树，身下是软绵绵的细沙，阳光温暖地照在身上，我感到无比舒畅。微风带着一丝海的味道拂过我的脸颊，我静静地聆听海浪悦耳的歌唱，阳光照得我全身暖洋洋的。我感到一丝暖流顺着我的头部，流进我的右肩，让我感到温暖、轻松；我的呼吸变得越来越慢、越来越深，这股暖流又流进我的右臂，再流进我的右手，整个右手也感到温暖、轻松；这股暖流又流回我的右臂，从后面流进脖子，脖子也感到温暖、轻松；我的呼吸变得更加缓慢深沉，暖流流进我的左肩，左肩感到温暖、轻松；我感到越来越轻松，这股暖流又流进我的左臂、左手，整个左手感到温暖、轻松。我变得越来越轻松，心跳变慢了，心跳更有力了。暖流流进我的右腿、右脚，我的右腿也感到温暖、轻松；我的呼吸缓慢而深沉。暖流又流进我的左腿、左脚，整个左腿变得温暖、轻松；我的呼吸越来越深、越来越轻松。这股暖流流进我的腹部，腹部感到温暖、轻松；最后暖流流到心脏，心脏也感到温暖、轻松；心脏又把暖流输送到全身各处，我的全身都感到了温暖而轻松，舒服极了。我的整个身体都十分安静，也十分安全，我已经感觉不到周围的一切了，周围好像没有任何东西，我安然地躺在海边，非常轻松，十分自在。

好，放松练习到此结束。你感到轻松一些了吗？

教师组织同学们讨论和分享各自的感受。

课程思政

1. 思考：如何理解“喜怒哀乐之未发谓之中，发而皆中节谓之和”(《中庸》)，“乐而不淫、哀而不伤”(《论语》)等传统文化对情绪的阐述？

2. 讨论：从医务工作者的角度，谈谈修炼和提升情商对医学院校学子的重要性。

模块练习题七

一、单选题

(1)下面关于大学生网络行为的说法,不正确的是(　　)。

A. 大学生网络行为,是指大学生在互联网上表现出的体现自我思想意识的活动

B. 大学生网络行为对其成长成才发挥了积极影响

C. 大学生网络行为不仅会耽误学生的学习,同时对其身心健康也会产生消极影响

D. 大学生网络行为包括网络资源共享、网络搜索引擎等形式的社会行为

E. 网络的使用一方面带来了极大便利,另一方面也容易诱发不良行为

(2)情绪的表现形式不包括(　　)。

A. 焦虑　　B. 心境　　C. 激情

D. 应激反应　　E. 心情

(3)情绪管理的 ABC 理论中 B 指的是(　　)。

A. 诱发事件　　B. 情绪及行为反应的结果　　C. 重要任务

D. 认知　　E. 环境

(4)对自身要求的放松是大学生实施不良行为的(　　)。

A. 直接诱因　　B. 重要原因　　C. 主要原因

D. 根本原因　　E. 唯一原因

(5)影响大学生情绪的核心因素是(　　)。

A. 社会因素　　B. 家庭因素　　C. 学校因素

D. 认知水平及认知模式　　E. 个人因素

(6)手机依赖也被称为(　　)

A. 物质滥用　　B. 手机综合征　　C. 网络成瘾

D. 手机病　　E. 强迫症

(7)影响青年学生网络成瘾的最主要因素是(　　)

A. 个性心理　　B. 网络特征　　C. 生理

D. 社会　　E. 家庭

(8)大学生实施不良行为的主要原因是(　　)

A. 社会不良风气

B. 高校教育管理存在缺陷

C. 存在不健康的心理因素

D. 大学生痴迷网络及其网上不良行为社会

E. 家庭教育的偏差

二、多选题

(1)网络成瘾的消极影响主要体现在(　　)。

A. 孤独　　B. 网络依赖型人格问题　　C. 社会适应不良

D. 自我约束力降低　　E. 开阔视野

(2)下面关于生活习惯的说法,正确的是(　　)。

A. 大学生从一开始就要养成符合大学集体生活特点的、有规律的、良好的生活习惯

B. 不良生活习惯的侵蚀是大学生活面临的重要问题

C. 不良生活习惯严重影响身心健康

D. 晚睡晚起、电子产品使用过度等是常见的不良生活习惯

E. 要多为他人着想,学会关心集体,严于律己,宽以待人

(3)下面(　　)属于情绪的组成部分。

A. 主观体验　　B. 生理唤醒　　C. 客观环境

D. 外在行为　　E. 人际关系

(4)大学生不良行为可以概括为(　　)

A. 不良消费和饮食行为

B. 不良网络行为

C. 不良日常行为和思想道德行为

D. 不良恋爱行为

E. 不良学习行为

(5)大学生手机依赖的原因(　　)

A. 个体心理需求　　B. 手机和网络本身　　C. 认知与行为因素

D. 社会环境　　E. 家庭与学校环境

三、案例分析题

(1)某女大学生刚上大学时,常感到不习惯,觉得自己压力很大,做什么事情总是没有精神,这种情况在期末时尤为突出。当同学们在用功复习时,这位女生却怎么也看不进去书,有时候她甚至有点痛恨别人读书。她和从前的同学联系,诉说自己现在的状况。同学们劝她说,大学和高中是不同的,不要管别人如何学习,只要有自己的学习方法,在原来的基础上提高自己就可以了。可是她发现还是控制不了自己的情绪。

该生经常一个人上课、自习、吃饭,觉得一个人很自在。她还有个问题就是当情绪不太好的时候就吃东西,常常是在这个食堂吃过,又跑到另一个食堂继续吃。

但是她发现这种发泄带来了更多的问题。首先是钱的问题,这个学期她买的东西越来越贵,次数越来越多,好像越贵越刺激、越满足。但她的家境并不是很宽裕,于是女生觉得对不起父母,因而自责。但是越自责,就越想放纵自己。好像有两个自我在斗争,一个让自己恢复理智,另一

个让自己放纵，而她总是屈服于后者。

再者是发胖的问题，这对一个女孩子而言是很敏感的问题，而且这位女生很注重自己的外表。她常常在晚上不睡觉吃东西，偷偷摸摸直到吃完为止。第二天清醒之后，又不想接受自己的样子，可是下一次又克制不住自己。

这位女生生活不规律，学习不规律，饮食不规律，对什么都没信心，对什么都没兴趣。她觉得对不起所有对她有期望的人——父母、同学、师长，包括她自己，可她还是很难控制自己的情绪，觉得自己心里好像有两种人格在拼杀。她很害怕，却不知道该如何做。

根据案例分析，这位女生目前出现了哪些不良行为和不良情绪？产生这些不良行为和情绪的原因有哪些？对这些不良行为和情绪如何调适呢？

(2)李某是某重点大学的一年级学生，来自某省一县立中学。中学时在班上名列前茅，一直担任班长，深得老师的信任和同学们的钦佩。因高考成绩突出，李某被学校的热门专业录取。

接到录取通知书后，李某非常得意，他暗下决心要在大学的学习中大显身手，保持在中学的优势地位。但入学近一个学期了，李某的成绩在班上却始终在中等位置徘徊，军训时因动作不标准而受过多次纠正，与室友的关系不太融洽，在班上也未能担任主要干部，仅任团小组长和寝室长。

李某因期中考试成绩一般而情绪低沉，他决定在期末考试中与同学们一决高下，但又因期末考试科目较多，自己在复习时情绪很不稳定，看书时难以集中注意力，复习效率低下，他为了争一口气，连连“开夜车”，结果效果不佳，反而出现了神经衰弱和失眠的问题。

分析李某产生心理问题和生理问题的原因，如果你是他的朋友，你会怎样帮他调节呢？

心理图书和视频资料推荐

1. 图书《积极情绪的力量》

我们总在说，别被消极的情绪控制或影响。可我们大多数人连自己的情绪都没觉察过，更别谈控制。芭芭拉·弗雷德里克森作为一名积极心理学家，用积极情绪代替坏情绪的方法，让我们更容易认识自己的情绪、掌控自己的情绪。积极情绪也并非只有乐观，还有宁静、希望、自豪、激励、爱等。每一个人，也不可能时刻保持积极乐观的情绪。最理想的情绪状态是，积极情绪和消极情绪的比率达到三比一。所以说，不用刻意压制自己的坏情绪，坦然地接受自己的好与坏，并一点点地努力成长，这比追求绝对掌控更加重要。

2. 图书《长大了就会变好吗》

18 岁到 30 岁的青年期，会逐步脱离家庭，但还没能完全独立，于是会遇到各种各样的问题。有爱情、有工作、有社交……各个方面的压力，很难做一个情绪稳定、处事稳重的成年人。但是，又想着自己已经成年了，不好意思向家长朋友求助，于是在不知所措中陷入焦虑和迷茫。其实，这些亲密关系、情绪管理和自我成长方面遇到的困扰，都能在这本书里找到解答和指引。

3. 图书《幸福的情绪》

国际情绪研究协会主席罗伯特·所罗门为我们打开情绪之门，他告诉我们，情绪是通往幸福的道路。这是一本有关情绪与幸福的心理学经典著作，《幸福的情绪》消除了我们对于情绪的一些误解，如：情绪就是感觉、给情绪贴上积极或消极的标签、情绪是非理性的等。阐明了情绪是幸福生活的策略，真正的幸福来自完整的情绪，告诉我们如何用情绪的钥匙打开幸福的大门。

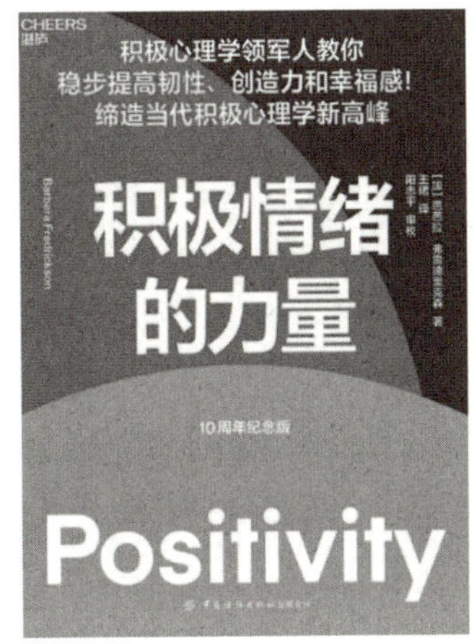

图 7-3 《积极情绪的力量》封面

图 7-4 《长大了就会变好吗》封面

图 7-5 《幸福的情绪》封面

压力适应与挫折应对

▶ 模块学习目标

（1）了解压力的概念、压力源、压力引起的反应以及压力缓解策略；

（2）掌握大学生常见的适应问题及特点，掌握适应问题的解决对策；

（3）熟悉挫折产生的原因、性质和挫折三要素，掌握挫折应对的策略和方式；

（4）学会运用压力自我测试量表。

▶ 模块学习导图

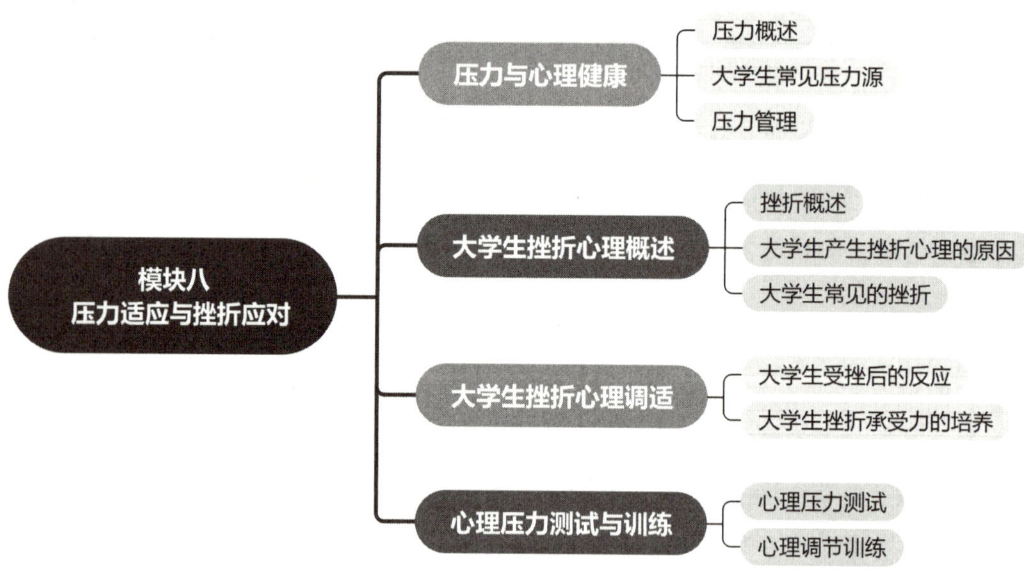

小魏，某大学三年级本科生，高中时期成绩非常优异。由于高考失利，没有考入理想大学，平时成绩不如她的同学，却都考入较好的大学，她很懊恼，暗暗下定决心，到了大学要更加努力，考上理想学校的研究生。大一军训期间，小魏被选为班长，她尽职尽责，受到辅导员和同学们的一致好评，人际关系良好。由于多数时间和精力都用在处理班级事务上，第一学期的考试成绩非常不理想，甚至因为挂科过多，而失去评选优秀班干部和申请奖学金的资格。为此，小魏心里很难过，情绪低落，对什么事都提不起兴趣。在接下来的学习生活中，一临近考试，她就头疼、肚子疼，感觉恶心想吐，并且失眠、暴躁、易怒、注意力不集中，小魏感到很无助，甚至开始深度怀疑自己的能力。

项目一　压力与心理健康

一、压力概述

压力本是物理学名词，指的是单位面积所承载的力量。心理学中所指的“压力”，是现代社会人们最普遍的心理和情绪上的一种体验。压力是一把双刃剑，如果把握得好就会成为成功的动力，比如参加比赛、参加重要的考试、上台表演等，但过度的压力和紧张会破坏人的身心平衡，造成情绪困扰。

（一）压力的含义

压力（stress）这一概念由加拿大著名生理心理学专家汉斯·薛利（Hans Selye）于1936年提出。他认为压力是“当生活环境不能满足个人需要，个人需要和经验与现实生活的要求不一致时，所导致的生理或心理失去平衡的一种紧张状态，也称应激状态”。

国内通常将压力（stress）译为应激，是指由刺激引起的、伴有躯体机能以及心理活动改变的一种身心紧张状态，即人在环境中受到种种刺激因素的影响而产生的紧张情绪。

压力是由压力源、压力反应、压力感三方面构成的。压力源，指使人产生紧张的事件或环境刺激；压力反应，指人对压力事件的反应；压力感，指由威胁性刺激带来的一种被压迫的主观感受。这三个部分是相互联系、相互影响的。当压力源出现，个体感受到压力并对压力存在某些认知，随之产生某种情绪体验。如果我们积极应对压力、及时化解压力，压力反应对个体影响会较少；如果消极应对，逃避压力情境，有可能会引发心理问题，形成心理障碍。

（二）压力产生的原因

压力产生的原因可称为压力源（stressor）或应激源。压力源广泛地存在于我们生活之中。有些压力源是稍纵即逝的，引起瞬间的兴奋和欢欣；有些压力源则持之以恒，造成习惯性的高压反应，使人经常处于一种戒备状态，甚至导致心理失衡。

压力可以分为两大类：内因性压力源和外因性压力源。“内因性压力源”来自人的体内，包括人的态度、思想和情感，使人的压力变得更大；“外因性压力源”来自人的体外，包括学习、工作、就业、人际关系、家庭、经济状况以及健康情况等。我们可以把造成压力的各种因素分为躯体性、心理性、社会性和文化性四大类压力源。

1. 躯体性压力源

躯体性压力源是指通过对人的躯体直接发生刺激作用而造成身心紧张状态的刺激物，包括物理、化学、生物的刺激物。这一类刺激是引起生理压力和压力的生理反应的主要原因。

2. 心理性压力源

心理性压力源是指来自人们头脑中的紧张性信息。例如，心理冲突与挫折、不切实际的期望、不祥预感以及与工作责任有关的压力和紧张等。心理性压力源直接来自人脑，反映心理方面的困难。

3. 社会性压力源

社会性压力源主要指造成个人生活方式上的变化，并要求人们对其做出调整或适应的情境和事件。这里的生活方式是指组成一个人的日常生活的经验和事件，包括居住地及居住环境、工作的类别及工作场所的环境条件、饮食情况、个人生活习惯、娱乐活动的种类与时间、体力活动的程度、社会联系等。比如，家庭中可能存在导致大量的持续性压力的因素，如照顾年迈的双亲、配偶或孩子患病、夫妻关系恶化等。

4. 文化性压力源

文化性压力源指要求人们适应和应付的文化变化问题，最为常见的是“文化性迁移”，即由一种语言环境进入另一种语言环境，或由一个民族聚居区、一个国家迁入另一个民族聚居区、另一个国家。在这种情况下，一个人就将面临一种全新的环境、陌生的生活方式和风俗，从而不得不改变自己原有的生活方式与习惯，以顺应新的变化，因此而产生压力。例如，出国留学是众多学子期盼的深造机会，但一些学生由于对新的文化环境缺乏充分的心理准备，在异文化背景下难以适应，压力过大而引发身心疾病。

引发压力的因素普遍存在于我们生活的方方面面。面对相同的压力源，每个人的反应程度不同。所有的压力反应都具有累积的效应，必须引起我们的重视。

（三）压力反应的表现

当面临压力时人们会产生一系列心理和生理的反应。这些反应在一定程度上是机体主动适应环境变化的需要，唤起和发挥机体的潜能，增强抵御和抗病的能力。如果反应过于强烈或持久，就可能会导致生理、心理和行为方面的反应，这些反应主要有以下几种。

1. 压力下的生理反应

个体在压力状态下会出现一系列不同程度的生理反应，主要表现在自主神经系统、内分泌系统和免疫系统等方面。比如,会出现心率加快、心肌收缩力增强、血压升高、呼吸急促、各种激素分泌增加、消化道蠕动和分泌减少、出汗等情况。加拿大心理学家薛利在20世纪50年代以白鼠为研究对象从事多项压力的实验研究,把压力状态下的身体反应分成三个阶段。第一阶段是警觉反应。这一阶段中,由于刺激的突然出现而产生情绪的紧张和注意力提高,体温与血压下降,肾上腺分泌增加,身体进入应激状态。如果压力继续存在,身体就进入第二个抗拒阶段,器官企图对身体上所有受损的部分加以维护复原,因而会产生大量调节身体的激素。第三阶段是衰竭阶段,压力存在太久,应对压力的精力耗尽,身体各功能运转突然缓慢下来,适应能力丧失。可见,压力下的生理反应可以调动机体的潜在能量,提高机体对外界刺激的感受和适应能力,从而使机体更有效地应对变化。但过久的压力会使人的适应能力下降,产生口干、腹泻、呕吐、头痛、口吃等生理反应。

2. 压力下的心理反应

压力引起的心理反应有警觉、注意力集中、思维敏捷、情绪的适度唤起,这些是适度的反应,有助于个体应对环境。例如,学生参加考试、运动员参加比赛,在适度压力下竞争比较容易出成绩。但是,过度的压力则会带来负面反应,如过分烦躁、抑郁、焦虑、激动不安、愤怒、沮丧、失望、消沉、健忘等,会使人自我评价降低、自信心减弱,表现出消极情绪。心理学研究还表明,过度的压力会影响智能,压力越大,认知效能越差。个体在压力状态下的心理反应存在很大差异,这取决于个体对压力的知觉和解释以及处理压力的能力。

3. 压力下的行为反应

当个体面临压力时会有各种行为变化,这些变化取决于压力的程度以及个体所处的环境。压力状态下的行为反应可分为直接反应与间接反应。直接的行为反应是指直接面临紧张刺激时,为了消除刺激源而作出的反应。例如,路遇歹徒或与其搏斗或逃避。间接的行为反应是指借助某些物质暂时减轻与压力体验有关的苦恼,如借酒消愁。

一般而言,适度的压力会促发或增强一些正向的行为反应,如寻求他人支持,学会处理压力的技巧。但压力过大过久,则会引发不良适应的行为反应,如谈话结巴、动作刻板、过度饮食、攻击行为、失眠等。

人们对压力的反应有显著的个体差异,也就是说相同的刺激引起的反应是不同的,这取决于个体的认知、评价及起调节作用的个性心理特征、个性倾向性和社会支持、个体健康状况等因素。压力是由刺激引起的,有害的、侵略性的刺激会引起压力,愉悦的、受欢迎的刺激也会带来压力。适度的压力是维持人们正常的心理功能和生理功能的必要条件,有助于人们适应环境、提高能力。但是,如果一个人长时间处于太多的压力之中,身体的细胞、组织与器官就会发生变化,影响身心健康。因此,我们需要学习应对压力的方法与技巧,学习与压力为伴,激励自己不断前进。

二、大学生常见压力源

大学生是承载着家长、社会高期望值的特殊群体,成才欲望非常强烈,但心理尚未完全成熟、稳定。社会的发展、生活环境的变化、学习方式的转变、求职择业的竞争、成长过程中的问题使大学生面临诸多压力的挑战。如果能正确面对，压力则可能成为动力；如果不善应对，则会变成阻力。

（一）社会压力

我们目前所处的社会发展迅速，互联网知识和信息飞快更迭。大学生正处于从心智不成熟到成熟、从生活不独立到独立过渡的阶段，在当今时代背景下，他们面临更加严峻的挑战：一方面要努力学习基础知识，同时还要具备获取新知识的基本素质；另一方面要培养创新意识和创新能力，同时还要塑造能够融入社会的健全人格。

（二）学业压力

大学期间，医学课程专业性较强，又占据重要地位，学习的强度和难度增加了许多，与高中时期的学习不同，需要的不仅仅是单纯的理解和记忆，还需要将所学知识加以应用和实践，真正做到理论联系实际。这就要求大学生在学习的深度和广度上进一步发展。另一方面，除了要应付平时各类考试外，为了在就业过程中给自己增加就业砝码，还要努力参加各种证书考试，如英语四、六级考试，计算机考试，专业技能证书考试等。许多医学生为了提高学历层次，在大四阶段开始着手准备考研，背负着沉重的学习压力。

（三）生活压力

在生活上，大学生多数都是依赖家庭，第一次离开父母，生活琐事大到每学期的经济开销支配，小到吃饭、穿衣、洗衣，事无巨细样样都得自己费心。对于缺乏生活经验和自理能力的学生来说，这无疑是个不小的挑战。异地就读的学生还要适应当地的生活环境、气候特点、饮食习惯等，很容易产生心理压力。

（四）情感压力

爱情、友情、亲情是大学生面临的三大情感问题。长期处在父母“羽翼”呵护下的孩子，来到新环境，自己也已成年，往往会更有主见，与家长的沟通越来越少。正值青春美好年华的大学生，都怀着对爱情的美好期待，无论是热恋时的相处，还是恋情的终结，抑或形单影只的孤独感，难免都会产生心理压力。

（五）就业压力

就业一直以来是大学生及家长最为关注的一个问题。当今时代方方面面竞争加剧，就业形势严峻。竞争就业，竞争上岗，整个社会处于激烈的竞争中。连续多年的扩大招生，再加上农村劳动力涌入城市，使大学生就业问题变得更加尖锐。就业压力已经成为大学生诸多压力中最主要的压力。

（六）经济压力

近年来，虽然我国经济飞速发展，但仍存在一些贫困地区和一部分贫困家庭。来自这类地区和家庭的大学生，由于生活拮据，在人际交往中往往受到一些限制，且有些人从小就形成了内向的性格，不善言语，不善于表达自己，在人际交往中往往处于劣势，可能变得更加内向和压抑，一旦学习和生活受到挫折，便可能会焦虑不安，对前途感到悲观失望。

（七）其他压力

大学是塑造世界观、价值观和人生观的时期，也是产生自我认知和自我定位的关键时期。这个时候，家庭问题、自我认知的偏颇以及自我定位的不准确，也会造成大学生心理上的紧张，使其产生一定的压力。

三、压力管理

压力是一种感受，是一种心理反应，是生活的一部分，无法避免。压力管理的目的并不是彻底消除这种压力，而是学会一套有效应对的方法，从而起到缓解、调节和分散作用，并使个人有一种积极、乐观向上的心态。

（一）时间管理与规划

1. 制定合理的学习计划

首先，要明确自己的课程安排和学习目标。医学生的课业繁重，每门课程都有不同的作业和考试要求。医学生可以按照课程的难易程度、课程性质等来分配时间。例如，对于难度较大的专业课程，每天安排 2 ~ 3 小时的集中学习时间，用于攻克复杂的概念和习题；而对于相对简单的通识课程，每天安排 1 ~ 2 小时，主要用于复习和完成简单的作业。这样可以避免学习任务的堆积，减少考试前的紧张和压力。其次，将长期的学习任务分解为短期的小目标。比如，准备期末考试时，不要把所有复习内容都堆积到最后两周。可以提前一个月开始复习，每周复习一门课程的重点章节，循序渐进，避免在考试前因为时间紧张而产生巨大的学习压力。

2. 合理安排课余活动

大学是大学生综合素质和能力提升的重要阶段。除了学习，其他各方面的发展也很重要。大学生可以将课余时间分为休闲娱乐时间和自我提升时间，通过合理分配课余时间，既能缓解学习压力，又能丰富大学生活，提升自己的综合素质。

（二）积极应对与自我调适

1. 培养积极心态

学会用积极的心态去看待挫折和压力。例如，把比赛看成是展示自己的机会，即使有失误也是经验的积累的过程，是成长的必经之路，这种积极的自我暗示能够缓解紧张情绪。同时，要学会从失败中寻找积极因素。比如，考试成绩不理想，要认真分析失利的原因，有针对性地复习，把这次失败当作提升自己的契机。与积极乐观的人交往也能帮助培养积极心态。

2. 合理宣泄情绪

合理宣泄情绪是指在合适的场合通过合适的方式把负性情绪发泄出来，以调节失衡心理。

情绪宣泄是排解或释放紧张情绪的过程，是人们自我保护的有效措施，就如锅炉的蒸汽积累多了需要排放一样，情绪宣泄起到安全阀的作用。人所承受的心理压力是有限的，巨大的压力和消极的情绪长期积郁在心里，很容易身心失衡，危害健康，也不利于社会和谐稳定。我们可以在既不伤害自己不影响他人的前提下，通过适当的方式把压力和负性情绪发泄出来。例如：倾诉、休闲娱乐、消耗体力的运动等方式，也可以痛哭一场或在空旷无人的地方高声歌唱、大喊大叫或者用力捶打橡皮人、被子、枕头、毛绒玩具等发泄一通。通过这些能量消耗的方法，心理积聚的压力和消极情绪获得了释放，内心便会产生一种如释重负的感觉，心情也会变得舒畅起来。

3. 肌肉松弛训练

扫码随时学

肌肉松弛训练是按一定的训练程序，通过改变肌肉紧张度，有意识地控制或调节自身的心理活动，降低机体唤醒水平，以应对情绪上的紧张不安、焦虑、恐惧等。全身渐进性肌肉放松顺序为：头部、手臂、躯干、腿部。选择安静的环境，保持舒适的姿势，每个部位的肌肉紧张保持 10 秒左右，然后体验放松后的感觉，每个部位重复 1 次。此过程中可适当穿插深呼吸三次，每次吸气后保持 5 秒左右，再缓缓呼出。当各部分肌肉放松都做完之后，训练者还可以自我暗示进一步强化放松感受：现在我感到很平静、很放松……最终，由上到下全身的肌肉逐一松弛，整个身心均处于放松状态，每日操作 1 ~2 遍，持之以恒，会使压力疏解，使身心得到放松。

4. 认知调节

美国心理学家艾利斯认为，人的情绪是由认知观念决定的，合理的认知观念产生积极的情绪，不合理的认知观念导致消极的情绪。艾利斯提出的 ABC 理论，主要通过改变人的认知观念来改变情绪，是心理自我调节常用的理论基础。A（Activating events）是个体遇到的事实、事件；B（Beliefs）是个体对 A 的信念、观点和看法，也就是我们所说的认知；C（Consequences）是事件造成的情绪和行为后果。艾利斯认为人们的情绪困扰不是由外界发生的事件引起的，主要在于人们对事件的看法、态度和评价等。因此，改善不合理认知，以理性的思维方式代替不合理的思维方式，是减轻和消除不合理情绪和行为的关键所在。如：我必须每次面试都成功；学校应该录用我；连不如我的同学都能找到一份不错的工作，我应该找到更好的工作；一次升学成绩不理想就认为自己不行，进而怀疑自己；如果不能按时毕业，我什么也做不了，还有什么前途……这些不合理认知导致同学们出现恐慌、压抑、焦虑、忧郁等不良情绪。

（三）寻求社会支持

社会支持是指来自家庭、亲友和社会其他方面（同学、老师、组织、团体和社区等）对个体精神和物质上的慰藉、关怀、尊重和帮助。

社会支持可以对处于压力情境下的大学生给予一定的心理保护和援助。社会支持可以提供情感支撑。当大学生面临困境时，如果能及时得到父母、朋友、同学和老师有效的安慰和鼓励，就会减少压力感，减少负性情绪的产生，降低压力对个体身心健康的危害。社会支持可以提供工具支持。当大学生面临压力情境时，社会支持良好的大学生可以从他人那里获得必要的指导，或应对压力的策略，从而看到更多的可能性，不“钻牛角尖”。

心理知识链接

合理情绪治疗

合理情绪治疗（Rational-Emotive Therapy，简称RET）又称合理情绪疗法，是20世纪50年代由阿尔伯特·艾利斯（A. Ellis）在美国创立的。合理情绪治疗是认知心理治疗中的一种疗法，因它也采用行为疗法的一些方法，故被称为一种认知-行为疗法。

合理情绪治疗法又称合理情结治疗法，它的基本理论主要是ABC理论（见图8-1），在ABC理论模式中，A是指诱发性事件；B是指个体在遇到诱发事件之后相应而生的信念，即他对这一事件的看法、解释和评价；C是指特定情景下，个体的情绪及行为结果。通常人们认为，人的情绪行为反应是直接由诱发性事件A引起的，即A引起C。

ABC理论指出，诱发性事件A只是引起情绪及行为反应的间接原因，而人们对诱发性事件所持的信念、看法、理解才是引起人的情绪及行为反应更直接的原因。人们的情绪及行为反应与人们对事物的想法、看法有关。合理的信念会引起人们对事物适当的、适度的情绪反应；而不合理的信念则相反，会导致不适当的情绪和行为反应。当人们坚持某些不合理的信念，长期处于不良的情绪状态之中时，最终将会导致情绪障碍的产生。

因为情绪是由人的思维、信念所引起的，所以艾利斯认为每个人都要对自己的情绪负责。他认为当人们陷入情绪障碍之中时，是他们自己使自己感到不快的，是他们自己选择了这样的情绪取向。不过有一点要强调的是，合理情绪治疗并非一般性地反对人们具有负性的情绪。比如一件事失败了，感到懊恼和受挫感是适当的情绪反应。而抑郁不堪、一蹶不振则是不适当的情绪反应。

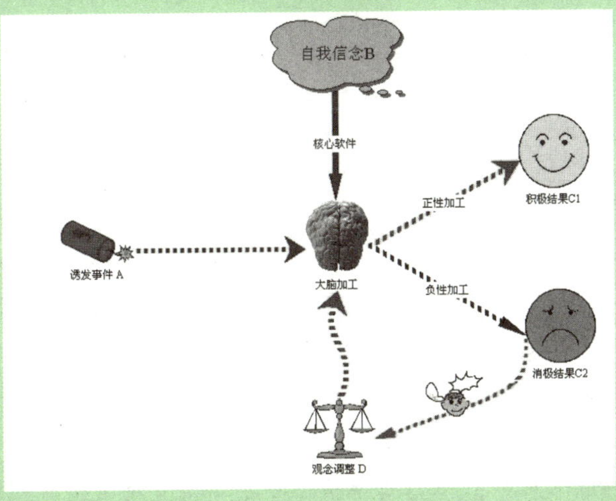

图8-1 艾利斯ABC情绪理论

例如，两个同事一起上街，碰到他们的总经理，但对方没有与他们招呼，径直过去了。这两个同事中的一个认为："他可能正在想别的事情，没有注意到我们。即使是看到我们而没理睬，也可能有什么特殊的原因。"而另一个却可能有不同的想法："是不是上次顶撞了老总一句，他就故意不理我了，下一步可能就要故意找我的岔子了。"两种不同的想法就会导致两种不同的情绪和行为反应。前者可能觉得无所谓；而后者可能忧心忡忡，以至于无法平静下来做好自己的工作。

从这个简单的例子中可以看出，人的情绪及行为反应与人们对事物的想法、看法有直接的关系。在这些想法和看法背后，有着人们对一类事物的共同看法，这就是信念。前者在合理情绪疗法中称为合理的信念，而后者则被称为不合理的信念。合理的信念会引起人们对事物适当、适度的情绪和行为反应；而不合理的信念则相反，往往会导致不适当的情绪和行为反应。人们坚持某些不合理的信念，长期处于不良的情绪状态之中，最终将导致情绪障碍的产生。

心理案例

大三学生小A，在教室看书时，总是担心有人会坐在身后并且干扰自己，有强烈的不安全感，以至于只能靠墙坐或坐在角落，否则无法安心学习。他对同寝室一位同学放收音机的行为非常反感，有时甚至难以忍受，午睡时总担心会有收音机的声音干扰自己，从而影响睡眠，但又不好意思与其当面发生冲突，觉得因为这样的小事发脾气，可能是自己的不对。由于无法摆脱这种困境，他非常苦恼，严重地影响了学习和生活。看到班上同学在认真备考研究生，而自己一片茫然，也没有办法集中精力学习，而感到焦虑、自卑，认为自己糟糕极了，生活态度比较消极。家里经济状况一般，认为本应挑起家里重任的，但又力不从心。

心理知识链接

有一位讲师正在给学生们上课，大家都认真地听着。寂静的教室里传出一个浑厚的声音："各位认为这杯水有多重？"说着，讲师拿起一杯水。有人说二百克，也有人说三百克。"是的，它只有二百克。那么，你们可以将这杯水端在手中多久？"讲师又问。很多人都笑了：二百克而已，拿多久又会怎么样！

讲师没有笑，他接着说："拿一分钟，各位一定觉得没问题；拿一个小时，可能觉得手酸；拿一天呢？一个星期呢？那可能得叫救护车了。"大家又笑了，不过这回是赞同的笑。

讲师继续说道："其实这杯水的重量很轻，但是你拿得越久，就觉得越沉重。这如同把压力放在身上，不管压力是否很重，时间长了都会觉得越来越沉重而无法承担。我们必须做的是放下这杯水，休息一下后再拿起，只有这样我们才能拿得更久。所以，我们所承担的压力，应该在适当的时候放下，好好地休息一下，然后再重新拿起来，如此才可承担更久。"

说完，教室里一片掌声。

随着社会的进步,人们也跟着越来越忙,接着,负担也越来越重。我们不妨在适当的时候放下负担,轻松一下,等调整好了状态再重新拿起。

项目二　大学生挫折心理概述

“人生不如意者,十之八九。”每个人都享受过成功的喜悦,也都品尝过失败的沮丧。挫折与成功一样,是每个人成长与发展中都会遇到的,是人一生的伴侣。没有挫折就没有成长,更难有提高和成功。人们不仅要有迎接成功的准备,也要有面对挫折的勇气。

一、挫折概述

“挫折”在现代汉语里多表示遭受落败、被压抑、失去信心的意思。在心理学上,挫折是个体从事有目的的活动受到阻碍或干扰,以致其动机不能得到满足时产生的情绪状态。挫折心理是一种普遍存在的心理现象,会对个体的情绪、行为和认知产生一定的影响。大学生挫折是指大学生在学习、生活、人际关系等方面遇到的各种困难和挑战,导致心理和情绪上的困扰。正确认识挫折,理性对待挫折,有效摆脱挫折,是保持个体心理健康的重要前提条件。

挫折的内涵包含挫折情境、挫折认知和挫折反应三个要素。其中,挫折认知是核心因素,它是主观上对挫折情境的一种评价,直接决定着个体对挫折情境的反应。挫折情境和挫折反应要通过挫折认知来确定,挫折反应的性质和程度主要取决于个体的认知水平和挫折承受力。

第一个要素:挫折情境,即对个体的有目的的活动造成阻碍或干扰的情境状态或条件。这是造成挫折的情境因素,例如考试失败、失恋、人际交往受挫等。第二个要素:挫折认知,即对挫折情境的感知、认识和评价。不同的人可能对相同的挫折情境产生不同的感知和判断,从而产生不同的情绪反应。第三个要素:挫折反应,指个体伴随着挫折认知,对于自己需要不能满足而产生的情绪和行为反应,如焦虑、紧张、愤怒、攻击等。个体面临挫折情境体验到的各种负面情绪交织而成的心理感受,就是挫折感。

挫折的产生与动机密切相关,而动机是由需要引发的,当需要得不到满足或目标得不到实现就会产生挫折。挫折具有两面性,一方面挫折具有消极性,人在经历挫折后会产生焦虑、烦恼、恐惧、愤怒等不良情绪反应或消极对抗行为,这些负性情绪或行为如果持续时间过长或强度过大,就会影响人的身心健康,引发各种身心疾病;另一方面挫折又具有积极性,挫折对于人的积极影响在于挫折引起的适度的紧张和压力,有利于人们更清醒地认识自己所处环境,能不断调整自己,从挫折中吸取教训,磨炼意志,在逆境中成长、成熟。

二、大学生产生挫折心理的原因

在现实生活情境中,挫折产生的原因是多种多样的,受挫的程度也因主观感受而有所不同,但总体上可分为主观因素和客观因素两个方面。挫折心理是由主观因素和客观因素相互作用、相互融合、相互制约和相互影响的结果。

(一)挫折产生的主观原因

主观原因是指由于个体生理、心理以及知识、能力等因素的阻碍和限制,使人的需要得不到满足,从而引起的挫折感,是指主体因素或内在因素。

1. 个体生理方面的因素

个体由于与生俱来的身材、容貌、智力、能力和身体状况等方面的原因,使追求的目标无法达到而受到挫折,并影响对挫折的耐受性。当生理条件所造成的限制,影响到恋爱、交友、择业时,有的同学意志力脆弱,心理承受力低,不能客观地正视这个问题,就会产生不同程度的挫折体验。

2. 个体心理方面的因素

由于个体的心理原因所引起挫折的情况较为复杂。例如,动机冲突、自身能力与期望之间的差距、人际关系障碍、学习上的不适应等都是引起挫折的原因。

(二)挫折产生的客观原因

1. 自然环境因素

自然环境因素是指个体不能预料和控制的自然灾害、时空限制、意外事件等,如地震、洪水、交通事故、疾病、死亡等,这些都是人们无法克服的客观因素。如“新冠肺炎”呈全球性爆发,造成众多人员伤亡和严重财产损失,对社会生产生活产生重大影响和冲击。也可能只产生暂时的影响,比如有些学生刚入校时对当地的气候不适应、不习惯集体住宿等。自然环境因素造成的挫折每个人都可能遇到,是不可抗因素。

2. 社会环境因素

社会环境因素是指个体在社会生活中受到的各种人为因素的限制与阻碍,包括政治、经济、法律、道德、宗教、风俗习惯等。当今社会方方面面的矛盾冲突给大学生带来的心理冲突更加强烈和复杂,如竞争的加剧、压力的增大、价值观念的多元化、贫富差距的加大等,很多社会变革带来的冲击,如毕业生自主择业、竞争就业等,都会使大学生面临不同程度的心理压力,产生某种挫折感。

3. 校园环境因素

校园环境因素是指大学生在校园生活、学习中遇到的一些挫折,比如对就读的大学和专业不满意;不适应学校的管理条例,或在学习、生活、交往等目标行为遭遇阻滞时,就会产生挫折感。

4. 突发事件

生活中发生的一些突发事件,例如亲人罹患重病或突然离世,父母离异,或由于某些原因不得不终止学习等，均属于突发事件。这些事件的发生，对某些个体而言是重大挫折，可能会导致个体出现严重的心理问题。

三、大学生常见的挫折

（一）适应型挫折

适应型挫折是指大学新生在入学初期对于周围环境的不适应，从而使需要不能满足时产生的挫折。这种不适应主要体现在对校园环境、学习生活、人际交往等方面的不适应。大学新生的适应型挫折主要表现为：孤独、苦闷、烦恼、忧虑，严重的出现失眠、神经衰弱、留恋中学时代的生活，有的大学生甚至提出转校、退学的要求。

（二）学习型挫折

学习型挫折是指大学生在专业学习过程中遇到各种障碍情境，自身期望和需要不能满足时产生的一种挫折认知和反应。它包括诸多方面：由于不能选择理想专业、课程，从而滋长了对学校和所学专业的不满情绪；自定学习目标不能实现，影响学习积极性造成的挫折；因考试压力大、考试成绩不满意甚至不及格造成心情苦闷，产生的强烈挫败感等。

（三）交往型挫折

交往型挫折是指大学生在与他人交往过程中遇到的挫折。从交往对象上看，大学生交往挫折包括师生交往挫折、同学交往挫折和异性交往挫折等。由于他们接触社会时间短、阅历浅、人际协调能力较弱，从而容易引起人际交往中的挫折。如，有的大学生性格过分内向，自卑怯懦，有交往的需要又对交往产生恐惧；有的大学生性格过于外向，自负自大；有的在同学交往中患得患失、斤斤计较、嫉妒多疑等。

（四）恋爱型挫折

处于青年中期的大学生（18 ~ 23 岁），生理发育日趋成熟。随着性意识的觉醒，他们开始向往美好的爱情。由于多种因素的影响，追逐爱情的道路并不是一帆风顺，常会遇到爱而不得、不会处理恋爱关系、失恋分手等挫折，痛苦不堪、情绪低落、无法集中注意力学习等现象。如果得不到及时的情绪疏导，有可能造成不良后果。

（五）就业型挫折

当代大学生在拥有更多择业自主权的同时，也面临更多的就业竞争，无论是一般的学生还是品学兼优的学生都深切感到就业的压力。他们认同竞争，赞成双向选择，但既担心机会不均，又害怕找不到符合自己心意的工作岗位，于是，引起心理失衡，对学习和生活失去信心和兴趣，产生悲观情绪。

（六）自尊型挫折

大学生缺乏社会经验，心理发展尚未完全成熟，自我发展容易出现偏差，具有自尊心、荣誉感较强的心理特点。若自尊心受挫，荣誉感受损，就会严重影响大学生的学习积极性。

（七）经济型挫折

由于社会生活水平的提高，大学生的消费水平也在逐年提升，一些家庭经济条件较差的学生在学习、生活上的某些需要受阻，可能会产生自卑感和挫折感。

项目三　大学生挫折心理调适

一、大学生受挫后的反应

大学生遇到挫折后，在生理、心理和行为等方面都会产生挫折反应，这些反应可分为消极反应和积极反应。不同个体间挫折反应会有较大差异，消极对抗和积极进取的后果也可能截然相反。

（一）消极反应

大学生是一个比较特殊的群体，心智介于成熟与不成熟之间，虽思维趋于成年人，但不一定具有成年人的承受能力，面对挫折，往往会有各种情绪反应，常见以下几种：

1. 焦虑

焦虑是一种对未来结果不能确定的、有不祥预感的、模糊的、不安的综合性负性情绪，常常表现为着急、忧虑、恐惧等内心感受，甚至可能有出冷汗、恶心、心悸、失眠等神经生理反应。人遇到挫折时一般都会出现不同程度的焦虑。如，大学生在考试前或当众演讲时容易出现这种反应。如果是适度的焦虑，可以积极去准备，使人的思维更敏捷，发挥更好；如果是过度焦虑，甚至是长期焦虑，就会引起身心疾病。

2. 攻击

攻击是人在受挫时，为了将愤怒的情绪发泄出去，或者对造成阻碍的对象进行报复而产生的行为，攻击是一种破坏性行为，分为直接攻击和间接攻击。

直接攻击是受挫者通过动作、语言、文字等形式来表达自己的愤怒，如，打斗、辱骂、讽刺、漫画等形式，以侮辱对方人格，发泄自己内心的不满。间接攻击是受挫者由于种种原因不能或者不便攻击直接对象，或是挫折来源不明的变相攻击方式，如乱摔砸东西等，也就是我们平时所说的“迁怒于人”“迁怒于物”。还有一些大学生在遭受重大挫折后，将攻击指向自己（如自杀、自残、自我折磨等）。

3. 冷漠

冷漠是指一种无动于衷、漠不关心的态度，是一种复杂的挫折反应。从表面上看，冷漠似乎毫无情绪反应，其实是比攻击更复杂、更深刻、更痛苦的内心体验。一般情况下，冷漠是由于长期遭受挫折而不能摆脱或无法摆脱和消除困境时产生的。

4. 逃避

逃避是一种与攻击行为相反的情绪反应。当个体遭受挫折时，以逃避的反应来适应挫折情境。如有些大学生谈恋爱失败后就不再谈恋爱，有些大学生当众演讲失败后再也不参加集体活动等。逃避虽然可以使人降低因挫折产生的紧张感，或者避免再次受到伤害，但个体面对的现实问题并没有解决，而这些问题又不能回避，所以，逃避常常使人更加害怕困难，长期下去将大大降低人的适应能力和自信心，甚至可能会导致适应不良。逃避挫折的方式主要表现为逃到另一种现实、逃向幻想世界和逃向疾病。其中幻想是一种典型的、特殊的逃避方式。

5. 退化

退化是指当人们遭受挫折后出现与自身年龄、身份不相称的幼稚行为，如哭泣、耍赖、任性等，这实际上是一种防御应对。当人们遇到挫折，通过用早期幼儿的方式加以应对，以减轻心理压力。退化是一种由成熟向幼稚倒退的反常现象，不但不能有效地应对挫折，反而会使人的判断力降低，适应能力下降，工作和学习能力下降，甚至使人缺乏主见、脱离现实。

6. 固执

固执是指人在受挫后，采用刻板的方式盲目、单调、反复地进行无效的动作。通常，固执是在一个人反复遭受挫折又一时无法克服或回避的情况下，或者当处于惊慌失措的状态下产生的固执行为。例如，大学生违反学校有关纪律后受到批评，不但不收敛反而反复出现类似违反纪律的不良行为。固执是一种不明智的消极对抗行为，是人们在无能为力的状态下的反应方式，一旦有了更适当的方法，这种方式是可以被改变的，固执行为也会被取代。

（二）积极反应

遭遇挫折时，并不是所有个体都会产生消极反应，也有一部分个体在受挫后能够保持冷静、乐观的态度，采取积极进取的方式应对挫折。

1. 调整适应

由于主观因素或客观因素的限制而无法达到期望的目标时，有些大学生会灵活变通、调整策略，达到“失之东隅，收之桑榆”的效果。

2. 幽默乐观

当遭遇挫折，以看似轻松诙谐的语言对挫折的前因后果进行解读，来表达意图、解决问题、化解困难局面。幽默，作为人格特征，包含了乐观、开朗、积极等特质，反映了一个人看待挫折的一种超然心态和智慧。

3. 升华

升华是一种具有建设性、积极的行为反应，是指以积极的心态看待挫折，将挫折转化为一种激励的力量。所谓“越挫越勇”是一种升华，是在挫折面前自我激励的情绪状态。

4. 认同模仿

当没有获得成功与满足而遭受挫折时，大学生通过效仿某位成功者的优质品质、成功经验及方法，来减少挫折感。例如，以伟人、领袖、科学家、某些领域的模范以及身边优秀的教师或同学作为自己效仿的对象，依照榜样进行自我激励与暗示，以战胜挫折。

二、大学生挫折承受力的培养

（一）挫折承受力的含义

1. 挫折承受力的定义

扫码随时学

挫折承受力是指个体适应、抵抗和应对挫折的能力，是个体在遇到挫折情境时，能否经受打击和压力，能否摆脱和排除困境而使自己避免心理与行为失常的一种耐受能力。挫折承受力弱的人，遭遇几次打击后，可能会出现行为失常或心理疾病；挫折承受力强的人，在遭受挫折后能很好地排解和调适，从而获得对挫折的良好适应且保持心理健康。由此可见，挫折承受力是维护个体心理健康的一道防线。

每个人对挫折的承受力都不同，同一个人对不同挫折情境的承受力也不同。相同的挫折情境，有的人受挫折的消极影响较小，他们往往表现为勇往直前，越来越成熟；有的人受挫折的不良影响较大，甚至会因挫折而导致心理和行为的异常。

挫折承受力不是先天就有的，而是后天学习、实践和锻炼的结果。无论是家庭还是学校，都应该鼓励大学生勇敢面对生活中的挫折，从挫折中获取经验教训，增强克服困难的决心和信心，提高挫折承受力，获得应对挫折情境的正确理念和心理调适的有关知识、技能。

2. 挫折承受力的影响因素

个体的挫折承受力受多种因素的影响，主要包括：

（1）生理因素。通常情况下，身体健康、发育正常的人比体弱多病的人更能承受挫折。挫折往往会引起人的情绪及生理反应，使人产生紧张感和焦虑，会加重体弱多病者的病情。

（2）生活经历。在重大挫折面前，生活经验丰富的人往往能够根据以往经历和经验采取有效措施，因此，生活经验越丰富的人，挫折承受力就越高。而生活一直一帆风顺，没有过多应对挫折经验的人，一旦遭受挫折，往往会手足无措，反应消极。

（3）社会支持。社会支持是指家庭成员、伴侣、朋友和同事在精神、物质上对个体的支撑和帮助。一方面，社会支持者可以给受挫者提供相关信息或给予他应对策略的意见或建议；另一方面，社会支持者提供的情感支持能够帮助个体采取积极的方式应对挫折，增强个体自我认知能力。

（4）人格因素。①乐观。乐观的人对待生活的态度比较积极，在挫折面前能够百折不挠，能有效地应对挫折，战胜挫折能以良好的状态投入到生活中。②挑战性。挑战性强的人往往把生活中的困难和不如意视为挑战，会积极进取，不轻易放弃。③自我弹性和自我控制。自我弹性是指以自我调控适应环境要求的能力。自我控制是指通过延迟满足、抑制攻击、做出计划以控制行动的能力。

(5)认知因素。面对挫折情境,认知的主要功能是对挫折事件进行评价,这种评价直接影响着个体的情绪和行为,决定着个体对挫折事件的应对反应。

(二)大学生挫折承受力的培养途径

能够经受挫折的击打,具有良好的社会适应能力,是当代大学生心理健康的标志,也是大学生成人成才的关键。

1. 增强挫折认知水平

一个人对挫折的反应和承受能力不仅取决于挫折情境本身,更重要的是取决于个体对挫折的认知。大学生应该正确认识挫折、战胜挫折,把挫折作为通向成功的阶梯。正确认识挫折,应当认识到挫折具有两重性:既有消极的一面,也有积极的一面。两者在一定条件下可以相互转化。不少大学生在挫折面前悲观消沉,原因就在于夸大了挫折的消极作用,而没有看到挫折的积极作用。挫折是人生中不可缺少的激励因素,正是挫折激发了我们的潜能,给了我们施展才华的机会,使我们的生活丰富多彩。当然,也应看到挫折的消极作用,生活中如果屡遭挫折,也会使人消极悲观、丧失信心,使心理健康受到危害。因此,要正确认识挫折,从挫折中吸取教训,充分发挥挫折的积极作用。

2. 正确认识自我

正确地认识自我,是指大学生根据自己的学习要求、成长要求,恰当地分析自身存在的长处和不足,对自己的不足有充分的认识和理解,从而扬长避短,实现自我价值。要根据自己的外部条件和内在条件的变化及时调整自己的期望水平、抱负水平,避免一些无谓的“碰壁”。

3. 确定合适的自我抱负水平

自我抱负水平是指个体对未来可能达到的成功标准的心理需求,是个体在从事某种实际活动前,对自己所要达到的目标所定的标准。如果一个人给自己规定的标准高,那么他的自我抱负水平就高;如果给自己规定的标准低,那么他的自我抱负水平就低。在大学生中,自我抱负水平较高的人,往往对自己的要求也比较高,因而学习效率也比较高;一个抱负水平低的人,对自己的要求较低,学习缺乏积极性、主动性,因而学习效果也比较差,可见,一个人的自我抱负水平直接影响着个人的学习和生活。但是,自我抱负水平必须要建立在对自己实际能力正确认知的基础上,如果抱负水平总是高于个人的实际能力,就很难达到期望的目标,容易遭受挫折。因此,大学生要对自己有准确认知和定位,在确定自我抱负水平时,要防止两种不良倾向,一是自信心缺失,自暴自弃,不思进取;二是盲目自信,高估自我。

4. 建立心理防御机制

当挫折发生后,每个人的内心都具备一种摆脱心理压力、减轻痛苦、维护正常情绪、平衡心理适应性的自我保护方式,这就是心理防御机制。心理防御机制的意义有积极和消极之分。其积极的意义在于能够使人在遭受挫折后减轻或解除精神压力，恢复心理平衡，甚至可以激发主体的主观能动性，激励主体克服困难战胜挫折。其消极的意义在于可能使人过度防御，或出现退缩甚至恐惧等心理。

受挫后的心理防御机制有很多，但有利于大学生成长的积极的心理防御机制主要表现为升华、补偿、幽默、宣泄等。建立成熟的心理防御机制，有助于大学生提高自身的心理健康水平。

5. 确立合理的自我归因

在生活中，人们对行为的成功与失败进行归因是一件很平常的事，然而在这一过程中形成的归因倾向会对人的心理承受能力有很大的影响。例如，一个学生认为自己成绩不好是由于学习能力不够造成的。这是由于他倾向于本性归因，认为自身的努力不够和能力不足是影响事情发展和行为结果的主要原因。有些人则倾向于情境归因，认为外部复杂且难以预料的力量是导致行为结果的主要原因。如一个学生认为自己考试成绩不好是因为教师教学水平差或试卷难度太大造成的。进行本性归因的学生对自己的行为有更多的自我责任定向与积极态度；但是由于他们倾向于把原因归于主观因素，所以就容易自我埋怨、自我责备。如果这种自责、悔恨过多，就会给他们带来挫折感和心理损伤。

因此，大学生首先要学会从不同角度看待问题，多方面收集相关信息，尽可能客观地分析事情原因所在。其次要学会合理归因，避免归因的片面性，克服过分承担或完全推诿责任的倾向，避免过多自责带来的挫折感和心理损伤。最后要积极、主动地改变挫折情境因素，从而有效应对挫折。例如，在学习过程中发现最近学习效率不高，通过原因分析后，在解决内在问题的同时，可以尝试改变学习地点、学习时间或学习科目的顺序、学习结构等，从而避免学习效率不高给自己带来的压力和心理困扰。

6. 寻求社会支持

当一个人处在挫折压力中时，来自他人精神和物质上的支持，可作为一种保护性因素，缓解挫折对个体的打击，降低消极情绪体验，增强个人挫折承受力。相反，缺乏社会支持，则会妨碍积极的心理应对，降低人的挫折承受力。大学生在面对挫折时，除了积极改变自我外，还应学会与人交往，建立良好的社会支持系统，这对压力的缓解也是非常有帮助的。交往是人们交流思想和感情、彼此相互作用的过程，在这个互动过程中，人们相互了解、相互依赖、相互鼓励、相互帮助，形成稳定的心理联系，满足情感需求。因此，建立良好的人际关系是提高大学生应对挫折能力的有效手段。

大学生在生活中，首先要加强人际交往，建立融洽的人际关系，要学习交往技能，如掌握基本的礼节礼貌、良好的表达方式等。其次要养成良好的交往品质，相互尊重、相互理解，待人真诚、宽容。最后就是要保持沟通畅通，以免造成误解，产生不快。

人生路漫漫，顺境时勿得意忘形，逆境时勿一蹶不振。人生这叶扁舟，在大海中起起落落，只要坚定信念，定会一如既往地驶向彼岸，最终，你会从中汲取经验，成功地跨越一道道障碍。

大学生的社会支持系统

每个人都有一个“社会支持系统”，也称为“社会关系网”，即个人在自己的社会关系网络中所能获得的、来自他人的物质和精神上的帮助和支援。这个社会支持系统包括亲人、亲属、朋友、同学、老师、同事、邻居以及所属的单位、社会机构等。每一种系统都承担着不同功能，能带给我们持久的温暖、安全以及重振生活的信心、勇气和力量。这种社会支持系统指的是积极意义上的人际关系，而不是庸俗的关系网。不同的人对自己的社会支持系统的使用频率或者感觉到的可利用度有很大差别，有些人乐于主动寻求帮助，而有些人却没想到可以获得帮助，有人甚至完全拒绝别人的帮助。

大学生的社会支持系统一般包括：

(1)父母。世界上最爱自己的人，要养成与父母无话不谈的习惯，遇到困难及时向父母求助，别以为父母没有水平和能力帮助自己，也不要担心给父母增添烦恼，更不该自负地认为自己有能力解决问题而拒绝父母的帮助。

(2)其他亲友。血浓于水，除了父母，他们也是愿意给你帮助的人。

(3)同学。包括现在身边的同学和远方过去的同学。同龄知己是一把解开心灵之锁的钥匙。

(4)现在的老师(包括心理咨询老师)。他们有义务帮助你。

(5)学校。大学是你的家、你的庇护所、你的保护伞，有难处要学会求助。

(6)警察、消费者协会、新闻媒体等机构和组织。在社会上遇到麻烦，记得找他们。

扩大和加深自己的社会支持系统有三种方法：

(1)主动求助、善于求助。是否做比怎么做更重要，实在找不到恰当的方法就直截了当地求助。记住这句话：自助是一种能力，助人是一种品德，求助是一种智慧。

(2)维护现有的社会支持系统。与这些人要保持良好关系，经常接触沟通，要保持经常联系。有些人虽然和别人一样也拥有客观存在的关系网络，却与其中的人相处得很糟糕，在陷入困境时会迅速陷入孤立无援的状态；也有可能是平时过度的防范和封闭，使他失去了有力的社会支持。

(3)加强支持性人际关系。并不是所有的人际关系都能够成为支持性人际关系。学习从良好的人际关系中获得温暖、爱、归属与安全感是我们更重要的人生收获。

(引自朴素艳、孟繁华：《大学生心理健康教育》，中国农业出版社2010年版)

心理知识链接

传说中，在中国远古的战场上，曾经有一名士兵被敌人的一支小箭射中了，他的同僚赶忙过去救他。

当同僚赶到时，他们发现，这个被小箭射中的士兵，不但没有死，甚至也没有受伤，更离奇的是，他的伤口并不是很痛，也没有流出很多的血。

这名士兵的同僚们把他的箭拔出来，送他回后方养伤。过了一段日子，发现他原先早已罹患的某些疾病，在这一次箭伤之后，居然发生慢慢改善的现象。

没多久，在战场上，另外一名士兵也被箭射中了，竟然又出现同样的现象。战场上的军医观察发现，有许多士兵都出现了这样的情况。

有几位比较敏感的军医注意到这样的一种现象，深入地加以研究，慢慢得出结论。他们的研究成果则发展成为今天中医学上独具特色的针灸疗法。

据说，这场因箭伤而发展成针灸医术的战役，已经是两千六百年前的事情了。

一个小小的箭伤，发展成为今日中医重要医术的针灸。在生命当中，不断隐藏着大自然将要启示我们的重要奥秘，就看我们自己是不是有足够的细心与智慧，能够正确地将它发掘出来。

下一次，若是有人故意用恶毒言语的小箭射中你，你是要沉溺在伤口的痛苦当中，还是要试着从中找出可以医治更多人的绝妙医术呢？

或许，人生当中有许多遭受“伤害”的机会；更有许多人，喜欢用“受到伤害”作为借口，来逃避许多自己必须面对的重要责任。但是，千万别忘了，除非你自己愿意，否则没有任何人可以伤害你。

（选自佚名，《新世纪文学选刊（上半月）》2007 年第 12 期）

项目四　心理压力测试与训练

一、心理压力测试

（一）PSTR 心理压力测试

PSTR 量表是以德国心理学家穆瑞在 1968 年提出的心理压力因素理论为基础，由瑞士心理学家爱德沃兹于 1983 年编制。适度的压力有助于提高工作效率，但过度的压力会影响工作效果，严重的时候会影响身体健康。用大约 10 分钟的时间填写下面压力测试问卷（见表 8-1），不要在每一题上费很多时间考虑，根据你的感觉填写。该测试表能够帮助你大致了解自己的压力，对你的压力管理有一个很好的引导。仔细考虑下列每一个项目，看它究竟有多少适合你，根据题目中所描述情况发生的频率，进行选择。A = 总是，B = 经常，C = 有时，D = 很少，E = 从来没有。

表 8-1 PSTR 心理压力测试问卷

序号	项目	选项	序号	项目	选项
1	我受背痛之苦		26	我喝酒	
2	我的睡眠不足且睡不安稳		27	我很敏感	
3	我头痛		28	我觉得自己像被四分五裂了似的	
4	我腭部疼痛		29	我的眼睛又酸又累	
5	若需要等待，我会不安		30	我的腿或脚抽筋	
6	我的后颈感到疼痛		31	我的心跳快速	
7	我比多数人更神经紧张		32	我怕结识新人	
8	我很难入睡		33	我的手脚冰冷	
9	我感到头部发紧或痛		34	我患便秘	
10	我的胃有毛病		35	我未经医师的指导使用各种药物	
11	我对自己没有信心		36	我发现自己很容易哭	
12	我会自言自语		37	我消化不良	
13	我担心财务问题		38	我咬指甲	
14	与人见面时，我会胆怯		39	我耳中有嗡嗡声	
15	我担心发生可怕的事		40	我小便频繁	
16	白天我觉得很累		41	我有胃溃疡的毛病	
17	下午感到喉咙痛， 但并非由于染上感冒		42	我有皮肤方面的毛病	
18	我心情不安，无法静坐		43	我的咽喉很紧	
19	我感到非常口干		44	我有十二指肠溃疡的毛病	
20	我的心脏有毛病		45	我担心我的工作	
21	我觉得自己不是很有用		46	我有口腔溃疡	
22	我吸烟		47	我为琐事忧虑	
23	我肚子不舒服		48	我觉得胸部紧迫	
24	我觉得不快乐		49	我呼吸浅促	
25	我流汗		50	我发现很难做决定	

选 A(总是)记 4 分;选 B(经常)记 3 分;选 C(有时)记 2 分;选 D(很少)记 1 分;选 E(从来没有)记 0 分。把每道题目所选的分值相加即为压力的总分。

93 分以上,表示你确实有极度的压力,正在损害你的健康,需要专业心理医生治疗。

82 ~ 92 分,表示你自己正经历太多的压力。压力正在损害健康,而且导致你的人际关系发生问题。你的行为会伤害自己,也可能会影响其他人。因此,学习如何缓解自己的压力是非常重要的。你可能要花许多时间做练习,学习控制压力,也可以寻求专业帮助。

71 ~ 81 分,显示你的压力中等,可能正开始对健康不利。你可以仔细反省自己对压力如何做出反应,并学习在压力出现时,控制自己的肌肉紧张,以消除生理激活反应。老师对你会有帮助,也可选用适合的肌肉松弛练习。

60 ~ 70 分,显示你生活中的兴奋与压力的量是相当适中的。偶尔会有一段时间压力太大,但有能力去享受压力,并且很快回到平衡状态,因此现状对你的健康并不会造成威胁。但做一些松弛的练习仍是有益的。

49 ~ 59 分,表示你能够控制自己的压力反应,是一个相当放松的人。也许你对所遇到的各种压力,并没有将它们解释为威胁,所以很容易与人相处,可以毫无惧怕地担任各项工作,也没有失去自信。

38 ~ 48 分,表示你对所遭遇的压力很不容易为其所动,甚至不当一回事,好像并没有发生过一样。这对你的健康不会有什么负面影响,但你的生活缺乏适度的兴奋,因此趣味也就有限。

27 ~ 37 分,表示你的生活是相当沉闷的,即使刺激或者有趣的事发生了,你也很少做反应。可能你必须参与更多的社会活动或娱乐活动,以增加压力激活反应。

16 ~ 26 分,意味着你在生活中所经历的压力经验不够,或是你并没有正确分析自己,你最好主动些,在工作、社交、娱乐等活动上多寻求刺激。做松弛练习对你没什么用,但寻求一些辅导也许会有帮助。

(二)心理适应能力自测量表

心理适应能力,主要指各种个性特征互相配合,适应周围环境的能力,是人的一种综合性心理特征。心理适应性强的人,在遇到各种复杂、紧急、危险的情况时,仍能泰然处之,发挥自己的原有能力,甚至能发挥出超过平常的能力。适应能力差的人,遇到特殊情况,就不知所措,紧张万分。加强适应能力训练,对于提高自己的适应能力具有十分重要的作用。表 8-2 是我国心理学家陈会昌教授研制的一个简便易行的心理适应能力自测量表,该量表共有 20 道题,每题有 5 个答案,请在阅读完每题后从答案中选择出最适合自己情况的一种。选项 A = 是,B = 有时是,C = 两者之间,D = 很少是,E = 不是。

表 8-2 心理适应能力自测量表

序号	题目	选项
1	假如把每次考试的试卷拿到一个安安静静、无人监考的房间去做，我的成绩一定会好一些	
2	夜间走路，我能比别人看得清楚	
3	每次离家到一个新的地方，我总爱闹点毛病，如失眠、拉肚子、皮肤过敏等等	
4	我在正式运动会上取得的成绩往往比体育课或平时练习成绩好些	
5	我每次明明已经把课文背得滚瓜烂熟了，可是在课堂上背的时候，总要出点差错	
6	开会轮到我发言时，我似乎比别人镇定，发言也显得很自然	
7	我冬天比别人更怕冷，夏天比别人更怕热	
8	在嘈杂、混乱的环境里，我仍能集中精力学习、工作，而且效率并没有降低多少	
9	每次检查身体医生都说我心跳过速，其实我平时脉搏很正常	
10	如果需要的话，我可以熬通宵，精力充沛地学习或工作	
11	当父母或兄弟姐妹的朋友来做客时，我尽量回避他们	
12	出门在外，虽然吃饭、睡觉、环境变化很大，可是我很快就能习惯	
13	参加各种比赛时，赛场上越热闹，观众越加油，我的成绩反而越上不去	
14	上课回答问题或开会发言时，我能镇定自若地把事先想好的一切毫无遗漏地说出来	
15	我觉得一个人做事比大家一起做效率更高些，所以我更愿意一个人做事	
16	为了求得和睦相处，我常常放弃自己的意见，附和大家	
17	当着众人和生人的面，我感到窘迫	
18	无论情况多么紧急，我都能注意到该注意的细节，从不丢三落四	
19	和别人争吵起来时，我常常哑口无言，事后才想起该怎样反驳对方，可是已经晚了	
20	我每次参加正式考试或考核的成绩，总是比平时的成绩更好些	

凡单号题，从第一到第五种回答依次记 1、2、3、4、5 分；凡双号题，从第一到第五种回答依次记 5、4、3、2、1 分。

全部 20 题得分之和与心理适应性的关系如下：80 ~ 100 分，适应性很强；61 ~ 80 分，适应性较强；41 ~ 60 分，适应性一般；21 ~ 40 分，适应性较差；0 ~ 20 分，适应性很差。

二、心理调节训练

美国心理卫生协会提出的 11 条调节心理的要诀，可以帮助大学生很好地适应环境与生活，为迈好大学生活的第一步做好准备。

(1)对自己不苛求。人应该有抱负,但如果所定抱负不切实际,远远超出自己的能力,欲求不得,便会认为自己不行而抑郁。如果做事要求十全十美,对自己吹毛求疵,结果会心力交瘁。因此,大学生要把抱负和目标定在自己力所能及的范围,并学会欣赏自己取得的成果,不盲目追求不合自己实际的目标。

(2)不要强求别人。很多人把希望寄托在他人,尤其是亲人和朋友身上。假如对方达不到自己的要求,便会大感失望。其实每个人都有自己的优点和缺点,要善于接纳别人,求同存异,不要一味要求别人迎合自己的要求。

(3)疏导自己的愤怒情绪。当一个人勃然大怒时,会做出很多错事或失态的事,与其事后后悔,不如事前加以自制。可采取分散转移法,把愤怒宣泄于其他方面,如打球、唱歌等。必要时,也可以采用阿Q精神胜利法等进行自我心理安慰,抱着笑骂由人的态度,愤怒情绪自可抛至九霄云外。

(4)偶尔也可屈服。一个做大事的人,遇事要从大处着眼,只有无见识的人才会钻牛角尖。因此,只要大局不受影响,有时不必事事坚持,这样能减少自己的烦恼。

(5)暂时逃避。在遇到挫折或打击时,应该暂时将烦恼放下,去做自己喜欢的事,如运动、旅游或看电视等。待到心情平静、头脑清醒时,再来面对自己的难题,找出最佳的解决方法。

(6)找人倾诉烦恼。把所有的不快埋藏在心里只会让自己郁郁寡欢,如把内心的烦恼告诉你的知己或好友,你的心理压力便会减轻,会感到心情舒畅。

(7)为别人做些事。助人为快乐之本,帮助别人不但使自己忘却烦恼,而且可以重新确定自己存在的价值,并获得珍贵的友谊。

(8)在一段时间内只做一件事。要减少自己的精神负担,不应同时进行一件以上的事,以免身心交瘁。当你面临诸多难题时,先解决一个,而且从最容易解决的问题下手。有了成功就会有信心。成功越多越大,信心就会越足越强。

(9)不要处处与人竞争。人与人相处应以和为贵。处处把他人作为竞争对手,会使自己经常处于紧张状态,给自己很大的压力。其实,只要你不把别人当成对手,别人也不会与你为敌。

(10)对人表示善意。我们经常被人排斥,是因为别人对我们有戒心。如果在适当的时候,我们表现出自己的善意,多交朋友,少树敌人,人际关系和谐了,心境自然会变得平静。

(11)娱乐。娱乐的方式并不太重要,最重要的是要令自己心情舒畅。

课程思政

1. 思考:运用所学心理学知识,分析在中国共产党的成长史、新中国的发展史上,遇到过哪些巨大的压力?中国共产党是如何领导中国人民应对这些压力的?

2. 讨论:从医务工作者的角度,谈谈提升压力管理能力的重要性。

模块练习题八

一、单选题

(1)挫折的核心因素是(　　)。

A. 挫折情境　　B. 挫折认知　　C. 挫折反应

D. 挫折感　　E. 动机

(2)大学生因对就读大学和专业不满意而产生挫折感,这属于挫折产生的(　　)。

A. 自然环境因素　　B. 社会环境因素　　C. 校园环境因素

D. 突发事件　　E. 主观因素

(3)大学生在遭受重大挫折后,将攻击指向自己,如自杀、自残等行为,这属于挫折反应中的(　　)。

A. 焦虑　　B. 直接攻击　　C. 间接攻击

D. 逃避　　E. 退化

(4)以下关于挫折承受力的说法,错误的是(　　)。

A. 挫折承受力是先天就有的

B. 身体健康的人通常挫折承受力更强

C. 生活经历丰富的人挫折承受力可能较高

D. 社会支持有利于增强挫折承受力

E. 乐观的人在挫折面前更能百折不挠

(5)在心理学上,挫折是(　　)。

A. 个体从事有目的的活动受到阻碍或干扰,以致其动机不能得到满足时产生的情绪状态

B. 个体在生活中遇到的所有困难

C. 仅仅是考试失败等学业上的不如意

D. 只有失恋才会产生的心理状态

E. 对未来结果不能确定的不安情绪

(6)以下属于大学生受挫后消极反应的是(　　)。

A. 调整适应　　B. 幽默乐观　　C. 升华

D. 逃避　　E. 认同模仿

(7)挫折承受力的定义是(　　)。

A. 个体对挫折的认知能力

B. 个体适应挫折、抵抗和应对挫折的能力

C. 个体在挫折面前的情绪反应能力

D. 个体在挫折后恢复心理健康的时间长短

E. 个体面对挫折时的行为表现

(8)大学生因父母离异而产生心理问题,这属于(　　)压力源。

A. 躯体性　　B. 心理性　　C. 社会性

D. 文化性　　E. 内因性

(9)以下不属于大学生常见压力源的是(　　)。

A. 社会压力　　B. 学业压力　　C. 加班压力

D. 情感压力　　E. 经济压力

二、多选题

(1)以下属于大学生常见挫折类型的有(　　)。

A. 适应型挫折　　B. 学习型挫折　　C. 创业型挫折

D. 交往型挫折　　E. 恋爱型挫折

(2)挫折产生的客观原因有(　　)。

A. 自然环境因素　　B. 社会环境因素　　C. 校园环境因素

D. 突发事件　　E. 个体生理因素

(3)培养大学生挫折承受力的途径包括以下(　　)方面。

A. 增强挫折认知水平　　B. 正确认识自我　　C. 确定合适的自我抱负水平

D. 建立心理防御机制　　E. 确立合理的自我归因

(4)以下关于压力管理的说法,正确的有(　　)。

A. 压力管理的目的是彻底消除压力。

B. 制定合理的学习计划可以按照课程的难易程度、课程性质等来分配时间。

C. 合理情绪宣泄可以通过倾诉、休闲娱乐、消耗体力的运动等方式。

D. 肌肉松弛训练可以不按顺序进行,随意选择部位放松即可。

E. 认知调节主要通过改变人的认知观念来改变情绪,改善不合理认知是减轻和消除不合理情绪和行为的关键。

(5)压力管理的方法有(　　)。

A. 时间管理与规划　　B. 积极应对与自我调适　　C. 建立心理防御机制

D. 寻求社会支持　　E. 认知调节

三、案例分析题

(1)小李是一名大一新生,刚进入大学时,对校园环境和新的学习方式很不适应。在学习上,他发现大学课程难度比高中大很多,自己制定的学习目标总是难以实现,这让他非常苦恼。在人际交往中,他性格内向,不敢主动与同学交流,觉得自己在新环境中很孤独。

请问小李面临哪些挫折?他的挫折认知可能是什么?如果你是小李的朋友,你会给他提出哪些建议来应对这些挫折?

(2)小王是一名医学生，为了考研和考各种证书，每天都在高强度学习。他觉得自己压力很大，最近经常出现焦虑、失眠的情况，学习效率也变得很低。

请分析小王面临的压力源，他的压力反应有哪些表现？如果你是小王，你会采取哪些压力管理方法来缓解压力？

(3)小张在大学期间谈了一场恋爱，后来失恋了。他非常痛苦，整天把自己关在宿舍，拒绝参加任何集体活动，对未来失去了信心，成绩也大幅下滑。

请分析小张的挫折反应属于哪种类型？这种挫折反应可能带来哪些不良后果？如果你是小张的辅导员，你会如何帮助他走出困境？

心理图书和视频资料推荐

1. 图书《正念：此刻是一枝花》

“正念减压之父”乔·卡巴金用简明优美的文字阐明正念冥想的精髓和方法，帮助你在喧嚣忙乱的世界里，找回平静、专注、清明、幸福。它提供了一个简单有效的途径，帮助你脱离喧嚣忙乱生活的困境，保持专注和接纳，从而掌控与自我、家人、工作乃至更广阔世界的关系，掌控自己的人生方向和生命质量，找回平静和幸福。

2. 图书《鲁滨逊漂流记》

该书是英国作家丹尼尔·笛福的一部长篇小说，首次出版于1719年。主人公鲁滨逊·克鲁索出生于一个中产阶级家庭，一生志在遨游四海。在一次去非洲航海的途中遇到风暴，只身漂流到一个无人的荒岛上，开始了一段与世隔绝的生活。他凭着坚韧的意志与不懈的努力，在荒岛上顽强地生存下来，经过28年2个月零19天后得以返回故乡。

3. 电影《热辣滚烫》

乐莹宅家多年，无所事事。大学毕业工作了一段时间后，乐莹选择脱离社会，封闭社交圈层，这是她认为与自己“和解”的最好方式。在命运的几番“捉弄”下，她决定要换一种方式生活。在与外面的世界小心翼翼的接触中，乐莹结识了拳击教练昊坤。当她以为生活即将步入正轨时，接踵而至的考验却远超她的想象，滚烫的人生才刚刚开始。她要做更好的自己，为自己而活，对抗生活的艰难与不公……

图 8-2 《正念:此刻是一枝花》封面

图 8-3 《鲁宾逊漂流记》封面

图 8-4 《热辣滚烫》海报

医学生常见心理障碍

▶ 模块学习目标

(1)了解心理障碍的概念、原因、临床表现和诊断标准;

(2)掌握应激相关障碍、神经症、心境障碍、心理生理障碍、人格障碍、性心理障碍和精神病性障碍等常见心理障碍类型;

(3)熟悉心理障碍预防和治疗的原则与方法;

(4)了解焦虑、抑郁和精神症状自我诊断测试量表,熟悉神经症心理诊断训练。

▶ 模块学习导图

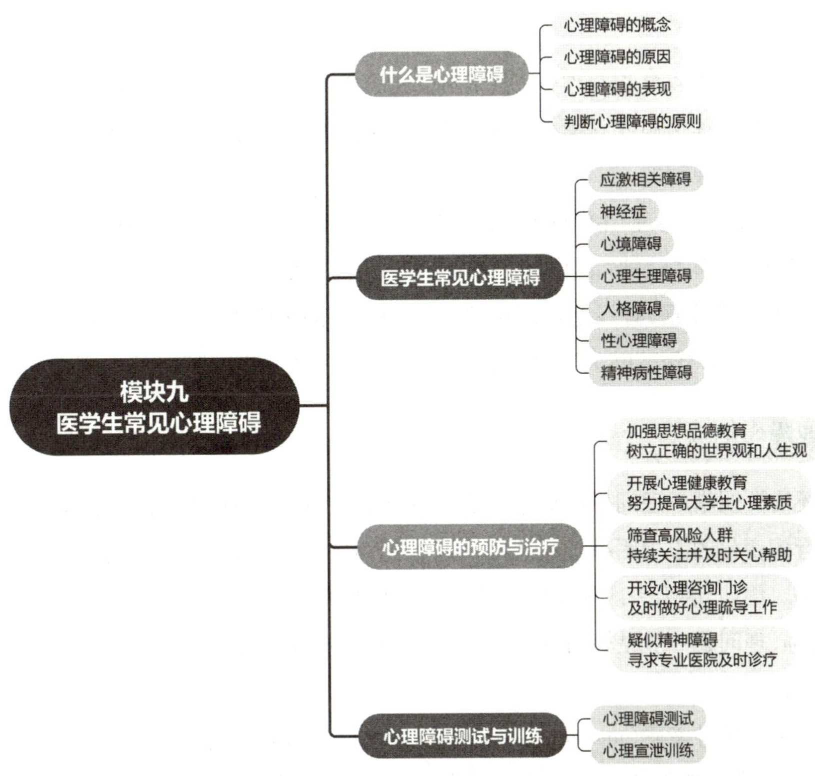

甲同学，女，21岁，某医学院校大二学生，独生子女，父母是普通工人，家境一般。自小父母对她要求严格，她很少被表扬。平时与爸爸关系较好，与妈妈常争吵。经常觉得心慌胸闷、头痛，感觉头部有什么东西箍着一样紧，对身体很敏感，一旦哪里有一点不舒服就很担心，疑心自己得了什么重病，害怕自己会“死掉”或“疯掉”，害怕坐车，害怕一个人独处，看到别人打架或是其他危险性的场景都会很紧张，去医院检查过，没有生理性病变。妈妈有糖尿病，前段日子陪妈妈去医院看病，候诊时，一抬头看到候诊屏上妈妈的名字，突然感到心慌，不能集中思维，当时有一种崩溃、濒临死亡的感觉，离开医院后这种情况好转了。之后，就特别担心母亲的身体，担心父母不在了，自己该怎么办。这种症状已经持续了一个多月，影响了她的生活和学习。

甲同学能诊断为心理障碍吗？如果符合诊断，具体是哪一种心理障碍呢？对于她这种情况，又该如何治疗呢？

项目一　什么是心理障碍

在医学生心理健康教育和心理咨询工作中，经常会用到心理障碍的概念，心理障碍与精神障碍是否相同？它与心理疾病或者精神疾病又有何异同？精神疾病是否就是精神病呢？这些相关的概念都是首先需要厘清的。

扫码随时学

首先，“心理”和“精神”是同义词，在描述正常状态时多用“心理”，在描述异常状态时多用“精神”。其次，“障碍”和“疾病”为近义词，“疾病”着重体现人体正常形态与功能受损，有规范诊断标准，由病理因素引发；“障碍”强调功能异常或发展受阻，成因多样，范畴大于“疾病”。“疾病”属于较严重的“障碍”表现形式。

一、心理障碍的概念

在这里还需要明晰心理问题的概念。心理问题是指人们在日常生活中遇到的、一般会引起情绪波动或行为变化的心理困扰。这些困扰通常是由特定的生活事件、压力情境或者人际关系等因素引发的。例如，因为一次考试失败而产生的焦虑情绪，或者和朋友吵架后感到沮丧，都属于心理问题。心理问题一般是暂时的，当引发问题的因素消失或者个体通过自我调节后，情绪和行为能够恢复正常。

心理障碍又称精神障碍（mental disorder），过去多称为精神疾病（mental illness），是一种较为严重的心理状态，指在理化、生物、心理、社会等多种因素作用下，大脑机能活动紊乱（未见器质性损害），出现认知、感情和意志行为等方面改变，伴有主观痛苦体验和社会功能损害的一类具有诊断意义的精神方面的问题，可造成明显的、长期的损害。

根据症状的性质和程度，在临床上分为非精神病性障碍（轻性精神病）和精神病性障碍（重性精神病），精神病性障碍简称精神病（psychosis）。

二、心理障碍的原因

心理障碍是生物学因素与心理社会学因素相互作用的结果，其中生物学因素是患病的基础因素，心理社会学因素是发病的条件因素。

（一）生理因素与心理社会因素

生物学因素和心理社会学因素在精神障碍发病中均起着重要作用，但是在不同类型精神障碍中的作用并非均等。精神发育迟滞、精神分裂症、双相障碍和躯体疾病所致精神障碍是生物学因素起主导作用，而应激相关障碍、神经症性障碍、心理因素相关生理障碍是心理社会因素作用更为突出。

一方面，即使是生物学因素占主导的疾病，也不能忽视心理社会因素对精神障碍发生、发展以及转归的影响。在很多时候，心理社会因素往往会成为发病的诱因或促发因素。以精神分裂症为例，既有生物学因素如遗传因素、神经生化改变、素质因素的易感性和神经病理改变等作为发病的基础，又可能有生活事件如考试失败、恋爱挫折、人际冲突、重要亲人突然患病或者亡故等心理社会因素作为促发因素。

另一方面，急性应激障碍和创伤后应激障碍的起病，显然是社会心理因素（严重精神创伤）起了主导作用，但个体的生物因素仍然具有重要作用，因为遭遇同一事件的群体之中只有少数人（遗传素质脆弱者）发病，且其严重程度、持续时间及预后也因人而异。

（二）素质因素、诱发因素与持续因素

心理障碍的发生是由多种因素共同作用的。但从时间上看，主要有以下三类因素：

1. 素质因素

素质因素是指决定疾病易感性的个体因素，这类因素表现为个体对其他有害因素的承受能力。素质因素通常形成于生命的早期，是遗传负荷、母体子宫内环境、围产期损伤以及婴幼儿时期心理和社会因素共同作用的结果。素质因素又分为生理素质（如身高、体重、植物神经系统的反应性等）及心理因素（如情绪稳定性、心理能力、人格特征等）。心理素质是否健全对童年和成年精神障碍的发生都有重要影响。

2. 诱发因素

诱发因素是指在疾病发生前作用于个体、促使疾病发生的事件，可以是生理因素，也可以是心理社会因素。生理因素包括颅脑损伤、感染、化学物质等，心理社会因素包括亲人亡故、恋爱挫折、升学失败、失业、重大灾难等。有时可有多种因素共同作用，或同一事件产生多种影响。前者

如某人突发重大躯体疾病后又失业,后者如患恶性肿瘤,既可产生躯体方面的影响,又会产生心理压力。

3. 持续因素

持续因素是指疾病发生后作用于个体,使疾病加重或病程延续不容易恢复的事件。如甲同学患抑郁症之后又出现情感危机,或乙同学患精神分裂症之后不得不休学等。有时,疾病本身的后果可使病情加重,形成恶性循环。例如,社交恐惧症的难堪体验会使丙同学担心再次在社交场合"出丑",并因此紧张不安,症状进一步加重。需要特别重视的是,社会因素可能导致疾病状态的迁延与恶化,成为疾病的持续因素。研究发现,精神障碍患者缺乏社会支持,或遭受歧视,往往不利于疾病的治疗和康复。

需要说明的是,临床中基于多种原因,往往将诱发因素简单看作病因,这并不全面,也不准确。仔细分析不难发现,有些患者及其家属所描述的"诱因"并非疾病的诱发因素,甚至反而有可能是疾病的结果。比如,丁同学患有抑郁症,其本人和其家属均认为其抑郁症是由于"失恋"所致,但仔细了解情况后发现,女友之所以离他而去,是由于他患病后出现情绪沉闷、寡言少语且悲观厌世,女友多次劝说无效才与他分手。

三、心理障碍的表现

扫码随时学

心理障碍的表现多种多样,而且很多症状来自患者的主观体验,区分心理正常与异常,可以依据日常生活经验,从以下四个方面进行:

(一)离奇怪异的言谈、思想和行为

例如,甲同学对你讲:"我是联合国特使,主管世界所有国家的军政大事。昨天我从纽约回来,明天飞往莫斯科,找俄国总统普京,让他陪我检阅波罗的海舰队。"又如,你见到乙同学有一天突然披头散发,满脸泥垢,满街乱跑。这时,尽管你不是精神病医生,也可以判断,他们的言行是异常的。

(二)过度的情绪体验和表现

丙同学终日低头少语,行动缓慢;与人交谈十分吃力,甚至想不出词汇,未开言,泪先流;流露出对生活的悲观失望,失去兴趣,觉得现实世界似乎笼罩在灰蒙蒙的雾中。丁同学彻夜不眠,时而唱歌,时而跳舞,语言兴奋,时而说东,时而说西,说个不停。这时,你可以依据生活经验断定,他们的行为已经偏离了正常。

(三)自身社会功能不完整

戊同学怕与他人眼光相对不敢见人;己同学感觉自己的耳朵比别人的大一些,所以不允许别人摸耳朵,认为别人摸耳朵,就是讽刺自己,为此常常与别人吵架。你依据自己的生活经验,可以认定他们的行为偏离了正常轨道。

（四）影响他人的正常生活

庚同学与你并不熟识，但是他最近总给你打电话，对你进行无端的指责和批评。他的骚扰电话严重干扰了你的正常生活，而你从自身找不到任何缘由，在和他无法说理和沟通的情况下，你可以判断对方精神出了问题。

四、判断心理障碍的原则

心理是客观现实的反映，是大脑的机能。心理教育工作者和精神科医生可以通过以下三条原则，判断个体的心理状态是否正常。

（一）主观世界与客观世界的统一性原则

因为心理是客观现实的反映，所以任何正常心理活动或行为，必须在形式和内容上与客观环境保持一致性。不管是谁，也不管是在怎样的社会历史条件和文化背景中，如果一个人说他看到或听到了什么，而当时客观世界中并不存在引起他这种知觉的刺激物，那么可以肯定这个人的精神活动不正常了，他产生了幻觉。另外，一个人的思维内容脱离现实，或思维逻辑背离客观事物的规定性，这时可以判断他产生了妄想。这些都是观察和评价人的精神与行为的关键，称它为统一性（或同一性）原则。人的精神或行为只要与外界环境失去同一性，必然不能被人理解。

在临床上，精神科医生常把有无"自知力"作为判断精神疾病的重要指标，其实这一指标已涵盖在上述标准之中。所谓"无自知力"或"自知力不完整"，是患者对自身状态的错误反映，或者说是"自我认知"与"自我现实"的统一性的丧失。"现实检验能力"也是鉴别心理正常与异常的指标，以客观现实来检验自己的感知和观念必须以认知与客观现实的一致性为前提。

比如甲同学突然无故出现幻觉、妄想等症状，就是违背了主观世界和客观世界的统一性原则，他最后被确诊为精神分裂症。

（二）心理活动的内在协调性原则

人的精神活动虽然可以被分为认知、情绪情感、意志行为等部分，但它自身却是一个完整的统一体，各种心理过程之间具有协调一致的关系，这种协调一致性，保证人在反映客观世界过程中的高度准确和有效。

比如乙同学遇到一件令人愉快的事，会产生愉快的情绪，手舞足蹈，欢快地向别人述说自己内心的体验。这样，我们就可以说他有正常的精神与行为。如果他不是这样，而是用低沉的语调向别人述说令人愉快的事，或者对痛苦的事做出快乐的反应，就能判断他的心理过程失去了协调一致性，即为心理异常。

(三)人格的相对稳定性原则

经过长期的生活磨砺,每个人都会形成自己独特的人格心理特征。这种人格特征一旦形成,便具有相对的稳定性,在没有外界重大刺激的情况下,一般是不易改变的。如果在没有明显外部原因的情况下,一个人的个性相对稳定性出现问题,这个人的心理活动很可能就出现异常了。人格的相对稳定性可以作为区分心理活动正常与异常的标准之一。

比如丙同学本来是一个生活十分节俭的人,突然挥金如土,或者他本来待人通常很冷淡,突然变得很热情,如果在他的生活环境中,找不到足以促使他发生改变的原因,那么可以判断他的精神活动已经偏离了正常轨道。经过精神科医院诊断,丙同学是得了躁狂症。

项目二　医学生常见心理障碍

大学生在学习和生活中面临着许多挑战,这些挑战可能导致一些常见的心理障碍。中国科学院心理研究所科研团队完成的《2022 年中国国民心理健康报告》发现,成年人群自评心理健康状况总体良好,风险检出率方面,抑郁风险检出率为 10.6%,焦虑风险检出率为 15.8%①。

正常心理活动和异常心理活动之间有互相转化的可能,早发现、早诊断和早治疗对于精神障碍的治愈有重要意义。值得注意的是,由于精神障碍患者普遍存在病耻感,因此到精神或者心理专科就诊的比率很低,患者或者讳疾忌医,或者有病乱投医,这影响了患者的及时诊疗和康复,因此积极开展心理健康教育非常必要。

一、应激相关障碍

应激相关障碍旧称反应性精神障碍或心因性精神障碍,是指主要由心理、社会(环境)因素导致的一类精神障碍。临床上包括:

(一)适应障碍

适应障碍是指在易感个性的基础上,遇到了应激性生活事件,出现了反应性情绪障碍、适应不良行为障碍和社会功能受损。通常在遭遇生活事件后 1 个月内起病,病程一般不超 6 个月。

适应障碍在大学新生中较为普遍,但是有的同学能够慢慢适应新的学习生活环境,也有的同学适应不良,出现心理问题。

① 齐芳、崔兴毅:《中科院发布心理健康蓝皮书——成年人群自评心理健康状况总体良好》,《光明日报》2023 年 2 月 27 日。

某同学，女，是西北某省的一个地级市的高考状元，中学期间曾经获得各种荣誉，是家长和老师心中的骄傲。2016年她以优异成绩考入天津某211高校临床专业七年制(本科硕士连续培养)，入学后决心刻苦学习取得优异成绩，让自己在大学期间再创辉煌，让家乡父老继续以自己为荣。但是由于她的学习方法僵化死板，不适应大学的学习模式，而且她性格自尊倔强，既不肯认输，也不会调整，所以只是更加严格地要求自己，增加学习时间。同时，她还存在生活习惯不适应，与同寝室的同学关系不好等问题。在遇到困境时，她也曾经打电话向父亲倾诉，但是她父亲不仅没有给她有效的帮助，反而一味地批评她不够坚强和努力，要求她战胜自己，克服困难。后来，她把休息和睡觉的时间都用来学习，却因睡眠时间不足导致精力下降，白天学习效率更加低下，形成了恶性循环。一个多月以后，她晚上严重失眠，白天焦躁愤怒，同时还悲观委屈，伴有轻生念头。被同学老师发现异常后，送到专科医院诊断为适应障碍，学校为她办理了休学手续。

(二)急性应激障碍

急剧、严重的精神打击，刺激后数分钟或数小时发病，主要表现为意识障碍，意识范围狭隘，定向障碍，言语缺乏条理，对周围事物感知迟钝，可出现人格解体，有强烈恐惧、精神运动性兴奋或精神运动性抑制。

某同学，男，家庭条件优渥，个人品学兼优，高中有不少女生对他表示青睐，但是家长告诫他，谈恋爱会分心，影响学习，让他上大学以后再考虑个人问题。高考后，他如愿考入北京某985高校，压抑多年的爱欲也开始萌动，一番观察之后，他看上了同是大一新生的2个女生。几天的纠结后，他选择了一位来自南方的女生作为首选目标，对方却以性格不合为由婉拒了他。过了一段时间，他又鼓足勇气向另一位北方女生表白。女生当时没有思想准备，心里并不愿意，就胡乱找了个理由搪塞他，说自己刚上大学一年级，准备把精力放在学业上，个人问题近期不准备考虑。但他认为女生是在考验自己，于是压抑内心冲动，开始埋头苦读，准备用优异的成绩证明自己，再去赢取芳心。不知什么原因，过了不到两个月，这个女生被一个高年级的男生追上了，而且二人很快就公开了关系，在校园里出双入对。目睹这个场景的他如五雷轰顶，既难以接受又无可奈何，想去质问那个女生又没有勇气，自己也化解不开，后来发展到不吃不喝，怒目圆睁，一言不发，整晚失眠，再后来出现了神情恍惚和胡言乱语，大喊大叫。送医后被诊断为急性应激性障碍。

（三）创伤后应激障碍（PTSD）

创伤后应激障碍又称延迟性心因性反应，是指在遭受强烈的或灾难性精神创伤事件之后，个体延迟出现，或者长期持续的一种精神障碍。如创伤性体验反复重现、面临类似灾难境遇可感到痛苦和对创伤性经历的选择性遗忘。

二、神经症

神经症旧称神经官能症，是一组非精神病性功能性障碍。具有以下共同特征：①是一组心因性障碍，人格因素、心理社会因素是主要致病因素，但非应激性障碍；②是一组机能性障碍，障碍性质属功能性非器质性；③具有精神和躯体两方面症状；④具有一定的人格特质基础但非人格障碍；⑤各亚型有其特征性的临床相；⑥神经症是可逆的，外因压力大时加重，反之症状减轻或消失；⑦社会功能相对良好；⑧自知力充分。

（一）恐怖症

恐怖症主要为三种类型：场所恐怖、社交恐怖和特定恐怖。在大学生中，社交恐怖症比较普遍，社交恐怖症也称为社交焦虑症，日本学者称其为对人恐惧症或赤面恐惧症，主要表现为与人相处时不由自主地感到紧张恐慌，脸红心悸出汗，言谈举止都不自然，严重者会影响正常的学习和社会交往。

某同学，男，来自北方农村，家庭教育传统严厉，性格内向木讷，学习成绩优秀。他每天早上都最早到教室，坐在最后一排，课间也不出去，下课后最后一个离开教室。询问原因，他说自己与他人相处感到紧张，特别是不能与人目光对视，一旦有目光接触，哪怕只有一瞬间，也会让他万分恐惧。所以他采取的办法就是早来晚走，不与同学老师有见面的机会。他为此也非常苦恼，但是也不清楚具体是因为什么。征得他本人的同意，心理治疗师对他进行了催眠，在催眠状态下，终于揭示了他恐惧的心理原因。原来，他上高中以后，常有性幻想和性冲动并伴有手淫。他认为这种想法和行为都非常羞耻和错误，于是一直努力压抑。上大学以后，偶然他和一个女生目光相对，他忽然感觉热血沸腾，有种要扑过去拥抱亲吻对方的冲动。他吓坏了，以后再也不敢看女生的眼睛了。后来，发展到连男生的眼睛也不敢看了，倒不是会对男生产生冲动，而是他感觉男生能从他的眼神里看到他内心深处压抑的“丑恶念头”，如果被发现他就没有办法在学校立足，十年寒窗苦读就会付之东流。

（二）焦虑症

焦虑症临床上可分为两种类型：惊恐障碍，又称急性焦虑发作；广泛性焦虑障碍，又称慢性焦虑症。

（三）强迫症

强迫症临床上可分为强迫思维和强迫行为两类。强迫思维包括强迫性穷思竭虑、强迫性疑虑、强迫性对立观念等。强迫行为包括强迫性仪式动作，如强迫性洗涤、强迫性询问和强迫性计数等。

大学生强迫症的发病率也很高，因为强迫素质表现为追求完美，使自己更努力学习取得更优异的成绩，但是一旦遇到挫折和压力，为了追求完美而影响了效率，就会表现为强迫症，也就是古人所云的“过犹不及”。

某同学被诊断为强迫症，主要临床表现是强迫性的仪式动作，他做任何事情都有一套自己规定的动作，不按照规定的动作完成就不能继续后续的任务。比如他看书之前，需要将书、笔记本、笔、水杯、手机按照顺序和规定的位置放好，否则无法开始学习。又比如他上床睡觉之前，需要按照顺序脱衣服、摆放鞋子、袜子，衣服也要叠放在指定位置，如果有错就得穿好重新来过，否则不能上床睡觉。他自己也感到这样做会浪费很多时间，非常没有必要，但是不这样做就心里难受，无法克服。

（四）躯体形式障碍

躯体形式障碍在大学生中也比较常见，因为主要症状是身体不适，所以大家通常认为自己是得了某种躯体疾病，但是医院的检查结果又都是阴性，无法解释出现的症状，所以也被认为是由心理因素导致的身体症状，归于精神障碍的范畴，临床上包括以下多个亚型。

1. 躯体化障碍

躯体化障碍是一组反复陈述躯体症状，相应的器质性检查均为阴性，并缺乏充分的生理机制，对症状的说明，只能从心理因素或无意识中的冲突来推测解释的神经症，以多种多样、经常变化的躯体症状为主的神经症。

2. 疑病症

疑病症主要指患者以担心或相信罹患严重躯体疾病的持久性优势观念为主的一种临床神经症的表现形式，各种体检的阴性结果和医生的解释，均不能消除患者对疾病的疑虑。

3. 躯体形式植物功能紊乱

躯体形式植物功能紊乱是一种主要受自主神经支配器官系统，发生躯体障碍所致的神经症

样综合征。

4. 躯体形式疼痛障碍

躯体形式疼痛障碍是一种不能用生理过程或躯体障碍予以合理解释的持续、严重的疼痛。精神性疼痛、心因性背痛或头痛以及其他与情绪冲突有关的躯体形式的疼痛都可以归入此类。

某同学，女，学习努力，成绩优异，但是每次临近考试前都会出现头痛，到医院神经内科检查也没有阳性发现，服用止痛药物效果也不明显，考试过后头痛就逐渐减轻并消失了。综合判断，该同学属于躯体形式疼痛障碍，她的头痛与考前焦虑有时间相关性，而且因为是心理社会因素所致，所以作用于生物因素的药物治疗效果并不明显。对于该同学可以采用认知行为疗法，通过认知调节和放松训练来缓解考试焦虑，进而改善头痛症状。

5. 神经衰弱

神经衰弱是以脑和躯体功能衰弱为主要特征的神经症。临床表现为精神疲乏、注意力难集中、效率低等衰弱症状；回忆及联想增多且难以控制；对声、光、噪声敏感；易烦恼、易激惹；紧张性疼痛；入睡困难、多梦、易醒等睡眠障碍。

三、心境障碍

心境障碍，又称情感性精神障碍，是以明显而持久的心境高涨或心境低落为主的一组精神障碍，伴有相应的认知和行为改变，严重者可有幻觉、妄想等精神病性症状。大多有反复发作倾向，治疗缓解后或发作间期精神状态基本正常，但部分患者有残留症状或转为慢性。

（1）抑郁症。临床特点为情绪低落、思维缓慢、语言动作减少和迟缓。发作形式包括：轻型抑郁症、无精神病症状抑郁症、有精神病症状抑郁症和复发性抑郁症。

（2）躁狂症。临床特点为情绪高涨、思维奔逸、精神运动性兴奋。发作形式包括：轻型躁狂、无精神病症状躁狂、有精神病症状躁狂和复发性躁狂症。

（3）双相障碍。指既有躁狂发作又有抑郁发作的一类疾病，表现为情绪高涨与情绪低落交错发作。双相障碍病因未明，生物、心理与社会环境诸多方面因素参与其发病过程，发作形式包括抑郁症、躁狂症、抑郁躁狂混合症。

某同学,男,大学毕业年级学生,平时学习成绩较差。他的女朋友是同年级不同专业同学,女友学习优异,不久前取得免试研究生资格并被某985高校录取。他对女朋友感情很深,担心女友读研之后会和自己分手,决定也报考该所985大学,与女友比翼齐飞。但是,开始复习之后发现自己差距太大,感到考研完全没有希望,陷入抑郁状态。为了爱情,他不肯放弃,继续在痛苦中坚持,虽然情绪低落,学习效率很差,但他依然每天到自习室苦读。三个月后的某一天晚上,他在自习室学习时突然感到自己心胸豁然开朗,有一缕阳光直射心底,他非常兴奋,在自习室发表了慷慨激昂的讲演,表达了自己考研必胜的决心和对爱情的美好憧憬。当然,他不合时宜的言语吓坏了在场的其他同学,及时送医之后,他被诊断为双相障碍。

(4)持续性心境障碍。持续性心境障碍临床特点为持续性并常有起伏的心境障碍,每次发作极少,严重到足以描述为轻躁狂,甚至不足以达到轻度抑郁。发作形式包括:环性心境障碍(反复出现心境高涨或低落)、恶劣心境(持续出现心境低落)、混合状态(躁狂和抑郁症状在一次发作中同时出现)。

四、心理生理障碍

心理生理障碍是指与心理因素相关的以生理活动异常为表现形式的精神障碍,包括睡眠障碍、进食障碍和性功能障碍。

(1)睡眠障碍。常见的睡眠障碍有以下几种类型:①失眠症是最常见的睡眠障碍,具体包括:入睡困难、深睡眠不足、早醒等;②嗜睡症是睡眠时间过长,白天也昏睡不醒;③睡眠节律紊乱多表现为晚上不睡,白天不起,黑夜和白天颠倒;④发作性睡眠异常,如睡行症、夜惊、梦魇等。

(2)进食障碍。包括神经性厌食、神经性贪食及神经性呕吐。进食障碍在大学低年级女生中偶有出现。

(3)性功能障碍。包括性欲减退、阳痿、早泄、性高潮缺乏、阴道痉挛、性交疼痛等。

某同学,女,大学二年级,最近一段时间寝室同学发现她经常半夜起床,去楼道里的垃圾桶里翻捡残羹剩饭吃。大家看到她睁着眼睛,蹑手蹑脚,行为诡异,与她说话她也不理睬,所以同学们都特别害怕。报告辅导员老师后,老师与家长联系,家长反馈说,家里经济条件很好,不会让她因为经济原因吃不饱饭。白天问她晚上的情况,她也完全没有记忆。经过临床诊疗,她被诊断为睡行症,主要原因是她为了减肥,每天只吃一顿早饭,不吃午饭和晚饭,而且还网购了一种减肥药物,成分不明,很可能是乱服减肥药物,不仅抑制了大脑摄食中枢,而且干扰到了睡眠中枢,所以出现了发作性睡眠异常。

五、人格障碍

人格障碍是指人格特征明显偏离正常，形成了一贯的反映个人生活风格和人际关系的异常行为模式。这种模式明显影响其社会功能和职业功能，可造成对社会环境的适应不良，患者也为此感到痛苦，但是往往不主动就医，预后也不佳。临床常见的人格障碍有：

（1）偏执性人格障碍。这种人格障碍以猜疑和偏执为特点，是最为常见的，常因为固执己见而与他人发生冲突和矛盾，属于“得理不饶人，无理搅三分”，而且不能从挫折中吸取经验教训。偏执性人格障碍是人格障碍中比例最大的一类，在大学生中也比较常见。

（2）分裂样人格障碍。以观念、行为、外貌装饰奇特，情感冷漠、人际关系明显缺陷为特点。在大学生里偶有发生，特别是在文学艺术类大学生中比例较高。

（3）反社会性人格障碍。以行为不符合社会规范，经常违法乱纪，对人冷酷无情为特点。

（4）冲动性人格障碍。以阵发性情感暴发，伴明显冲动性行为为特征，又称攻击性人格障碍。

（5）表演性人格障碍。又称为癔症性人格障碍，以过分感情用事或以夸张言行吸引他人注意为特点。

（6）强迫性人格障碍。以过分要求严格与完美无缺为特征，这种障碍会影响到工作和生活的正常效率。强迫性人格障碍在大学生中也有一定的比例。

（7）焦虑性人格障碍。特征是一贯感到紧张、提心吊胆、不安全和自卑，总是需要被人喜欢和接纳，对拒绝和批评过分敏感，因习惯性地夸大日常处境中的潜在危险，所以有回避某些活动的倾向。

（8）依赖性人格障碍。特征是依赖他人、不能独立解决问题，怕被人遗弃，常感到自己无助、无能，缺乏精力。

某同学，女，性格孤僻不合群，特立独行，没有朋友。有文学爱好，曾创作科幻小说；有裁剪爱好，曾自己做奇装异服。相貌一般，身材高挑，直发及腰，怪异的是她用头发遮挡住一半面部。作息时间混乱，白天不上课，晚上不睡觉，有一次晚上不知为何，她忽然兴奋不睡，在楼道昏暗的灯光下翩翩起舞，把一位睡眼蒙眬起夜的同学吓坏了。后来安排她到医院临床心理科就医，诊断为分裂样人格障碍。

六、性心理障碍

因为性心理异于常人，既往称为性变态，是指个体性行为的心理和行为明显偏离正常，并以这种性偏离作为性兴奋、性满足的主要或唯一方式为主要特征的一组精神障碍，不包括单纯的性欲减退或亢进和性功能障碍。性心理障碍临床上包括三种类型：

(1)性身份障碍。易性症的主要表现为生理性别与心理性别相反,长期对自己的生理性别有强烈的厌恶和排斥感,同时具有强烈的转变性别的心理要求和实际行为。随着医学的进步,也有一些异性症选择做变性手术,使自己心身性别合一。

(2)性偏好障碍。多见于男性,其主要表现是唤起性兴奋和获得性满足的对象与方式不同于常人。如恋物症、异装症、露阴症、窥阴症、摩擦症、性施虐与性受虐症。

(3)性指向障碍。指起源于各种性发育和性定向的障碍。以往人们认为同性恋即是一种性指向障碍。但是近年来,美国《精神疾病诊断与统计手册》(DSM-5)已将性取向与精神疾病脱钩,而世界卫生组织《国际疾病分类》(ICD-10)中只保留"自我不和谐的性取向"作为诊断编码。2001年我国出版的《中国精神障碍分类与诊断标准第3版》(CCMD-3)中已明确将"同性恋"概念从精神疾病范畴中去除。

某同学,男,大学二年级学生,他家境一般,体形较胖,皮肤较黑,成绩一般,也没有什么特长。上大学以来,先后追求过两个女生,但是都被无情拒绝,而且后一个女生很直白地当众说他一无是处,使他很伤自尊。后来他想,当男生太辛苦了,追求女生还被人家轻视,做个女生多好,每天养尊处优,还有男生来哄。于是他突发奇想,在网上购买了化妆品和假发,学着视频里的方法化妆成女生。经过一段时间反复练习,化妆效果居然不错。他尝试着将视频发到网上,居然还有人点赞送花,这让他获得了从未有过的快乐。再后来,他不仅满足于偶尔拍段视频上传网络,而且还开始在现实生活里也以女性装扮,享受女装带来的快乐。后来,有一次他穿着女装要进男生宿舍时,与门卫大爷发生了冲突,被送医后诊断为异装症。

七、精神病性障碍

(一)精神分裂症

精神分裂症是一种病因未明的常见精神疾病,具有感知、思维情感、意志和行为等多方面的障碍,以精神活动的不协调或脱离现实为特征。患者通常意识清晰,智能度完好,但部分患者在疾病过程中会出现某些认知功能的损害。多起病于青壮年,常缓慢起病,病程迁延,部分患者可发展为精神活动的衰退,患病期自知力基本丧失。

临床常见类型:①青春型:以联想障碍,精神活动全面紊乱,思维松散破裂,行为愚蠢、恶作剧以及性轻浮为多见;②偏执型:以妄想、幻觉为主;③紧张型:以精神运动性抑制障碍为主,主要包括紧张性木僵和紧张性兴奋交替出现;④单纯型:以起病缓慢,持续发展意向逐渐减退、退缩、懒散为特征,治疗困难,预后不良。

（二）偏执性精神障碍

偏执性精神障碍又称妄想性障碍，是一种以系统妄想为突出临床表现的精神性障碍。此病病因不明，青春期起病，女性偏多，未婚者多见。病前人格多具固执、主观、敏感、猜疑、好强等特征，发展缓慢，多不为周围人所察觉。妄想常有系统化的倾向，内容有一定现实性，并不荒谬，个别可伴有幻觉但历时短暂而不突出，病情发展较慢，有时人格可以保持完整，并有一定的工作及社会适应能力。

（三）急性短暂性精神障碍

急性短暂性精神障碍包括了诊断名称不同的一组障碍。共同的特点是：①在两周内急性起病；②以精神病性症状为主；③起病前有相应的心因；④在 3 个月以内痊愈。

有的患者临床表现以精神分裂症性症状为主，如果病程不超过一个月，临床可诊断为分裂样精神障碍。

心理知识链接

在高校心理咨询工作中，来访大学生的心理问题是属于正常范围，还是已经到了精神障碍的程度，是心理诊断的一个重点问题。

（一）识别心理冲突常形和变形

1. 心理冲突常形的特点

从现象或事实的角度来说，心理冲突有常形与变形之分。心理冲突的常形有两个特点，一是它与现实处境直接相联系，涉及大家公认的重要生活事件；二是带有明显的道德性质，无论你持什么道德观点，你总可以将冲突的一方视为道德的，而将另一方视为不道德的。例如，某同学，男，硕士研究生二年级，因偶然原因认识并爱上了一个卖淫女，自己虽然知道对方可能并不是对自己真有感情，而且自己也无法接受她的“职业”，但是依然沉陷感情之中无法自拔，几天不联系就心烦意乱，他对卖淫女想分手又不想分手，非常纠结十分苦恼。

2. 心理冲突变形的特点

心理冲突的变形也有相应的两个特点，一是它与现实处境没有什么关系，或者它涉及的是生活中的鸡毛蒜皮，一般人认为不值得为这样的事情操心，不懂精神病学的人感到这类事情很容易解决，难以理解为什么患者却解决不了。

例如，前述病例的男同学因为心理严重纠结，后来出现失眠。他无奈之下去医院就诊，但又因为有顾虑并未告知医生自己失眠的真实原因，医生找不出原因只好给他开了口服安眠药，嘱咐他每天睡前服一粒，改善睡眠症状。他开始吃了几天药以后能睡着了，但是又产生了新的问题。最近几天，他每天从晚饭后开始陷于吃药还是不吃药的痛苦冲突之中，吃药怕肝肾损伤和难以戒断成瘾，但是不吃药又怕自己睡不着。

二是不带明显的道德色彩。例如上述病例，是否和卖淫女谈恋爱带有明显的道德色彩，吃不吃药与道德无关，但是后者冲突显然是前者冲突的变形。纠结于是否吃药以后，对于是否继续谈恋爱的纠结就缓解了。如果这个同学只是和普通女同学谈恋爱并陷入纠结，比如又喜欢她漂亮又不能容忍她任性自私，想分手又舍不得分手，这种心理冲突的常形导致的心理痛苦或许不会那么剧烈，通常也不会发生变形。只有心理冲突的常形带有强烈的道德色彩，难以启齿，才可能会将心理冲突变形。

（二）简易心理障碍评分法

对于心理冲突的解释和分析需要精神病学的知识和技巧，下面推荐许又新教授提出的一种简易心理障碍评分方法。包括三个方面的评分：

（1）病程：不到三个月为短程，评 1 分；三个月到一年为中程，评 2 分；一年以上为长程，评 3 分。

（2）精神痛苦程度：轻度患者自己可以摆脱，评 1 分；中度患者自己摆脱不了，须靠别人帮助或处境的改变才能摆脱，评 2 分；重度患者无法摆脱，评 3 分。

（3）社会功能：能照常工作学习或者工作学习以及人际交往只有轻微妨碍，评 1 分；中度社会功能受损害者，工作学习或人际交往效率显著下降，不得不减轻工作或改变工作或只能部分工作，或某些社交场合不得不尽量避免，评 2 分；重度社会功能受损害者完全不能工作学习，不得不休病假或推卸，或某些必要的社会交往完全回避，评 3 分。

如果总分小于等于 3 分，未达到心理障碍诊断；如果总分大于等于 6 分，诊断为心理障碍；4～5分诊断为疑似心理障碍，还需进一步观察确诊。要补充说明的是，对精神痛苦和社会功能的评定，至少要考虑近三个月的情况才行，评定涉及的时间太短是不可靠的。

（引自许又新：《神经症（第 2 版）》，北京大学医学出版社 2008 年版）

项目三　心理障碍的预防与治疗

在大学生群体里，心理问题出现的情形较为常见，其中大部分是临时性的，往往是在特定环境与特定阶段才会出现的状况。通过科学的心理疏导以及恰当的健康教育，这些问题大多能够得到妥善处理。大学教育工作者有必要依据大学生的心理特点，开展心理科学知识传授以及健全人格教育工作。在预防与治疗大学生心理障碍方面，应着重做好以下几个方面的工作：

一、加强思想品德教育，树立正确的世界观和人生观

党的十九大报告指出，青年一代有理想、有本领、有担当，国家就有前途，民族就有希望。这

充分体现了党中央对青年的殷切期盼和殷殷重托。为了使大学生有一个健康的体魄和健全的人格，成为建设中国特色社会主义事业的有用人才，高等学校应加强大学生的思想品德教育和政治素质教育。司马光曾有论述："德者，才之师也。"充分说明了思想品德教育的重要性。

只有对大学生进行思想品德教育，才能使其树立正确的政治方向，树立辩证唯物主义和历史唯物主义的世界观以及全心全意为人民服务的人生观，培养其成为德智体美劳全面发展的社会主义建设者和接班人。同时也只有这样才能使大学生敢于面对困难和挫折，善于进行心理调节和情绪控制，从而预防心理障碍的发生。

二、开展心理健康教育，努力提高大学生心理素质

教育的目标就是培养全面发展的人，而人的发展既包括身体和生理的发展，也包括心理发展。在大学生整体素质中，心理素质本身占有重要地位。良好的心理素质是优良的思想品德形成的基础，是有效学习科学文化知识和进行智力开发的前提。开展心理健康教育是引导学生正确交往、合作成功的重要手段，是增进学生掌握劳动技能的保证，是促进学生身体健康的必备条件。

素质教育应包括旨在提高学生心理素质的心理健康教育。加强心理健康教育，不仅可以预防和减少大学生的心理疾病，而且可以充分发挥潜能，改善社会适应能力，从而提高人才的质量。

高校都应在入学教育中增加"大学新生心理适应"的内容，指导大学新生如何正确地看待自己，如何与他人友好相处，认识到尽快适应学习和生活的重要性，懂得如何处理好恋爱与学业的关系，如何正确地对待学习和生活中的压力与挫折，尽快适应高校生活。

入学后，也要开设"大学生心理健康教育"课程，使大学生通过系统地学习心理学知识，了解自己的心理发展变化规律与心理保健的途径，掌握心理调节的方法，自觉地控制情绪，掌握人际交往的技能，增强社会适应能力，塑造良好的人格，懂得心理及生理均健康才是真正的健康。

在课堂系统讲授以外，还可以邀请校内外专家开展适应大学生特点的心理健康专题讲座，组织大学生开展心理社团活动，进行心理健康知识与能力的培养，提高大学生的心理素质。

高校重视校园文化建设，丰富大学生业余文化生活。大学生的心理素质培养需要和谐健康的校园文化氛围，丰富多彩的学术、科技、体育、文娱活动有助于培养大学生积极乐观的生活态度和健康愉快的情绪。

要健全高校心理健康教育管理网络，培育大学生朋辈互助能力，形成良好的人际互动。温暖的集体可有效降低心理危机事件的发生。

实践表明，学生的适应困难、学业困难、经济困难、情感困扰等一些实际困难如果得到有效解决，其心理问题也可能随之减轻或消失。例如对学生的学业困难，必须从管理的初始阶段严格要求，保证学生的上课率，提高学习主动性，这样可以减少学生学习压力的累积而引发的心理危机。

三、筛查高风险人群，持续关注并及时关心帮助

首先要做好大学新生的心理健康高风险人群筛查，通过心理健康问卷筛查出以下重点问题学生群体，给予持续关注和及时关心帮助指导。

（一）有精神障碍家族病史

精神障碍具有遗传倾向，体现遗传倾向程度的称为遗传度。精神分裂症是遗传度最高的精神障碍，双亲精神分裂症患者子女的遗传度为46%，单亲精神分裂症患者子女遗传度为18%。如果大学生的一级亲属中有精神障碍患者，表明该生具有精神障碍的遗传倾向，所以需要重点关注。

（二）本人有精神障碍既往病史

如果以前曾发生过严重的心理问题，特别是有过自伤和自杀行为，那么表明该同学即使现在处于健康状态，但其承受压力和挫折的能力依然比其他同学低，所以也需要重点关注。

（三）成长于单亲家庭，特别是抚育者疏于照管或给予过大压力

父母离异或去世，对于青少年的心理成长而言既是伤痛和缺失，也是压力和束缚。2024 年 11 月 20 日，贵州 17 岁少年王伟是一个自理能力强，学习成绩优异的学生，却绝望地选择“孤独死”。背后的真相是他的父母离婚后，父亲也外出打工且带走了当时 10 岁的小儿子，把大儿子王伟留在了老家。每天一个人回到空荡荡的家，一个人料理生活的琐碎，一个人上学，一个人回来做饭，一个人睡觉……近年来青少年弑母案虽然骇人听闻，但是并不罕见，比如 2016 年北大学子吴谢宇弑母案。吴谢宇的父亲早年因病去世，他和母亲相依为命。只因母亲“管得太严”，他残忍弑母。四川省眉山市东坡区一个 13 岁男孩，小时候父亲患癌去世，母亲没有再嫁，母子俩相依为命。2020 年 2 月 24 日，因琐事将 36 岁母亲杀害。①

（四）家庭经济困难，造成心理阴影

物质决定意识，经济状况在很大程度上限制了青少年的发展水平。研究表明，虽然国家和学校采用了一系列的措施保障经济困难学生能够顺利完成学业，但是家庭经济困难会给孩子带来自卑等负性影响。

（五）人格特征存在明显缺欠

人格是心理特征的总和，临床经验表明具有敏感、完美、内向、孤僻、固执等人格特征的大学生更容易出现心理问题。

第一，敏感的人能够从外界捕捉到各种不利的信息，从而增加自己的心理压力。第二，完美的人总是给自己制定更高的目标，从而增加自己的心理压力，并因为目标过高而经常遭受挫败。

---

① 张彤、朱必胜：《四川 13 岁少年杀母案：父亲 7 年前去世，母亲独自抚养其长大》，《新京报》2020 年 2 月 26 日。

第三，内向的人，既不能够及时将内心的压力倾诉和宣泄，也不愿意在自己遇到困难时向他人求助。第四，孤僻的人没有朋友，所以很难得到有效的社会支持。每个人都有可能遇到自己解决不了的困境，如果有家人朋友的支持，会更容易渡过难关。第五，固执的人听不进别人的任何建议，即使这个建议是解决问题的正确方法，但总是坚信自己的想法是正确的，而自己的想法又解决不了面临的问题，所以就像钻进了死胡同。

（六）近期发生应激事件

每个人的心理承受力都是有限度的，如果大学生遇到重大挫折或打击，特别是丧失性事件，就很容易出现心理问题甚至心理危机。丧失性事件包括亲人的亡故，身患重病，金钱或者名誉的损失以及感情的丧失，比如失恋等。

（七）已经出现精神症状

精神症状既可以是焦虑、抑郁、强迫等情绪异常，也可以是酗酒、网瘾等行为异常，还可以是失眠、疼痛、疲惫等躯体异常。总之，如果某同学已经出现了一些精神症状，虽然还不能达到精神障碍的诊断标准，但也表明个体无法实现自我的身心平衡了。

上述七类重点情况，如果符合其中一种就是重点关注对象，如果符合两种以上则需要及时关心并帮助该同学及时接受心理咨询甚至接受精神科诊疗。

四、开设心理咨询门诊，及时做好心理疏导工作

随着社会的进步和发展，社会关系表现出复杂化的趋势，各种社会因素对青少年心理的影响日益明显。传统的医学生物模式已经逐步向生理—心理—社会医学模式转变。

俗话说“心病还要心药医”，大学生的心理问题只能通过心理咨询与心理治疗才能有效解决。高校建立心理咨询室，开展心理咨询活动对矫治大学生的心理问题，促进其健康成长具有重要的意义。心理咨询与心理治疗是矫治大学生心理障碍的有效的途径。心理咨询既能及时解除大学生的心理困扰，又能对学习困难、有行为问题的学生进行辅导，使其掌握应对压力的策略，为其扫清正常成长过程中的心理障碍，使学生更充分地发展。发挥高校心理咨询师的作用，能及时有效帮助大学生解决学习、生活、交友、身心发育、健康、择业等方面的心理矛盾与困惑。

要想提高大学生心理咨询的有效性，首先要开展心理健康宣传教育，提升大学生对心理咨询的知晓度和接受度，消除病耻感，同时也要给心理咨询师提供专业成长的便利条件，让心理咨询师能够及时接受心理督导，提升心理咨询专业水平。

五、疑似精神障碍，寻求专业医院及时诊疗

对于疑似患者精神疾病的学生，要在确保安全的前提下，及时通过校医合作绿色通道，送到综合医院心理科或者专科医院精神科进行诊断和治疗。对于医院确诊的精神障碍患

者,需要遵医嘱进行住院或门诊治疗,对于能够边治疗边学习的大学生,不能因为诊断了精神障碍,就剥夺其学习的权利。对于接受药物治疗同时继续学业的大学生,要定期去医院复诊,遵医嘱减药或调药,切不可自作主张减药停药。心理咨询和心理治疗可以作为辅助方法配合药物治疗,但是千万不要夸大心理咨询和心理治疗的力量,认为可以替代药物治疗。

即使是精神障碍中最严重的精神分裂症,大约20%的患者经过及时科学的治疗都能痊愈并终生不再复发。首次发作者经治疗,75%可达临床治愈。大多数治愈的抑郁症患者有复发倾向,反复发作的精神障碍患者社会功能明显受损,坚持服药治疗可减少疾病的复发。①

对于病情严重不能够坚持学习的大学生,也要遵医嘱进行休学或者退学,个别家长担心影响学业而不愿让孩子休学,高校教师需要耐心细致做好沟通工作,不能让学生因为学业而枉顾健康。因为健康是学业的前提和基础,没有健康就不可能有学业。这样的抉择对于学生和家长确实都是痛苦的决定,但是良好的主观愿望不能代替无情的客观现实。

项目四　心理障碍测试与训练

一、心理障碍测试

为了方便心理障碍的诊断,临床心理学家编制了诸多心理障碍的测评问卷,本部分选择三个自评问卷进行介绍,可以用来进行心理障碍自我评估和诊断。

(一)焦虑自评量表

焦虑自评量表(Self-Rating Anxiety Scale,SAS,见表9-1)由W. K. Zung于1971年编制,用于评定患者焦虑主观感受及其在治疗中的变化。焦虑是临床心理门诊中常见的一种情绪障碍,因此SAS是评估焦虑症状的常用工具。

焦虑自评量表含有20个反映焦虑主观感受的项目,每个项目按症状出现的频度分为四级评分,其中15个正向评分,5个(带*号)反向评分。评分标准为:1=没有或很少时间有,2=小部分时间有,3=相当多时间有,4=绝大部分或全部时间都有。评定的时间范围是自评者过去一周的实际感觉。

① 马辛、毛富强主编:《精神病学》(第4版),北京大学医学出版社2019年版。

表 9-1　焦虑自评量表

序号	项目	选项	序号	项目	选项
1	我觉得比平常容易紧张和着急		11	我因为一阵阵头晕而苦恼	
2	我无缘无故地感到害怕		12	我有晕倒发作或觉得要晕倒似的	
3	我容易心里烦乱或觉得惊恐		*13	我呼气、吸气都感到很容易	
4	我觉得我可能将要发疯		14	我手脚麻木和刺痛	
*5	我觉得一切都很好，也不会发生什么不幸		15	我因为胃痛和消化不良而苦恼	
6	我手脚发抖打战		16	我常常要小便	
7	我因为头疼、头颈痛和背痛而苦恼		*17	我的手脚常常是干燥温暖的	
8	我感到容易衰弱和疲乏		18	我脸红发热	
*9	我觉得心平气和，并且容易安静坐着		*19	我容易入睡，并且一夜睡得很好	
10	我觉得心跳得很快		20	我做噩梦	

若为正向评分题，依次评为 1、2、3、4 分，反向评分题（带有 * 号者），则评为 4、3、2、1 分。20 个项目得分相加即得粗分（X），经过公式换算，即用粗分乘以 1.25 以后取整数部分，就得标准分（Y）。

按照中国常模结果，SAS 标准差的分界值为 50 分，其中 50～59 分为轻度焦虑，60～69 分为中度焦虑，69 分以上为重度焦虑。

（二）抑郁自评量表

抑郁自评量表（Self-rating depression scale，SDS，见表 9-2）含有 20 个项目，分为 4 级评分，原型是 Zung 抑郁量表（1965）。其特点是使用简便，并能相当直观地反映抑郁患者的主观感受。请根据自己近一周的感觉来进行评分，数字的顺序依次为从无（1）、有时（2）、经常（3）、持续（4）。

表 9-2　抑郁自评量表

序号	项目	选项	序号	项目	选项
1	我感到情绪沮丧、郁闷		7	我感到体重减轻	
*2	我感到早晨心情最好		8	我为便秘烦恼	
3	我要哭或想哭		9	我的心跳比平时快	
4	我夜间睡眠不好		10	我无故感到疲乏	
*5	我吃饭像平时一样多		*11	我的头脑像往常一样清楚	
*6	我的性功能正常		*12	我做事情像平时一样不感到困难	

续表

序号	项目	选项	序号	项目	选项
13	我坐卧不安,难以保持平静		*17	我感到自己是有用的和不可缺少的人	
*14	我对未来感到有希望		*18	我的生活很有意义	
15	我比平时更容易激怒		19	假若我死了,别人会过得更好	
*16	我觉得决定什么事很容易		*20	我仍旧喜爱自己平时喜爱的东西	

将20个项目的各个得分相加,得到总分的粗分。标准分等于粗分乘以1.25后的整数部分。粗分正常上限为41分,标准总分为53分。

抑郁严重度=各条目累计分/80。

0.5以下者为无抑郁;0.5~0.59为轻微至轻度抑郁;0.6~0.69为中至重度;0.7以上为重度抑郁。

(三)大学生精神症状自我诊断量表

表9-3是一份大学生精神症状的自我诊断量表,一共有50个问题,请你根据自己的实际情况,逐一对每个问题做"是"或"否"的回答。请认真作答。

表9-3 大学生精神症状自我诊断量表

题目	是/否	题目	是/否
每当考试或被提问时,是否会紧张得出汗?		是否经常犹豫不决,下不了决心?	
看见不熟悉的人是否会手足无措?		是否有神经过敏?	
一受到别人的批评,是否就会心慌意乱?		家庭成员中是否有神经过敏的人?	
紧张时,头脑是否会不清醒?		感情是否容易冲动?	
心理紧张时是否会出差错?		在别人家里吃饭,是否会感到别扭?	
是否经常把别人交办的事情搞错?		是否被人认为是个好挑剔的人?	
是否会无缘无故地挂念不熟悉的人?		是否总是会被别人误解?	
是否因突然的声响会突然跳起来,全身发抖?		是否一点也不能宽容他人;甚至连自己的朋友也是这样?	
家庭成员中是否有人进过精神病医院?		没有熟人在身边是否会感到恐惧不安?	
是否总希望有人和自己闲谈?		脾气是否暴躁、焦急?	
是否被人认为不机灵?		是否稍有冒犯就会火冒三丈?	
看见不熟悉的人是否会使工作不能进行下去?		做任何事情是否都是松松垮垮、没有条理?	

续表

题目	是/否	题目	是/否
和别人会面，是否会有孤独感？		是否被人批评就会暴跳如雷？	
别人做错了事，自己是否也会感到不安？		是否稍不如意就会怒气冲冲？	
是否经常想哭泣？		是否别人请求帮助就会感到不耐烦？	
是否因处境艰难而沮丧气馁？		是否会怒发冲冠？	
是否感到厌世？		是否身体会经常发抖？	
是否有生不如死之感？		是否经常会感到坐立不安，情绪紧张？	
是否会因不愉快的事情缠身，一直忧郁郁，解脱不开？		是否会一门心思想某件事或做某件事，而不听从别人的劝告？	
家庭中是否有愁眉不展的人？		是否总是愁眉不展？	
遇事是否会无所适从？		半夜里是否经常听到声响？	
别人是否认为你有神经质？		是否经常做噩梦？	
是否有神经官能症？		是否经常有恐怖的景象浮现在眼前？	
家庭成员中是否有严重精神病患者？		是否经常发生胆怯和害怕？	
是否因患病进过精神病医院？		是否突然间会出冷汗？	

答“是”计 1 分。得分在 25 分以上的人，疑似有某种心理障碍，建议去求助心理咨询师或精神科医生。

二、心理宣泄训练

活动名称：宣泄训练

活动目的：通过宣泄训练释放消极压力带来的负能量

活动器材：传统宣泄系统、智能宣泄系统等

实施方案：

（1）传统宣泄系统、智能宣泄系统击打体验。

（2）分组热对抗。

科目原理：契约式的热对抗

四川有一个叫开县的地方（现重庆市开州区），过元宵节的方式很特别，这里的人们是在骂声“不绝于耳”中度过正月十五的。在这一天，人们会按照惯例，把一年来郁积在心里的话向别人“开骂”，而被骂的人不但不能还口，还必须对骂得起劲的人笑脸相迎。这是当地延续了千百年的风俗习惯，人们认为，这样做能让自己在新的一年里过得舒心坦然。

日常生活中，如果我们在被“炮轰”的时候，能用包容的心态取代本能的“还击”反应，以“沉

默是金”来应对这种情形，是明智之举。这时，我们可以仔细听听对方说的气话中是不是有一些自己确实忽略了的东西，看看对方发泄的背后是不是有着其他需要的诉求。

这种独特的交流模式适用于人际冲突的情境，被心理学家发展成处理矛盾冲突的有效方法——契约式的热对抗（这里的“热对抗”是相对于“冷对抗”而言的）。

操作要点：甲乙两两对抗。设置一冲突情景或者有现实冲突的二人面对面，不发生肢体冲突的前提下，甲先对乙谩骂 1 ~3 分钟，这时乙不能还嘴只能忍着，时间到时，换乙骂甲，这时甲不能还嘴只能忍着，视情况进行 1 至 3 轮，当双方情绪平和后，就矛盾冲突本身列举对对方不满意的理由，列举时也采取轮换说理的方式，充分倾听后达成和好协议。

（3）其他宣泄训练。

口头述说法。口头述说法是精神疗法中运用最普遍的一种方法，即通过向亲人或可信赖的人述说自己内心的积怨，求得他人的理解和同情，得到他人的安慰和劝勉，让内心得到调整。找同学、朋友、家长、老师或到心理辅导中心，把你的不如意说给他们听，一是可以“一吐为快”；二是他们可能会告诉你问题在哪里，可能他们会使你“茅塞顿开”，避免你走进“死胡同”。

书面释放法。书面释放法就是用写信或写日记的方式释放自己内心的苦恼。

网上聊天法。网上聊天法即通过电脑网络向陌生无戒备或熟悉信赖的朋友适度暴露自我、交流思想、排遣烦闷。但要注意适度保密，避免麻烦。

放声哭喊法。每个人可能都有过这样的体会，当感到悲伤的时候就想哭，哭完之后感觉特别轻松。所以，你想哭就大胆地哭吧，不要因为“男儿有泪不轻弹”而使“泪往肚里流，不解己心烦”。如果内心憋得难受，可以找一个适宜的地方比如封闭的屋内、车内大声哭喊。

实物投射法。通过泼墨、涂鸦、撕纸、捏揉皮球、捧打橡皮人等有力度的“损毁”方式满足破坏欲，从而达到宣泄的目的。

体力透支法。可以通过运动、大声呐喊等方式消耗体力，使自己没有精力继续胡思乱想，极力宣泄消极的情感，以获得解脱。

击鼓拍打法。自古以来，击鼓就是仪式医疗（Ritual Healing）的一部分，常用于典礼或只是为了缓解压力。治疗性的节奏乐器练习有助于减轻孤独症和阿尔茨海默病等患者的病症，有助于个人动作技巧的康复，也有助于减轻压力、改善免疫系统，使情绪得到表达等。美国阿尔茨海默病基金会的首席执行长埃瑞克·豪尔（Eric Hall）称，击鼓疗法能够激起脑部损伤患者的积极反应，集体性的击鼓活动也能打破阿尔茨海默病和孤独症患者的封闭思维方式，节奏乐器可促进认知功能。

课程思政

1. 思考：查找资料，找出 5 则中国古代关于个人奋斗成长的名言名句。
2. 讨论：观看电影《风声》，思考中国革命者为什么会有坚强的革命意志。

模块练习题九

一、单选题

(1)下列心理障碍相关概念中错误的是(　　)。

A. 心理障碍 = 精神障碍

B. 精神障碍 = 精神疾病

C. 非精神病性障碍 = 轻性精神病

D. 精神病性障碍 = 重性精神病

E. 精神疾病 = 精神病

(2)人格特征属于心理障碍发生过程中的(　　)因素。

A. 生理　　B. 社会　　C. 素质

D. 诱发　　E. 持续

(3)下列心理障碍表现描述正确的是(　　)。

A. 离奇怪异的言谈、思想和行为

B. 过度的情绪体验和表现

C. 自身社会功能不完整

D. 影响他人的正常生活

E. 以上都对

(4)某同学本来是生活十分节俭，最近突然没有任何原因变得挥金如土，他的行为符合心理障碍的(　　)标准。

A. 主观世界与客观世界的统一性原则

B. 心理活动的内在协调性原则

C. 人格的相对稳定性原则

D. 心理活动的统一性原则

E. 心理活动的稳定性原则。

(5)神经症不包括下列(　　)精神障碍。

A . 抑郁症　　B. 焦虑症　　C. 恐怖症

D. 强迫症　　E. 躯体形式障碍

(6)下列(　　)疾病不属于心理生理障碍。

A . 性功能障碍　　B. 性心理障碍　　C. 睡眠障碍

D. 神经性厌食　　E. 神经性贪食

(7)以观念、行为、外貌装饰奇特和情感冷漠、人际关系明显缺陷为特点，是下列(　　)人格障碍。

A. 偏执性人格障碍　　B. 分裂性人格障碍　　C. 冲动性人格障碍
D. 表演性人格障碍　　E. 依赖性人格障碍

(8) 下列(　　)性心理障碍不属于性偏好障碍。

A．异性症　　B. 恋物症　　C. 异装症
D. 露阴症　　E. 窥阴症

(9) 起病缓慢，持续发展意向逐渐减退、退缩、懒散为特征的精神分裂症临床类型是(　　)。

A. 偏执型　　B. 青春型　　C. 紧张型
D. 单纯型　　E. 残留型

(10) 以下(　　)人格特征是医学生心理健康的保护因素。

A. 外向　　B. 敏感　　C. 完美
D. 孤僻　　E. 固执

二、多选题

(1) 以下属于应激相关障碍的是(　　)。

A. 适应障碍　　B. 急性应激障碍　　C. 创伤后应激障碍
D. 抑郁症　　E. 强迫症

(2) 神经症的共同特征有(　　)。

A. 是一组心因性障碍
B. 是一组机能性障碍
C. 具有精神和躯体两方面症状
D. 具有一定的人格特质基础但非人格障碍
E. 社会功能相对良好

(3) 以下(　　)属于心理障碍的判断原则。

A. 主观世界与客观世界的统一性原则
B. 心理活动的内在协调性原则
C. 人格的相对稳定性原则
D. 情绪的强烈波动性原则
E. 行为的绝对一致性原则

(4) 下列关于心境障碍的描述，正确的有(　　)。

A. 包括抑郁症、躁狂症、双相障碍和持续性心境障碍
B. 抑郁症主要表现为情绪低落、思维缓慢、语言动作减少和迟缓
C. 躁狂症以情绪高涨、思维奔逸、精神运动性兴奋为特点
D. 双相障碍患者情绪高涨与情绪低落交错发作
E. 持续性心境障碍发作极少严重到足以描述为轻躁狂或轻度抑郁

(5)心理生理障碍包括(　　)。

A. 睡眠障碍　　B. 进食障碍　　C. 性功能障碍

D. 躯体化障碍　　E. 疑病症

三、案例分析题

我叫陈××,在我的印象中,自我懂事以来,看事情就比较负面。无论坏事、好事都往最坏的方面想,完美主义非常严重,小小的感冒发烧都难以接受,就想为什么要发生在我身上而不是发生在别人身上。生活中一点不愉快的小事也要放在心上,纠结很长一段时间才能过去。敏感多疑、自卑、心胸狭窄,凡事斤斤计较,爱抱怨自己的生活、钻牛角尖。别人对我的好觉得是理所当然,这就是我,自私的我,我也讨厌这样的我,不愿接受这样的我。我的人生观、价值观、世界观,完全错了!可我不知道、不懂得如何去改变自己。

陈××的负面思维和完美主义倾向对他的心理健康和日常生活将会产生哪些具体影响?他应该如何识别并调整这些消极的认知模式以改善自己的生活质量?

心理图书和视频资料推荐

1. 电影《秘窗》

电影讲述了小说家雷尼因妻子出轨而提出离婚。婚姻的阴影使雷尼无法恢复元气。他的文笔开始暗淡无光,找不到从前的创作激情。于是,他来到一个湖畔小屋疗伤并进行创作。然而这个小屋,却给他带来了新的麻烦。

2. 电影《搏击俱乐部》

该电影改编自恰克·拉尼克的同名小说,讲述了主角泰勒因生活苦闷,为了寻找新刺激与好友杰克组成"搏击俱乐部"的故事。在这个俱乐部里,成员们可以通过自由搏击获得片刻快感,同时释放现实生活中存在的压力和不满。随着俱乐部的壮大,成员们的行为开始变得越来越极端,最终导致一系列不可预测的事件发生。

3. 图书《天生不同——人格类型识别和潜能开发》

基于荣格的心理类型理论,根据自己多年的观察和调研,《天生不同》的作者发明了以自己名字命名的迈尔斯-布里格斯类型指数人格测试表(MBTI),系统地解释了人的天资差异,描述了由外倾和内倾、感觉和直觉四种主导心理功能,与思维和情感、判断和感知等四种辅助心理功能组合在一起形成的十六种人格类型的特征,详尽地分析了人格类型对个体产生的不同影响,以及在学习、工作和人际关系等领域的实际应用。

图 9-1 《秘窗》海报

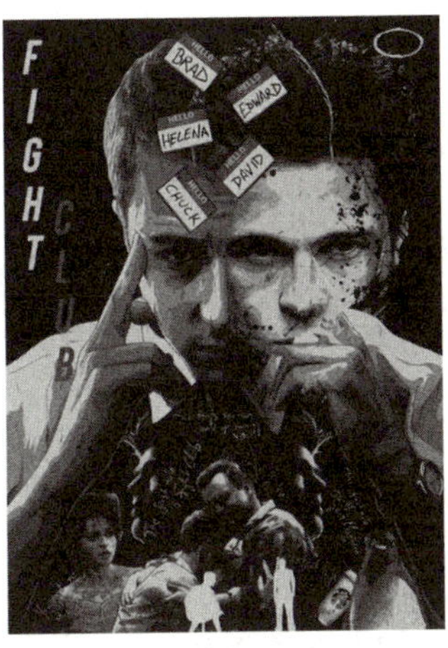

图 9-2 《搏击俱乐部》海报

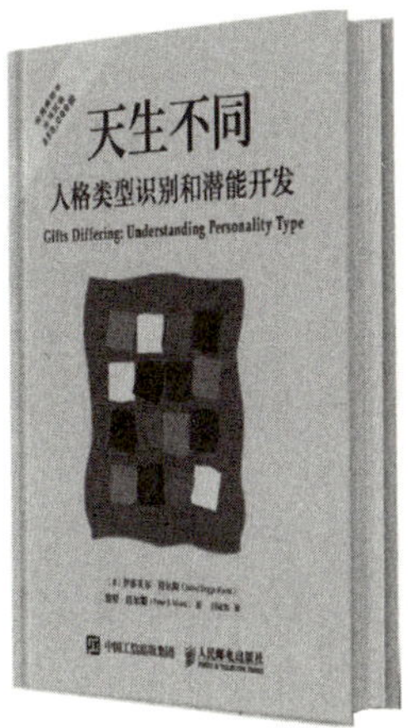

图 9-3 《天生不同》封面

心理咨询与心理治疗

▶ 模块学习目标

（1）了解心理咨询的特点和心理咨询的分类；
（2）掌握精神动力、认知行为和人本主义的心理治疗理论假设和操作技术；
（3）掌握危机干预的基本步骤；
（4）熟悉正念练习的方法和原理。

▶ 模块学习导图

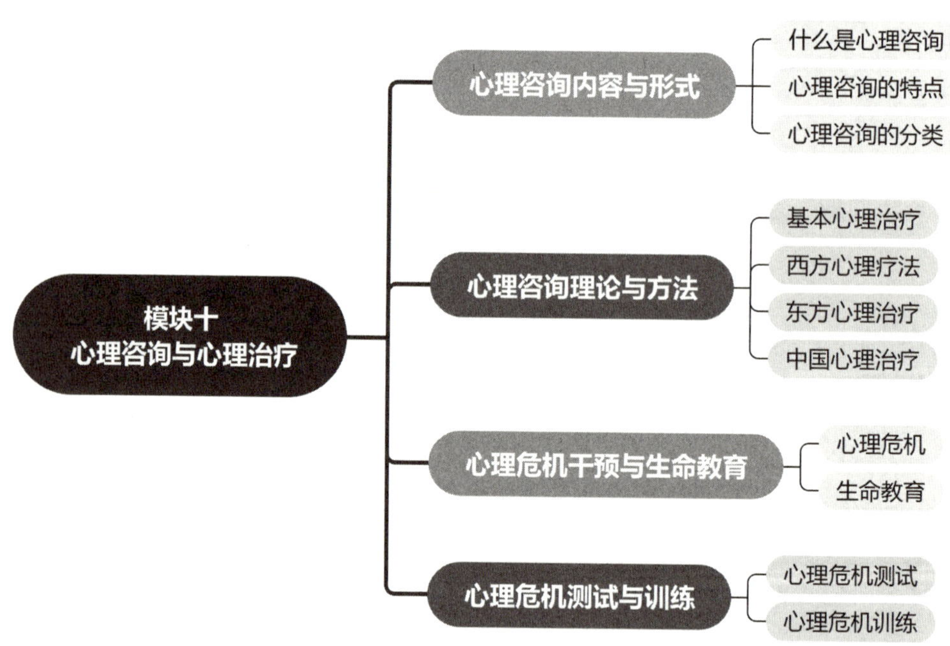

张同学，男，医学院四年级本科生，总是担心自己的身体出现问题。最近学习了冠心病知识以后，总用这些症状和自己对照，担心自己心脏有问题。曾到医院检查过，但检查结果不能消除该同学的担心，以至于影响了该同学的正常学习和睡眠。他和同学之间关系尚可，没有发生过矛盾冲突，以前学习认真努力。该同学和长辈或者老师交流的时候会感到不自在，有些紧张，和父母之间交流少，只能说一些具体问题，没有情感交流，尤其和父亲交流很少，好像从来没有和父亲说过心里话，对父亲有些畏惧。该同学上大学是第一次离开家，在大一上学期的时候，有些不适应学校的环境，随着慢慢熟悉情况有所好转。

张同学出现了焦虑情况，这种焦虑显然不能通过简单的说教来解决。应该如何理解该同学的焦虑情绪？如何把该同学的焦虑和他在其他方面表现出来的问题系统整合起来，给一个合理解释？

项目一　心理咨询内容与形式

一、什么是心理咨询

心理咨询在20世纪初诞生于欧洲，20世纪60年代兴盛于美国，目前无论从行业规范、从业人员的数量和质量、专业化程度上来说，欧美国家都达到了很高的标准。20世纪80年代，随着改革开放，中国的心理咨询行业进入突飞猛进的发展阶段，但是目前仍处于初级阶段，很多行业标准和规范仍然不成熟。心理治疗是以一定的理论体系为指导，以良好的医患关系或者咨访关系为桥梁，应用心理学的方法，影响或者改变人的认识、情绪及行为，调整个体与环境之间的平衡，从而达到治疗的目的。

在不同的工作场景中，“心理咨询”与“心理治疗”稍有不同，两者的相同点是应用的理论、技术相同；两者的不同点在于服务的对象有差异，心理咨询服务的对象是偏正常人群的发展性问题，心理治疗是特有患者的适用性问题，但两者没有本质的不同，所以本部分对心理咨询和心理治疗不做刻意区分。本部分一律将需要心理帮助的人员称为来访者，用第三人称“他”指代。

二、心理咨询的特点

心理咨询是一个非常专业而又有特殊性的工作，它需要很多条件才能发挥最大的作用。心理咨询实施的基本条件包括：咨询关系的建立，咨询师的专业性，咨询过程的保密、信任、安全感，这样的设置能够帮助来访者逐步对自己进行深入的思考和理解，缓解来访者初期的心理压力。

来访者和咨询师的关系是心理咨询成功与否的重要因素，所以接受心理咨询的来访者必须是自愿的或者慢慢变得具有主动性。来访者对心理咨询的信心、希望和期待，对于咨询的成功开展十分重要。如果来访者不愿意配合，那么心理咨询也无能为力。有些学校倾向于通过心理咨询来改变学生的想法和行为，这是误用心理咨询的现象。例如，学校把违规记过的学生转到心理辅导室或心理咨询中心，希望咨询老师可以有效地改变学生的违规行为。虽然最终也能达到这样的目的，但是在和学生确立咨询目标时，一定要帮助学生内在的成长和改变。最后违规行为的改变只能算作心理咨询的"副产品"。

接受心理咨询的人不仅要出于自愿，而且也要愿意花时间来进行心理咨询。要能从心理咨询中获益，来访者必须花费相当多的时间，一层一层地了解自己，才能慢慢看到自己的点滴变化。这种改变的困难恰恰说明了心理问题形成时的复杂性和隐蔽性。很多心理问题的形成是日常生活和周围环境互动的结果，而这种情况直到心理问题爆发时都往往不易被察觉。

心理咨询师经常要求来访者负起咨询的责任，对自身的言行要养成自我觉察的习惯，要能够按时并准时地参加心理咨询。在心理咨询过程中，过于被动的来访者通常无法从心理咨询中获益。所以心理咨询中来访者能够建立心理学思维，对自己的问题进行反思和认识是非常重要的。

三、心理咨询的分类

（1）按咨询对象分类。按咨询对象分类，心理咨询可分为：一名心理咨询师对一名来访者的个体咨询；以配偶双方为对象的夫妻心理咨询；以家庭为单位进行的家庭咨询；在同一时间、地点，由 1 ~ 2 名心理咨询师对多名来访者进行的团体心理咨询。

（2）按心理学派分类。根据学派的理论，可以分为精神动力学派、行为主义学派、人本主义学派等。在现实中存在的心理流派达几百种之多。

（3）按心理干预的强度、深度、紧急程度分类。按心理干预的强度、深度、紧急程度分类，可以分为支持性治疗、深层治疗和危机干预。

项目二　心理咨询理论与方法

一、基本心理治疗

基本心理治疗是指综合各个流派的基本共性特点，在临床工作中对多数患者，尤其是对程度较轻的心理问题具有普遍实用性的一般性心理治疗技术，主要包括建立治疗联盟的关系技术、用于心理健康教育及解决一般心理问题的支持性、解释性心理治疗等，属于心理治疗人员必须熟练掌握和运用的通用技术。

(一)支持性心理治疗

1. 概述

支持性心理治疗是指心理治疗人员在医疗情境中,基于治疗的需要,在伦理、法律、法规和技术性规范的指导下,与患者积极互动而形成支持性、帮助性工作关系。

治疗关系是心理治疗操作技术的有机组成部分,其本身具有向患者提供心理支持的作用,在精神卫生领域的临床工作中作为各种心理治疗的共同基础性技术。

2. 操作方法

(1)进入治疗师角色。心理治疗人员要以平等、理性、坦诚的态度,设身处地理解患者,建立治疗联盟,避免利用性、操纵性的治疗关系。

(2)建立治疗关系。建立让患者感到安全、信任、温暖、被接纳的治疗关系。

(3)心理评估与制订治疗计划。在了解患者的病史、症状、人格特点、人际系统、对治疗的期望、转诊背景等基础上,进行心理评估,与患者共同商定治疗目标,制定可行的治疗计划。

(4)实施治疗。采用倾听、共情与理解、接纳与反映、肯定、中立、解释、宽慰、鼓励、指导等技术实施心理治疗。

(5)结束治疗。简要回顾治疗过程,评估疗效,强化治疗效果,帮助患者与治疗人员完成心理分离,鼓励患者适应社会。

(二)解释性心理治疗

1. 概述

解释性心理治疗指对心理、行为及人际情境中的关系或意义提出假设,促使患者用新的词汇、语言及参照系,来看待、描述心理和行为现象,以帮助患者澄清自己的思想和情感,以新观点看待和理解病理性问题与各种内外因素的关系,获得领悟,学习自己解决问题。

2. 操作方法

根据施用于患者时引发的感受、干预的力度和发挥作用的时间不同,解释性心理治疗可分为以下层次:

(1)反映。治疗师给患者的解释信息不超过公开表达的内容。

(2)澄清。稍微点明患者的表达中所暗含、暗示的但自己未必意识到的内容。

(3)对质。治疗师利用患者呈现的情感和思想作为材料,提醒患者注意暗含的,但没有意识到或不愿承认的情感和思想。

(4)主动阐释。按照与当前临床问题有关的理论,治疗师直接导入全新的概念、意义联系或联想。

(5)隐喻性阐释。通过类比语言、象征性思维进行的交流活动,利用譬喻、象征的方法来促进患者及其相关系统产生自己对问题的理解。

二、西方心理疗法

针对有适应征的患者，根据一定的流派理论进行的较有系统性、结构性的特殊心理治疗，包括精神分析及心理动力学治疗、人本主义治疗、认知行为治疗、系统式家庭治疗，以及催眠治疗、危机干预、团体治疗、表达性艺术治疗等。

（一）人本心理疗法

1. 概述

人本心理治疗是一组体现人本心理学思想的心理疗法的总称，它将人看作一个统一体，从人的整体人格去解释其行为，把自我实现看作是一种先天的倾向，认为应该从来访者自身的主观现实角度而不是治疗师的客观角度去分析。主要包括以人为中心疗法、存在主义疗法、完形疗法等，其中以人为中心疗法的影响最大。本条仅涉及罗杰斯所代表的以人为中心疗法。该疗法可用作一般的发展性咨询和精神疾病的心理治疗。

2. 操作方法

（1）确定治疗目标。加深自我理解，在整合现实的方向上，达到自我重组、发展更自在和更成熟的行为方式。

（2）建立治疗关系。核心要素是真诚一致、共情、无条件地积极关注。

（3）实施治疗过程。以如何对待个人感受为指标，分阶段进行循序渐进的互动、访谈，使患者从僵化且疏远地看待自己及内心活动，直至其内心不受歪曲、束缚，达到自由的状态，实现以人为中心、去伪存真的治疗目标。

（二）精神分析疗法

1. 概述

精神分析疗法是弗洛伊德所创建的一种特殊心理治疗技术。西格蒙德·弗洛伊德（Sigmund Freud，1856—1939，见图 10-1），奥地利精神病医师、心理学家、精神分析学派创始人。他开创了潜意识研究的新领域，促进了动力心理学、人格心理学和变态心理学的发展，奠定了现代医学模式的新基础，为 20 世纪西方人文学科提供了重要理论支柱。

图 10-1　弗洛伊德像

精神分析及心理动力学治疗是运用精神分析理论和技术所开展的心理治疗活动。精神分析指高治疗频次的，以完善人格结构、促进心理发展为目标的经典精神分析疗法；心理动力学治疗由经典精神分析疗法发展而来，是相对短程、低频次的治疗方法，通过处理潜意识冲突，消除或减轻症状,解决现实生活情境中的问题。

心理动力学治疗在不同程度上使用经典精神分析的基本概念和技术,但方法较为灵活;治疗过程中更关注现在与现实,注重开发患者的潜能和复原力,促进人格完善与发展。

2. 操作方法

(1)治疗设置。精神分析的设置为长程、高频次的精神分析,每周3~5次,每次45~50分钟。心理动力学治疗的设置为低频,通常为每周1~2次,每次45~50分钟,治疗疗程相对灵活。

(2)治疗联盟。治疗联盟为患者与治疗师之间形成的非神经症性的、现实的治疗合作关系。

(3)初始访谈与诊断评估。通过心理动力学访谈,对患者的人格结构、心理防御机制、心理发展水平、潜意识的心理冲突、人际关系等进行评估和动力学诊断,确定治疗目标。

(4)治疗过程与常用技术。将移情与反移情、阻抗作为探索潜意识的线索和治疗工具,通过自由联想、梦的分析、肯定、抱持、反映、面质、澄清、解释、修通、重构等技术达到治疗目标。

(5)结束治疗。回顾治疗过程,评估疗效,强化治疗效果,帮助患者与治疗人员完成心理分离,促进患者适应社会。

(三)行为疗法

1. 概述

行为治疗是运用行为科学的理论和技术,通过行为分析、情景设计、行为干预等技术,达到改变适应不良行为、减轻和消除症状、促进患者社会功能康复的一种心理治疗方法。

2. 操作方法

治疗原则是在建立良好治疗关系的基础上,激活并维持动机,目标明确,进度适当,赏罚适当。常用行为治疗技术有:

(1)行为的观测与记录。定义目标行为:准确辨认并客观和明确地描述构成行为过度或行为不足的具体内容。

(2)行为功能分析。对来自环境和行为者本身的、影响或控制问题行为的因素作系统分析。以分析为基础,确定靶行为。

(3)放松训练。①渐进性放松:采取舒适体位,循序渐进对各部位的肌肉进行收缩和放松的交替训练,同时深吸气和深呼气、体验紧张与放松的感觉,如此反复进行。练习时间从几分钟到30分钟。②自主训练:有6种标准程式,即沉重感、温暖感、缓慢的呼吸、心脏慢而有规律的跳动、腹部温暖感、额部清凉舒适感。

(4)系统脱敏疗法。①教患者学会评定主观不适单位(SUD)。②松弛训练:按前述方法进行放松训练。③设计不适层次表:让患者对每一种刺激因素引起的主观不适进行评分(SUD),然后按其分数高低将各种刺激因素排列成表。④系统脱敏:由最低层次开始脱敏,即对刺激不再产生紧张反应后,渐次移向对上一层次刺激的放松性适应。在脱敏之间或脱敏之后,将新建立的反应迁移到现实生活中,不断练习,巩固疗效。

（5）冲击疗法。又称为满灌疗法。让患者直接面对引起强烈焦虑、恐惧的情况，进行放松训练，使恐怖反应逐渐减轻、消失。治疗前应向病人介绍原理与过程，告诉患者在治疗中需付出痛苦的代价。

（6）厌恶疗法。通过轻微的惩罚来消除适应不良行为。对酒精依赖的患者的治疗可使用阿扑吗啡（去水吗啡）催吐剂。

（7）自信训练。运用人际关系的情景，帮助患者正确、适当地与他人交往，提高自信，敢于表达自己的情感和需要。

（8）矛盾意向法。让患者故意从事他们感到害怕的行为，达到使害怕反应不发生的目的，与满灌疗法相似。

（9）模仿与角色扮演。包括榜样示范与模仿练习。帮助患者确定和分析所需的正确反应，提供榜样行为，并随时给予指导、反馈、强化。

（10）行为塑造法。是采用逐步升级的行为作业，并在作业完成后给予奖励等积极强化，以使患者出现期望行为。用于培养患者目前尚未做出的目标行为。

（11）自我管理行为疗法。患者利用个人内在力量改变行为，在行为改变各环节中扮演积极、主动的角色，自己对改变负责任。

（12）行为技能训练。咨询师使用示范、指导、演习和反馈，帮助个体熟悉并建立有用的行为技能。

（四）认知疗法

1. 概述

认识疗法是根据人的认知过程，影响其情绪和行为的理论假设，并通过认知和行为技术来改变求治者的不良认知，从而矫正并适应不良行为的心理治疗方法。认知疗法的焦点是冲击患者的非理性信念，让其意识到当前困难与抱持非理性观念有关；发展有适应性的思维，教会更有逻辑性和自助性的信念，鼓励患者身体力行，引导产生建设性的行为变化，并且验证这些新信念的有效性。

认知疗法使用许多来自其他流派的技术，特别是与行为治疗联系紧密，以致二者现在常被并称为认知行为疗法。

2. 操作方法

认知疗法强调发现和解决意识状态下所存在的现实问题，同时针对问题进行定量操作化、制订治疗目标、检验假设、学习解决问题的技术，以及布置家庭作业练习。

（1）识别与临床问题相关的认知歪曲。主要包括：①“全或无”思维；②以偏概全，过度泛化，跳跃性地下结论；③对积极事物视而不见；④对事物作灾难性推想，或者相反，过度缩小化；⑤人格牵连，即“贴标签”；⑥情绪化推理。

（2）识别各种心理障碍具有特征性的认知偏见或模式，为将要采用的特异性认知行为干预提供基本方向。

(3)建立求助动机。

(4)计划治疗步骤。

(5)指导病人广泛应用新的认知和行为,发展新的认知和行为来代替适应不良性认知行为。

(6)改变有关自我的认知。作为新认知和训练的结果,患者重新评价自我效能。

3. 治疗过程

(1)识别自动性想法。

(2)识别认知性错误。

(3)真实性检验(或现实性检验)。

(4)去注意。

(5)监测苦恼或焦虑水平。

(6)认知自控法。

(五)表达性艺术治疗

1. 概述

表达性艺术治疗又称为表达性治疗或艺术治疗,是将艺术创造形式作为表达内心情感的媒介,促进患者与治疗师及其他人交流,以改善症状、促进心理发展的一种治疗方法。其基本机制是通过想象和其他形式的创造性表达,帮助患者通过想象、舞蹈、音乐、诗歌等形式,激发、利用内在的自然能力进行创造性表达,以处理内心冲突、发展人际技能、减少应激、增加自我觉察和自信、获得领悟,促进心理健康、矫治异常心理。

表达性艺术治疗包括很多形式,常见的如绘画治疗、戏剧治疗、音乐治疗、舞蹈治疗、沙盘治疗、诗歌治疗、园艺治疗等。

2. 治疗形式

根据不同的理论取向,表达性艺术治疗有多种形式。

(1)舞蹈治疗。利用舞蹈或即兴动作的方式治疗社会交往、情感、认知以及身体方面的障碍,增强个人意识,改善个体心智。舞蹈治疗强调身心的交互影响、身体-动作的意义。

(2)音乐治疗。在音乐治疗过程中,治疗师利用音乐体验的各种形式,以及在治疗过程中发展起来的治疗关系,帮助被治疗者达到健康的目的。可分为接受式、即兴式、再创造式音乐治疗等不同种类。

(3)戏剧治疗。系统而有目的地使用戏剧、影视的方法,促进心身整合及个体成长。戏剧疗法通过让被治疗者讲述自己的故事来帮助患者解决问题、得到宣泄,扩展内部体验的深度和广度,理解表象的含义,增强观察个人在社会中的角色的能力。

(4)绘画治疗。通过绘画的创作过程,让绘画者将混乱、困惑的内心感受导入直观、有趣的状态,将潜意识内压抑的感情与冲突呈现出来,获得纾解与满足,以达到治疗的效果。

（5）沙盘游戏治疗。采用意象的创造性治疗形式，通过创造和象征模式，反映游戏者内心深处意识和无意识之间的沟通和对话，激发患者内在的治愈过程和人格发展。

（6）其他方法。应用表达性艺术治疗的原理，还可以结合其他的创造性、娱乐性方法，如陶艺、书法、厨艺、插花艺术等，为患者提供丰富多彩的心理帮助。

3. 治疗过程

多数表达性艺术治疗分为四个阶段：①准备期：热身、建立安全感；②孵化期：放松，减少自主性意识控制；③启迪期：意义开始逐渐呈现，包括积极方面和消极方面；④评价期：讨论过程意义，准备结束。四个阶段是从理性控制到感受，再到理性反思的过程。

（六）叙事疗法

1. 概述

叙事疗法是后现代心理治疗方法，它摆脱了传统上将人看作问题的治疗观念，透过“故事叙说”“问题外化”“由薄到厚”等方法，使人变得更自主、更有动力。

现代主义者崇尚“客观”的事实真相，而后现代主义则相信“主观”的事实真相，也就是说事实真相会随着使用的观察历程的不同而改变，事实真相取决于语言的使用，并且大部分受到人们所处的背景环境的影响。

2. 操作方法

叙事心理治疗涉及的方法和策略很多，这里列举主要的几种：

（1）故事叙说——重新编排和诠释故事。叙述心理治疗主要是让当事人先讲出自己的生命故事，以此为主轴，再透过治疗者的重写，丰富故事内容。面对日常生活的困扰、平庸或是烦闷，把自己的人生、历史用不同的角度来“重新编排”，成为一个积极的、自己的故事。这样或许可以改变盲目与抑郁的心境。

（2）问题外化——将问题与人分开。把贴上标签的人还原，让问题是问题，人是人。如果问题被看成是和人一体的，要想改变相当困难，改变者与被改变者都会感到相当棘手。问题外化之后，问题和人分家，人的内在本质会被重新看见与认可，转而有能力与能量反身去解决自己的问题。

（3）由薄到厚——形成积极有力的自我观念。在消极的自我认同中，寻找隐藏在其中的积极的自我认同。叙事心理辅导采用的是“由单薄到丰厚”的策略。叙事疗法认为，当事人积极的资产有时会被自己压缩成薄片，甚至视而不见。如果将薄片还原，在意识层面加深自己的觉察，这样由薄而厚，就能形成积极有力的自我观念。

四、东方心理治疗

（一）正念疗法

1. 概述

正念源于佛教禅修，正念直译为心智觉知，是以一种特定的方式去留心和注意，即有目的的觉察,此时此刻不做任何评判。正念疗法是对以正念为核心的各种心理疗法的统称。由卡巴金等改良和整合,为当代心理治疗中最重要的概念和技术之一,并以正念为基础诞生了正念减压疗法(MBSR)、辩证行为疗法(DBT)、接受现实疗法(ACT)、正念认知疗法(MBCT)等一系列心理疗法。

由威廉姆斯等人提倡的正念认知疗法被称为认知疗法的第三次浪潮。正念疗法被广泛应用于治疗和缓解焦虑、抑郁、强迫、冲动等情绪心理问题,在人格障碍成瘾、饮食障碍、人际沟通、冲动控制等方面的治疗中也有大量应用。

2. 时间安排

正念减压疗法采取的是连续 8 至 10 周的团体训练课程的形式。患者每周参与一次为时 2.5 至 3 小时的课程,学习以及实际练习正念方法,并以正念面对、处理生活中的压力与疾病。

3. 操作方法

正念减压疗程教导患者修习四种主要的禅修技巧。

(1)坐禅:观察随着呼吸而产生的腹部起伏运动,或者意守鼻端,观察鼻端与呼吸接触的感受;当任何妄想、情绪出现时,禅修者只是觉察它,然后将注意引回到腹部起伏的运动或鼻端;当疼痛出现时,鼓励患者观察身体的疼痛。

(2)身体扫描:患者平躺或采用太空人卧姿,引导注意力依序观察身体不同部位的感受,从左脚脚趾开始,最后至头顶。面对妄想与疼痛的策略,与坐禅时相同,但观痛时,偶尔带有观想的技巧(如观想疼痛随着呼吸离开身体)。

(3)正念瑜伽:正念修行结合哈达瑜伽,教导患者在练习哈达瑜伽的同时,观照当下的身、心现象。

(4)日常正念:除上述三种主要方法外,还鼓励在日常生活中培育正念的技巧。

(二)森田疗法

1. 概述

森田正马(Morita Shoma,1874—1938,见图 10-2),森田疗法的创始人。森田疗法主要治疗"神经质症"(大致包括当今分类中的焦虑症、恐怖症、强迫症、疑病症、神经症性睡眠障碍等),森田疗法随着时代的进步不断继承和发展,治疗适应证已从神经症扩大到精神病、人格障碍、酒精药物依赖等,还扩大到正常人的生活适应和生活质量中,也是一种人生态度。

图 10-2 森田正马像

森田认为发生"神经质症"的人都有疑病素质。他们对身体和心理方面的不适极为敏感,而过敏的感觉又会促使进一步注意体验某种感觉。这样一来,感觉和注意就出现一种交互作用。森田称这一现象为“精神交互作用”，认为它是神经质产生的基本机制。

2. 治疗原则

森田疗法提倡“接纳客观，为之当为”，其治疗原则就是“顺其自然”，就是接受和服从事物运行的客观法则，它能最终打破神经质病人的精神交互作用。而要做到顺其自然，就要求病人在这一态度的指导下正视消极体验，接受各种症状的出现，把心思放在应该去做的事情上。这样，患者的心理冲突就排除了，痛苦就减轻了。

3. 操作方法

森田疗法分住院和门诊两种治疗方式。症状较轻的患者可以阅读森田疗法自助读物，坚持写日记，并定期到门诊接受医生的指导；症状较重的则需住院。住院治疗分四个阶段：

(1)绝对卧床期(4 天到 1 周)：把患者隔离起来，要求患者绝对卧床，禁止做任何事情，患者会有无聊的感觉，总想做点什么。

(2)轻作业期(3 天到 1 周)：禁止交际、谈话、外出，卧床时间限制在 7 ~ 8 小时，白天到户外接触新鲜空气和阳光，仍然不能做其他事情，但开始让患者写治疗日记。

(3)重作业期(3 天到 1 周)：患者可开始读书，进行适应外界变化的训练，为回到实际的日常生活而做准备，患者要书写以行动为准则的日记。

(4)社会康复期(1 到 2 周)：为出院准备期，患者可进入一些复杂的实际生活努力工作，体验全身心投入工作以及完成工作的喜悦。

门诊森田疗法是根据“如果有健康人的举止，心理自然健康起来”的治疗原则，可以通过阅读森田的科普书籍或日记指导进行。

(三)内观疗法

1. 概述

内观疗法于 1953 年由吉本伊信(1916—1988)提出，“内观”指“观内”“了解自己”“凝视内心中的自我之勇”。内观疗法可以称作“观察自己法”“洞察自我法”，是具有环境与操作的特定要求，回答内观三项目的提问，对自己人生经历中的基本人际关系进行回忆，从而洞察自己的人际关系，对自己的历史进行验证，改变自我中心主义意识的一种心理治疗方法。

2. 内观环境

面向墙壁，保持放松的姿势坐下。为了遮断心理上和视觉上的隔离，可以把屋里的一个角落用屏风围起来，隔出独立的 2 平方米左右的小空间。空间内的墙壁无饰物，有桌椅、笔纸、水杯、钟表等治疗所需物品。内观者坐在中间，要保持安静，可以躺着，可以闭眼睛，也可以睁开眼睛。设定孤独的、自己静静地面对自己的情境。

3. 操作方法

(1)内观要求：每天上午 6 时起床，至晚上 10 时就寝为止，连续实施 16 小时的内观(洗澡、上厕所以外的全部时间。严禁收听收音机、看电视、读书、与别人交谈。除非有紧急事件，否则不能打电话。三餐送到内观屏风内，边内观边用餐）。

（2）内观对象：为自己最亲近的若干人（如父母、配偶、子女、长辈、兄弟/姐妹、老师/领导、朋友等）。

（3）内观时段：调查次序是按年龄顺序，从幼年时代直到现在。每3～5年作为一个内观时间段，从远到近依次回忆。

（4）内观主题：回忆内容围绕三类实际已发生过的具体生活事件。①对方（母亲）为我做过哪些事情；②我为对方（母亲）做过哪些事情；③我给对方（母亲）添麻烦的事情。

（5）内观督导：指导者每隔1.5～2个小时与内观者“面接”（晤谈）一次（5～10分钟），了解内观情况并进行指导，每天晤谈7～8次。

五、中国心理治疗

中国心理治疗指在中国传统文化基础上，融合现代心理学原理和技术，在相应的文化群体中有成功应用经验的某些心理疗法，以及一些基于传统的或创新的心理学原理开发的治疗技术。

（一）认知领悟疗法

1. 概述

认知领悟疗法又称“中国式心理分析”“钟氏领悟疗法”，是中国心理治疗专家钟友彬在精神分析疗法基础上提出的，是通过解释使求治者改变认识，得到领悟而使症状得以减轻或消失，从而达到治病目的的一种心理治疗方法。

认知领悟疗法的治疗原理，是把无意识的心理活动变成有意识的，使求治者真正认识到症状的意义，以得到领悟，症状即可消失。

2. 操作方法

认知领悟疗法采取直接全面的交谈方式，每次时间为60～90分钟，疗程由双方商定，可相隔几天、一周或更长时间。会见最好单独进行，每次会见后，要求患者写出对施治者解释的意见，并结合自己对病情的体会提出问题。

初次会见时，让患者或家属，叙述症状产生和发展的历史及症状的具体内容，以评估病情。如果属于适应征，即可进行初次讲解，说明他的病是可以治好的；如果初次会见时间许可，可直接告诉患者，他的病态情绪和行为的根源是在幼年时期形成的。病态实际上是用幼年的方式排除成年人的心理困难或满足成年的性欲望，是幼年时期恐怖情绪的再现等等。解释的内容因诊断不同而略有出入。

在以后的会见中，用较多的时间引导求治者并和他一起讨论分析症状的性质，让求治者充分领悟症状大都是幼稚的、不符合成年人思维逻辑规律的感情或冲动，其症状表现是以幼年的方式来解决成年人的问题。在这一过程中，具体的解释要结合患者的实际情况。

（二）道家认知疗法

1. 概述

道家认知疗法也称为“ABCDE 技术”，是杨德森、张亚林以道家哲学思想为核心内容，借鉴合理情绪治疗（RET）形式，通过改变患者的认知观念和调整应对方式来调节负性情绪、矫正不良行为，达到防病治病目的的一种适合东方文化的心理治疗法。

2. 操作程序与方法

道家认知疗法可分为五个基本步骤：

（1）评估来访者目前的精神刺激因素（A）；

（2）调查其人生信仰和价值系统（B）；

（3）分析其心理冲突和应对方式（C）；

（4）道家哲学思想的导入与实践（D）。指导患者研习《32 字诀》，并与其现实事件或处境相结合。《32 字诀》内容如下：①利而不害，为而不争；②少私寡欲，知足知止；③知和处下，以柔胜刚；④清静无为，顺其自然。

（5）评估与强化疗效（E）。

3. 标准疗程

分五次完成，每次 60～90 分钟，每周可安排 1～2 次。

（三）心理疏导疗法

1. 概述

心理疏导疗法是鲁龙光根据辩证唯物主义原则，结合我国的民族特征，融合中国传统文化、认知行为疗法、现代医学以及控制论、信息论、系统论的学术思想，逐渐形成的具有中国特色的、较为系统的心理治疗方法，是一个多学科交叉的系统工程，对于治疗强迫症、恐怖症、抑郁症及性心理障碍、心身疾病等有显著效果。

2. 治疗原则

（1）以辩证唯物主义和历史唯物主义为原则。实事求是，从病人的实际出发，详细地占有资料，具体地进行分析，通过临床实践，不断总结上升为理论。再运用于临床治疗，使之接受实践的检验，不断完善理论，使理论和实践密切地结合起来，逐步分析和解决临床实践中的新问题。

（2）以中国传统文化和古代心理疏导的思想及方法为主导。主要特点是让病人将认识与行动相结合，调动治疗能动性，积极地实现病理心理转化。

（3）以控制论、信息论、系统论为基础。此三论是心理疏导治疗的“三位一体”的支柱。心理疏导治疗系统在理论上可以归纳出一个信息和控制科学的模型，主要由医生—信息—病人三个要素构成，以社会信息—语言作为治疗的基本工具，其治疗控制原则主要是信息的转换和信息反馈。

3. 治疗模式

心理疏导系统的治疗模式：不知→知→认识→实践→效果→再认识→再实践→效果巩固。这种治疗是一个循环往复逐步深入的认知过程。

(四)内观认知疗法

1. 概述

内观认知疗法是李振涛、毛富强在日本吉本伊信创立的内观疗法基础上，整合来源于西方文化的贝克认知疗法，按照吉本内观三主题回忆亲身经历的生活事件，多角度观察和感受重要人际关系，重温满足、感动和愧疚等情感体验，动摇执着的自我中心意识，对非理性认知进行觉察和矫正，使主观世界与客观世界趋于和谐，使心灵得到洗涤和升华的一种心理疗法。

2. 操作方法

标准疗程为7天，每天9小时，共63小时。治疗过程包括导入、内观、认知和总结四个部分，内观和认知两者时间比例为6∶1。

(1)静心阶段(进入情境)。遮断外部刺激的封闭空间提供一种环境，主要目的是让内观者浮躁的内心逐渐安静下来，能够开始回忆过去和观察内心。

(2)专注阶段(重温自我)：努力保持注意力，并将注意力集中到规定的回忆内容上来。在回忆事件时，重温自己当时的想法和感受。

(3)动情阶段(换位感受)：不同内观主题伴随出现不同情感体验，是心理治疗起效的标志。尽量站在对方当时的立场，体会其当时的想法和感受。

(4)感悟阶段(察觉感悟)：情绪和认知存在相互加强的关系，健康情绪会激发理性认知的回归，克服心理阻抗，识别和捕捉心理治疗过程中出现的感悟和收获。

(5)认知阶段(认知矫正)：在内观基础上，整合贝克认知疗法，对内观的感悟进行提炼，使之更加系统和清晰。觉察自己的自动式思维，进行真实性检验，识别非理性认知类型并进行矫正。

项目三　心理危机干预与生命教育

一、心理危机

危机分为个人危机和系统危机。在个体层面上，危机是一种对事件和情境的认知或体验，即认为所面临的困难事件或情境超过了现有资源和应对机制，除非危机获得缓解，否则危机有可能会引起严重的情绪、行为和认知功能障碍，甚至导致个体出现伤害或致命的行为。系统危机是指当人、机构、社区和生态经历了严重的创伤性事件，而反应系统无法从生理和心理两方面有效地控制和解决问题时，就会形成系统危机。系统可以小到家庭，大到心理卫生诊所，再大到国家，但其中的关键是该系统失去了平衡，而之前的处理机制不再起作用。如果未能得到合适的救援，就会对系统造成不可恢复的破坏，甚至毁灭。

无论从人类发展的角度，还是从个体发展的角度，危机的发生是一种常态，甚至是必须的。东方哲学将危机理解为“危险”和“机遇”并存。如果当事人能够以积极的态度面对危机，或者在他人的协助下直面危机，调动自己的资源和力量应对危机，不仅可以度过危机，还可能将危险转变为机遇，帮助个体自我成长和自我实现。面对危机的反应，在理想情况下，许多个体能自主而有效地应对危机，并从经历中获得力量。他们采取积极的态度去改变和成长，经历过危机后变得更强大和更富有同情心。而有一些人似乎能渡过危机，但实际上他们只是屏蔽了意识中的有害影响，在其一生中，这些影响会通过各种方式不断地出现和消失。最糟糕一种就是人在危机产生时心理就崩溃了，如果不立即给予特殊帮助，他们将无法继续生存。危机的发生常常会使人产生焦虑反应，这种焦虑反应在一定程度上会提供动力使个体去改变。危机发生时，对长期存在的问题，无法短期内改变，想要从根本上解决问题，需要长期的过程。

（一）心理危机干预理论

1. 基本危机理论

基本危机理论是以社会精神病学、自我心理学和行为学习理论为基础的，完全基于心理分析。1944 年由林德曼最先提出，1964 年凯普兰又进行了补充和发展。基本危机理论强调人们在创伤性事件中所表现出来的普遍反应是正常的、暂时的，并可以通过短暂的危机干预技术进行治疗。治疗的关键在于帮助危机当事人认识和矫正创伤性事件引发的暂时的认知、情绪、行为的扭曲。基本危机理论认为所有的人都会在其一生的某个时刻遭受心理创伤，但应激和创伤本身不构成危机，只有在主观上认为创伤性事件威胁到需要的满足、安全和有意义的存在时，个体才会进入应激状态，危机是应激障碍的结果。

2. 扩展危机理论

随着危机理论和危机干预的发展，人们越来越清楚地认识到，任何人在创伤事件中都不可能是“正常”的，都有可能出现短暂的病理症状。扩展危机理论从心理分析理论、一般系统理论、适应理论、人际关系理论、混沌理论中都吸取了有益成分。心理分析理论假设某些儿童早期的固着作为主要的解释。在受到危机事件影响时，这个理论可以帮助干预对象理解其行为的动力和原因。系统理论强调人与人、人与事件之间的相互关系和相互影响。系统理论从社会和环境的范畴考察危机，采用人际关系系统的思维模式，而非只着眼于受影响个体的线性因果关系角度。适应理论认为，适应不良行为、消极思想和损害性的防御机制对个体的危机起维持作用。该理论假设，当适应不良行为改变为适应行为时，危机就会消退。人际关系理论的要点是如果人们相信自己，相信别人，并且具有自我实现和战胜危机的信心，那么个人的危机就不会持续很长时间。如果人们将自我评价的权利让给别人，他们就会依赖于别人才会获得信心。人际关系理论的最终目的在于将自我评价的权力交回自己的手中，由此使人在思想上获得对自己命运的控制，重新获得能力以及采取行动应对危机境遇。

3. 应用危机理论

布拉默提出，应用危机理论包括三方面：发展性危机、境遇性危机、存在性危机。发展性危机指在正常成长和发展过程中，急剧的变化或转变所导致的异常反应。发展性危机被认为是正常的。但由于个体所处的状态不同，所有的人和所有的发展性危机都是独特的，因此必须以独特的方式进行评价和处理。境遇性危机是指出现罕见或者超常事件，且个人无法预测和控制时出现的危机。存在性危机是指伴随着重要的人生问题，如关于人生的目的、责任、独立性、自由和承诺等出现的内部冲突和焦虑。存在性危机可以是基于现实的，也可以是基于一种压倒性的、持续的感觉。当个体感觉到外界环境或某一具体事件存在着威胁，仅仅依靠个人自身的资源和应对方式无法解决困难时，就产生了危机。危机不及时缓解或解决不当，会导致情感、认知和行为方面的功能失调，甚至可能导致个体精神崩溃或自杀。也就是说，危机干预强调干预时间的紧迫性和干预的效果，要尽可能地在短时间内采取有效的应对策略，帮助个体恢复失衡的心理状态。危机的成功解决不仅有助于个体对现状的掌控，也可获得应对未来可能遭遇的危机的策略。

（二）心理危机干预六步法

1. 确定问题

危机干预的第一步是要从来访者的角度，确定和理解来访者所面临的问题是什么。在生物、心理、社会各个角度相互作用的局面中，这个问题会变得十分困难。危机干预者需要运用共情、真诚、接纳等方法，真正从来访者的视角观察问题，确定求助者存在的问题。需要明确的问题有：危机对来访者当前情感、行为和认知的影响，有哪些导致危机的诱发事件。另外，还必须评估来访者自杀或自伤的危险性，如有严重的自杀或他杀倾向时，可考虑帮助来访者去精神科门诊就诊。

2. 保证安全

在危机干预过程中，心理危机干预工作者要将保证来访者安全作为首要目标。要将来访者在身体上和心理上对自己和他人造成危险的可能性降到最低。从广义的安全来说，除了来访者的安全，还包括与其互动的人，以及危机干预者。要避免不合格的干预者对来访者造成二次伤害。干预者提供关心和帮助，共情回应，提供具体的信息和帮助，让来访者生理和心理状态恢复稳定，稳定感可使人避免因破坏性的内在或外在刺激而陷入崩溃。

3. 给予支持

给予支持强调心理危机干预工作者与来访者的沟通和交流，使来访者了解干预者是完全可以信任的，是能够给予关心帮助的人。干预者提供的支持包括心理支持、生存环境支持和社会支持。干预工作者要做好节制，不要去评价来访者的经历与感受，而是应该提供这样一种机会，让求助者相信“这里有一个人确实很关心我”。支持技术的目的在于尽可能地解决来访者当前面

临的情绪危机，使来访者的情绪得以稳定。干预者可以使用倾听技术并提供具体支持。

4. 提出应对方式

第四步的目的是帮助来访者寻找可以利用的替代方法，促使来访者积极地搜索可以获得的积极资源。在危机情境中，来访者处在应激状态下，思维变得麻木，不能恰当地做出选择。心理危机干预工作者要帮助来访者寻找新的应对方式，引导来访者认识到有许多变通的应对方式可供选择。改变固有的思维模式，发现可以获得支持的资源。

5. 制订具体计划

危机中的来访者会感到自己处于混乱状态，失去控制，好像深陷泥潭中不能自拔。危机干预工作者要与来访者共同制订行动步骤来矫正其情绪的失衡状态。重新制订计划是建立自我控制的主要策略之一。计划的制订应该与来访者合作，在制订过程中，使得来访者能够确保自己的控制性和主动性，而不是把计划强加给他们。让来访者实施计划的目的是让他们能够恢复自制能力，保证不依赖干预者。

6. 获得承诺

获得承诺是帮助来访者获得控制和自主性，承诺的步骤必须明确、简单、具有可操作性。承诺的目的是让来访者恢复自身的平衡状态。干预工作者不应该强加承诺，承诺应该是自由、自愿并且是可行的。在结束危机干预前，工作者应该从来访者那里得到诚实、直接和适当的承诺。

一般经过 4 ~6 周的危机干预，绝大多数来访者会度过危机，情绪危机得到缓解，这时应该恰当地中断干预，鼓励来访者在今后面临或遭遇类似应激或挫折时，能运用自身的资源去积极应对，提高心理适应和承受能力。在危机干预中，很多问题并不是线性发展的，所以在实际干预过程中，各个步骤之间并不是按部就班和彼此独立的，需要用一种更加灵活的状态去应对随时出现的情况。

二、生命教育

生命教育由美国学者杰·唐纳·华特士于 1968 年首次提出，此后在世界范围内引起了广泛关注。刘济良教授提出，所谓生命教育，是指在学生物质性生命的前提下，在个体生命的基础上，通过有目的、有计划的教育活动，对个体生命从出生到死亡的整个过程进行完整性和人文性的生命意识培养，引导学生珍惜和敬畏生命，追求生命价值，实现生命超越的实践活动。

（一）危机意识教育

在当今社会，危机是生活中的常态，是一种特定的社会存在现象，让人防不胜防。从大量的现实事件中反映出当今大学生的危机意识和危机应对能力却十分薄弱，在面临危机时，惊慌失措，不能自救。通过危机意识教育提高学生危机防范意识和应对意识，培养应对和处理个人危机的能力，使学生能够成功地应对自己人生中遇到的危机。首先要引导学生树立危机意识，让学生了解什么是危机，了解现代社会所面临的公共危机有哪些，学会辩证地认识危机。其次，要培养学生具备个人危机意识。大学生日常生活中遇到的危机主要是安全风险、个人成长过程中的挫折、失利等个人危机，如学业问题、就业问题、恋爱问题、就业问题等。要使大学生正确认识到个人危机，找到危机产生的原因，并主动寻求解决危机的对策。最后，要对危机中的心理过程进行教育。让学生了解个体在遭遇危机后会出现的心理应激反应，并帮助个体建立积极的应对策略。

（二）生命意识教育

生命意识是人的基础性意识。目前，在少数大学生中出现生命意识缺失的现象。一些大学生缺乏关于生命的感受体验与反思，患上了“空心病”，对生活厌倦，精神脆弱，缺乏同情心甚至漠视生命。人生的基础和前提是生命，没有良好的生命意识，就很难构建起健康积极的人生观。大学生正处于人生观形成阶段，开展生命意识教育对于大学生的成长具有重要意义。开展各种形式的生命教育实践活动，创设“体验”情境，让学生去亲身体验对生命的认知，重视个体生命的价值，体会拥有生命的快乐，通过生命意识教育，有效增强大学生的生命意识，培养健康积极的人生观，为其未来发展和幸福生活创造有利条件。

生命和死亡如影随形，互为存在的前提。如果没有死亡，生命也就失去意义。死亡是人生的必然过程。认清死亡的现象和本质，消除因挫折、失意、恐惧死亡而带来的悲观、不安和空虚，更好地理解生命的真正价值，培育良好的生命意识，是大学生心理健康教育的重要课题。

（三）情绪管理

大学生正处于生理、心理及思想变化时期，具有多样性的自我情感和易冲动性，这表现在对某一种情绪的体验特别强烈、富有激情。帮助他们觉察情绪是很重要的，这样能够理解他们真正的感受是什么，而这有助于他们解决问题。帮助他们允许和接纳这些情绪（这并非意味着他们必须表达出他们对于别人的所有感受，而是要自己承认这些感受）。那些无法调节的人需要接受调节技能训练。帮助他们用语言描述他们的感受，这将有助于他们发展问题解决技能。例如，一旦人们知道他们感受到悲伤，他们可以反思，自己在悲伤什么，这种悲伤的感受对于他们意味着什么，以及他们应该做什么。帮助他们觉察在情境中的情绪反应是不是最初感受。如果不是，他们需要帮助以发现他们的最初感受。一旦来访者体验到最初情绪，需要一起评估这感受对于当前情境是健康的反应还是不健康的反应。如果是健康的，它就可以作为行动指导。如果是不健康的，它就需要被改变。如果来访者所接近的最初情绪是不健康的（例如恐惧），他就必须识别这些情绪相关的负面声音或观念。来访者需要发现和信赖可选择的、健康的情绪反应和需求。来访者需要以一种新的基于健康的原发性情绪和需要的内在声音，挑战自己破坏性的信念或观念。通过加强情绪管理，使学生对自身心理状态加以有效调节，保持良好、健康、积极的情绪状态，将有助于提高心理健康水平和应对心理危机的能力。

项目四　心理危机测试与训练

一、心理危机测试

（一）广泛性焦虑量表（Generalized Anxiety Disorder 7-item ）

广泛性焦虑量表为最近两周的7个项目自评量表（见表10-1），有4级评分，0分（完全没有），1分（有时有），2分（一半以上时间有），3分（几乎每天都有）。

总分为21分，小于5分为不存在焦虑症状；大于等于5分为存在焦虑症状，其中5~9分为轻度焦虑倾向，10~13分为中度焦虑倾向，大于等于14分为重度焦虑倾向。

表10-1　广泛性焦虑量表

序号	题目	评分	序号	题目	评分
1	感觉紧张、焦虑或急切		5	对各种各样的事情担忧过多	
2	由于不安而无法静坐		6	很难放松下来	
3	不能停止或控制担忧		7	感到害怕，似乎将有可怕的事情发生	
4	变得容易烦躁或急躁				

（二）来访者健康问卷（Patient Health Questionnaire 9-item）

来访者健康问卷量表为最近两周的9个项目自评量表（见表10-2），有4级评分，0分（完全没有），1分（有时有），2分（一半以上时间有），3分（几乎每天）。

得分越高表示抑郁症状越严重，总分小于5分为不存在抑郁症状；大于等于5分为存在抑郁症状，其中5~9分为轻度抑郁倾向，10~14分为中度抑郁倾向，15~19分为中重度抑郁倾向、20~27分为重度抑郁倾向。

表10-2　来访者健康问卷

序号	题目	选项
1	做什么事都没兴趣，没意思	
2	感到心情低落，抑郁，没希望	
3	入睡困难，总是醒着或者睡得太多，嗜睡	
4	感觉疲倦或没有精力	
5	胃口不好或吃得太多	

（续表）

序号	题目	选项
6	自己对自己不满，觉得自己是个失败者，或者让家人丢脸了	
7	无法集中精力，即便是读报纸或看电视时	
8	行动或说话缓慢到引起人们的注意，或刚好相反，坐卧不宁	
9	有轻生的念头，或想怎样伤害自己一下	

二、心理危机训练

活动名称：正念训练

活动目的：通过正念训练调节情绪

活动设施：安静的场地

实施方案：

1. 正念呼吸练习指令①

(1)找一个舒适的位置坐下来，可以坐在直背的椅子上，也可以坐在地板上，在臀部放上一块柔软的坐垫，或者一张矮凳，或者瑜伽垫子。如果你坐在椅子上，请注意不要让脊柱倚靠着椅背。如果你坐在地板上，双膝着地是比较理想的姿势，虽然一开始可能不太做得到；调节垫子或者矮凳的高度，让自己感觉比较舒服和稳定。

(2)让你的脊背处于挺拔、高贵而舒适的姿势。如果你是坐在椅子上，让你的双脚平放在地板上。如果你觉得闭眼舒服的话，也可以闭上眼睛；或者盯到四至五英尺开外的地板某处。

(3)将注意力集中在身体和地板或者其他物体的触感和挤压感上面，也就是去觉察自己的生理感觉。用一到两分钟去探索这些感觉。

(4)现在把你的注意力放到腹部的生理变化上面来，像躺着的时候那样，观察你的腹部随着每一次的吸气和呼气所产生的起伏。

(5)关注每一次吸气时腹部肌肉的伸展，每一次呼气时腹部肌肉的收缩。尽量把注意力停留在腹部，体会在整个吸气和呼气的过程中腹部的生理感觉变化，还有在一次吸气和呼气之间的短暂停顿以及一次呼气和吸气之间的短暂停顿的感觉变化。当然，你也可以选择自己喜欢的其他身体部位作为注意的对象，不过这个部位在呼吸时的感觉应该是非常生动且变化分明的，比如像鼻孔这样的部位。

(6)你不需要通过任何方式去控制呼吸的节律——只要让身体自然地呼吸就可以了。尽量把这种宽容的态度带到生活的其他方面——不需要任何陈规戒律，也不需要达到任何特定的目

---

① Mark Williams 等：《改善情绪的正念疗法》，中国人民大学出版社 2009 年版。

标。尽量让生活顺其自然，不需要有任何标新立异。

（7）我们的思维迟早会从腹部呼吸的感觉中游离开来，陷入想法、计划、白日梦，或者漫无目的的游荡之中。但是不论发生什么，不论你的思维是被拉走还是被什么吸引，都不要紧张。思维的游离或被别的事情吸引都是很正常的事，既没有犯什么错误，也不能算是练习的失败。当你注意到自己已经不再关注呼吸运动的时候，你应该感到庆幸，因为你终于又回来了，再一次回到了觉察之中。你可以简单地整理一下刚才的所思所想（留意自己的思维过程，并做一个简单的记录："想法"或者"计划"或者"担心"）。然后，轻轻地把注意力拉回到腹部上面来，再一次关注吸气和呼气的感觉。

（8）不论思维游离的次数有多么频繁（其实，这会反复发生），你只需要每一次都意识到思维偏离方向，并把注意重新拉回到吸气和呼气的生理感觉上来。

（9）尽量宽容地对待我们的觉察，把思维的游离看成培养耐心和宽容的机会，对生活报以更大的慈悲和同情。

（10）请坚持练习 10 分钟左右，也可以根据自己的意愿坚持得稍微久一点。不断地提醒自己要把注意力放在对经验的觉察上，尽量用呼吸作为连接此时此刻的纽带——当思维游离时，当你无法体验到腹部的感觉和呼吸运动时，通过对呼吸的觉察让思维重新回到当前的状态中来。

2. 痛苦解离练习①

当痛苦的思想反复萦绕，人很容易被它俘虏，沉浸在痛苦当中。相反，痛苦解离能帮你留意观测到你的思想而不深陷其中。这种技术需要运用想象力，目的是把你的思想视觉化，既不被它纠缠，也不去分析它，让它不留下伤害地被你抛开。例如，想象你坐在小溪边，看着你的思想随着落叶飘走，看着你的思想写在沙滩上，然后被波浪冲刷掉。

在房间里找个舒服的地方坐下，确保在你设置的闹钟时间内不会被干扰，关掉一切声音干扰，做几个缓慢的深呼吸，放松，闭上眼睛。

现在，想象你正置身于你选择的情景内，无论是沙滩上、小溪边、田野里、房间内还是其他什么地方，看着你的思想不断来去，充分运用想象将自己融入那个画面。然后，开始留意自己的思想，开始观察正在产生的思想，无论是什么。不要强行打断你的思想，也尽量不要因它们而自责，静静地看着思想出现，然后，用你选择的任何技巧看着它们消失。无论是什么样的思想，大的或小的，重要的或不重要的，看着他们在你脑子里显现，然后，用任何选择的方式让它们飘走或消失。

继续留意思想的出现和消失，用画面或文字或其他什么来代替你的思想，看着你的思想来来去去，尽量不要纠缠其中，也不要自责。

如果几个思想一起袭来，那就看着它们一起自生自灭，如果思想来得很快，尽最大的努力看着它们全部消失，而不要被它们绊住。继续呼吸，看着思想来了又走，直到闹钟响起。

当你全部完成，做几个缓慢的深呼吸，然后慢慢睁开眼睛，将注意力拉回到房间。

---

① 马修·麦克凯等：《辩证行为疗法》，重庆大学出版社 2009 年版。

课程思政

1. 思考:《中国医师宣誓誓词》蕴含了哪些与生命有关的主题,在医务工作中怎样践行这些内容?

2. 讨论:我国抗击新冠肺炎疫情斗争取得重大战略成果,从哪些方面反映了党和国家关于“人民至上、生命至上”的理念?

模块练习题十

一、单选题

(1)精神分析研究的对象是(　　)。

A. 行为　　B. 潜意识　　C. 语言

D. 意识　　E. 认知

(2)认知咨询中要达到彻底的改变,需要改变的部分是(　　)。

A. 自动思维　　B. 中间信念　　C. 核心信念

D. 歪曲认知　　E. 行为

(3)核心信念的特点不包括下列(　　)。

A. 整体性　　B. 概括性　　C. 和“我”有关

D. 具体性　　E. 绝对性

(4)心理咨询是非常专业的助人行为,需要咨询师和来访者密切配合,不包括(　　)。

A. 保密性　　B. 隐私性　　C. 咨询师专业性

D. 主动性　　E. 公益性

(5)人本主义心理作为第三思潮,在咨询中最为重视的是(　　)。

A. 咨询关系　　B. 咨询技术　　C. 咨询师的专业性

D. 来访者的主动性　　E. 来访者创伤的类型

(6)关于心理危机干预,不正确的是(　　)。

A. 尊重和倾听　　B. 创造安全氛围　　C. 彼此之间建立信任关系

D. 不提供建议和指导　　E. 激发来访者内在的资源和力量

(7)关于正念,描述正确的是(　　)。

A. 当思维出现时,尽力压制

B. 思维出现时,既不压制也不跟随

C. 专注于外在一处

D. 只能专门时间来做,平时不能完成

E. 只有训练才有,不训练没有

(8)关于情绪调节,错误的是(　　)。

A. 首先要有所觉察

B. 用具体和准确的信息描述情绪

C. 找到事件发生时的最初感觉是关键

D. 最初的情绪体验都是不健康的

E. 情绪的觉察和转变是需要一个过程来完成的

二、多选题

(1)西方心理疗法有(　　)。

A. 人本心理疗法　　B. 精神分析疗法　　C. 行为疗法

D. 认知疗法　　E. 表达性艺术治疗

(2)心理危机干预六步法是(　　)。

A. 确定问题和保证安全　　B. 给予支持和获得承诺　　C. 提出应对方式

D. 制订具体计划　　E. 生命教育

(3)要想使求助者纠正自己的错误观念,心理咨询师可以(　　)。

A. 引导求助者审视自己的非理性观念

B. 帮助求助者总结自己的经验教训

C. 严厉地批评求助者

D. 帮助求助者认清自己的需要

E. 只是一味地倾听求助者叙述就行了

三、案例分析题

W,女,大三,因情感受挫进行心理咨询。她和男友交往两个月,总是担心男友不喜欢自己,对与男友之间的关系非常敏感,例如男友没有及时回复信息,没有关注自己时,她就会发脾气。最后男友难以忍受,导致两人分手。以前她也曾遇到过两段这种痛苦经历,每次分手,都非常痛苦。成长过程中她曾经寄养在外婆家里,上学时回到父母身边,而父母要求又很严格,她总是担心自己做错。

请用所学心理学相关知识对上述案例进行分析。

心理图书和视频资料推荐

1. 图书《我是如何摆脱心理危机的》

畅销书作家凯斯特·施伦茨经历了大多数人都会经历但不愿意谈论的事情——严重的心理

崩溃，而且需要专业的帮助。作者本着必要的严肃态度，以惯常的干冷幽默风格，讲述了自己从患病到治愈的全过程：患上心理疾病是什么感受？如何寻找合适的治疗师？在精神病院都经历了什么？痛苦到底是怎么来的，应该如何自救？作者走出心理地狱的旅程艰难而离奇、动人心魄而又极具参考价值，给所有罹患心理问题的人带来了希望和鼓励。

2. 电影《人生大事》

《人生大事》是一部以殡葬行业为背景的电影，通过轻松诙谐的方式，展现了生与死、爱与被爱的主题。电影的剧情节奏明快，叙事流畅，既有笑点也有泪点，展现了人们面对生活挑战时的坚韧和乐观。莫三妹这个角色，原本是一个因坐过牢而与社会隔绝、对生活失去希望的人，但在与武小文的相处中，他逐渐学会了承担责任，并与父亲和解，体会到了家的温暖和生命的意义。武小文这个角色，则是一个被外婆独自抚养长大的孩子，影片通过她的视角，展现了人们对死亡的恐惧和接受过程。此外，电影还通过细节描绘了社会中的各种问题，如留守儿童、家庭关系等，这些元素使得电影不仅是一部关于生死的故事，也是一部关于人性和生活的作品。它不仅探讨了生死这个严肃的主题，也通过生动的角色和故事，传递了关于爱、责任和生活的深刻信息。

3. 图书《人生智慧箴言》

《人生智慧箴言》深入探讨了幸福生活的艺术，指出人生要面对的两大敌人：一是窘困制造的痛苦，二是富足产生的无聊：“既无痛苦，也不觉无聊，本质上就实现了人世的幸福。”对于幸福人生，最重要的是人之所是，尤其是健康，其次是人之所有，最后才是人的形象。作者用散文诗般的语言阐述了 53 条忠告与格言，分别涉及人生总则、如何律己、如何待人、如何应对世道与命运。还讨论了年龄对人生境界的影响，分析了人生四季的特点。

图 10-3 《我是如何摆脱心理危机的》封面

图 10-4 《人生大事》海报

图 10-5 《人生智慧箴言》封面

参考文献

[1]张厚粲,许燕.心理学导论[M].北京:北京师范大学出版社,2020.

[2] 彭凯平.活出心花怒放的人生[M].北京:中信出版社,2020.

[3] 侯瑞鹤.大学生心理健康[M].北京:中国人民大学出版社,2025.

[4] [美]约瑟夫·J.卢斯亚尼.改变自己:心理健康自我训练[M].迟梦筠,孙燕,译.重庆:重庆大学出版社,2024.

[5] [美] 理查德·格里格.心理学与生活 (第20版)[M].王垒,等译.北京:人民邮电出版社,2024.

[6] 樊富珉,费俊峰.大学生心理健康十六讲(第2版)[M].北京:高等教育出版社,2020.

[7] [西]安德烈斯·马丁·阿苏埃罗.自我的重建:如何进行压力与情绪管理[M].佟美玲,译.北京:世界图书出版公司,2019.

[8] [法]卢西亚·罗莫,等.青少年电子游戏与网络成瘾[M].葛金玲,译.上海:上海社会科学院出版社,2016.

[9]李德.中国家庭教养方式与青少年发展[M].北京:社会科学文献出版社,2018.

[10]吴旻,刘争光.亲子关系对儿童青少年心理发展的影响[J].北京师范大学学报,2016(05):55-63.

[11]阴山燕,等.医学新生的心理健康状况及与应对方式的相关研究[J].现代预防医学,2014(14):2582-2584.

[12]左川,等.医学生心理健康状况及影响因素分析[J].现代预防医学,2008(035)(006):1118-1120.

[13]PAN X F,WEN Y,ZHAO Y,et al. *Prevalence of depressive symptoms and its correlates among medical students in China: a national survey in 33 universities*[J]. *Psychology,Health & Medicine*,2016,21(7):882-889.

[14]CHEN L,WANG L,QIU X H,et al. *Depression among Chinese university students: prevalence and socio-demographic correlates*[J]. *PLoS One*,2013,8(11):1-6.